Schriften der Bibliothek für Zeitgeschichte – Neue Folge

Herausgegeben von Gerhard Hirschfeld

Band 25

Täter und Tabu

Grenzen der Toleranz in deutschen und niederländischen Geschichtsdebatten

Herausgegeben von
Nicole Colin, Matthias N. Lorenz und Joachim Umlauf

Die Titelabbildung zeigt:
Szene aus einer Aufführung von George Taboris
„Mein Kampf" im Schauspielhaus Frankfurt 2010/11.
Fotografie von Birgit Hupfeld, Bochum

1. Auflage März 2011
Satz und Gestaltung: Klartext Medienwerkstatt GmbH, Essen
Druck und Bindung: Strauss GmbH, Mörlenbach
© Klartext Verlag, Essen 2011
Alle Rechte vorbehalten
ISBN 978-3-8375-0346-3

www.klartext-verlag.de

Inhalt

Einleitung

Die Frage nach Tabus und politischer Korrektheit in historischen Debatten ist im Spannungsfeld von zwei unterschiedlichen Geschichtsauffassungen verortet: Auf der einen Seite findet sich das Streben nach einer nichtideologisch gefärbten und an den „reinen" Fakten orientierten Erforschung des Vergangenen, auf der anderen steht die Forderung nach einem „Lernen aus der Geschichte", das nicht aus dem Kontext aufklärerischer Diskurse sowie identitärer und damit auch nationaler Zuschreibungen gelöst werden kann. Ob die Geschichtsschreibung, deren Sinn und Zweck sich stets implizit an den ethischen Wertmaßstäben ihrer Zeit zu orientieren hat, tatsächlich jemals „Wissenschaft" werden könne, bezweifelte schon Friedrich Nietzsche. Seine „unzeitgemäße" Kritik *Vom Nutzen und Nachteil der Historie für das Leben* beschreibt das aporetische Wechselverhältnis von hypertrophierter Sinnsuche und „heilloser" Objektivität, das in jeder Epoche neu auszuhandeln ist.

Unter welchen Problemstellungen und Perspektiven eine *nicht*-moralisierende Darstellung des Vergangenen womöglich in eine *un*-moralische Geschichtsschreibung umschlagen kann, d. h. inwiefern nationale oder auch zivilisatorische Tabuzonen als notwendige Bedingung der Historie selbst zu bezeichnen sind, ist die zentrale Fragestellung der vorliegenden Publikation. Die Parallele zwischen den Begriffen „Tabu" und „Political Correctness", die sich in aktuellen Debatten vor allem auf ethnische oder geschlechterspezifische Fragen konzentriert, erscheint dabei evident: Ebenso wie die „Political Correctness" – verstanden als demokratisches Bemühen um nicht diskriminatorische Ausdrucksweisen und als Aufruf zu einem sensiblen Umgang mit Minderheiten und benachteiligten Bevölkerungsgruppen – nicht selten in eine zensierende Diskursreglementierung bzw., im radikalsten Falle, in Selbstzensur mündet, können auch gesellschaftlich akzeptierte und in einem bestimmten historischen Moment als „notwendig" empfundene Tabuzonen in eine problematische Schweigeverpflichtung umschlagen, die als solche nicht nur die gesellschaftliche Realität spiegelt, sondern auch aktiv auf sie einwirkt und sie in der Folge nachhaltig verändert.

Die Analyse historischer Tabus ist insofern auch selber nicht unabhängig von den jeweils aktuellen politischen Realitäten und herrschenden Diskursen. Dass Forderungen nach einer „freien" und (scheinbar) tabulosen Geschichtsschreibung höchst problematisch sind und rasch als unangemessen empfunden werden können, zeigt sich besonders eindringlich bei der Aufarbeitung von Epochen oder Phänomenen, deren Einflüsse noch deutlich nah an die Jetzt-Zeit heranreichen. Dies gilt insbesondere für die Zeit der nationalsozialistischen Herrschaft. Die in diesem Zusammenhang auf der Schnittstelle der Themen Antisemitismus bzw. Holocaust, Nationalismus, Krieg und Totalitarismus angesiedelten Geschichtsdebatten über „Täter und Tabus" bilden ein spezifisches und brisantes Diskursfeld, dessen Möglichkeiten und Grenzen sich anschaulich in transnationalen Diskussionen ausloten lassen.

Die in diesem Band prominent vorgestellte niederländische Geschichtsdebatte um die so genannte „Graue Vergangenheit" bildet hierfür ein bemerkenswertes und in Deutschland bislang weitgehend unbekanntes Problemfeld, das hier sowohl aus der Innen- als auch der Außenperspektive beleuchtet wird. Einleitend erörtert Krijn

Thijs den Ursprung und aktuellen Stand dieses niederländischen „Historikerstreits", in dem offensichtlich versucht wird, die Grenzen historischer Tabus neu zu verorten. Zwei der Protagonisten dieses Streites kommen im Anschluss an Thijs' Einleitung selbst zu Wort: Chris van der Heijden, der mit seinem Buch *Gris verleden* (2001) und seinem *Plädoyer für historische Korrektheit jenseits der Political Correctness* Auslöser und zugleich Hauptakteur der äußerst engagiert geführten Debatte ist, sowie im Anschluss daran Evelien Gans, die zu seinen vehementesten Kritikern zählt. Den direkten Beziehungspunkt der Debatte bildet in gewisser Weise das Niederländische Institut für Kriegs-, Holocaust- und Genozidstudien NIOD[1] in Amsterdam, dem beide Protagonisten verbunden sind und das (durch einen impliziten Anspruch auf Deutungshoheit über die Besatzungszeit) in gewisser Weise gleichsam zuständig ist für den „nationalen" Überbau dieser Debatte: Darf, soll oder muss der Historiker moralische Kategorien in seiner Arbeit berücksichtigen oder hat er sich (womöglich radikal und gegen den gesellschaftlichen Konsens) davon zu befreien? Die niederländische Diskussion zeigt vor allem, dass es (jenseits der Bemühungen um historische Korrektheit) *wissenschaftlich* naiv wäre, zu glauben, man könne sich apriori jenseits solcher national verankerter Geschichtsbilder positionieren. *Politisch* betrachtet erweisen sich wiederum manche mit dem Nimbus der Abseitsposition lancierten Postulate als weitgehend anschlussfähig an unterschwellig vorhandene Ressentiments gegen die „offizielle" Geschichtsschreibung in weiten Kreisen der Bevölkerung.

Die weitgreifende Bedeutung solcher Tabu-Diskurse belegt der Beitrag von Gerhard Hirschfeld, der das Thema der niederländischen und französischen Aufarbeitung der Geschichte hinsichtlich der Kollaboration in den von Deutschland während des Zweiten Weltkrieges besetzten Gebieten auf eine europäische Ebene hebt. Hirschfelds Artikel bildet gleichermaßen auch den Übergang zu einem weiteren Phänomen des scheinbaren oder tatsächlichen „Vergessens" moralischer und/oder lebensbedrohlicher Grenzerfahrung: dem Bombenkrieg. Lothar Kettenacker beleuchtet aus geschichtswissenschaftlicher Sicht die deutsche, Oliver Lubrich aus philologischer Perspektive die ausländische Wahrnehmung des Bombenkrieges gegen Deutschland; Joost Rosendaal beschreibt und analysiert die niederländischen Problemzonen dieses Tabuthemas. An dieser Stelle zeigt sich auch die mögliche Interdependenz der nationalen „Tabu"-Diskurse: So wäre es zweifellos interessant, den Befund Rosendaals – die Tabuisierung der Bombardierung Nimwegens durch alliierte Truppen gründe sich weniger im Versuch, sich diesen gegenüber *political correct* zu verhalten als vielmehr einer allgemein feststellbaren Tabuisierung ziviler Opfer in Kriegen – im Blick auf vermeintliche und tatsächliche „blinde Flecken" der deutschen Geschichtsschreibung und Literatur hinsichtlich der Bombardierungen und ihrer Opfer zu überprüfen.

Der Artikel von Oliver Lubrich bildet eine disziplinäre Überleitung von Tabus in historischen Diskursen und ihrer wissenschaftlichen Aufarbeitung hin zur Thematisierung des Unsagbaren in ästhetischen Narrativen, die in gleicher Weise und ebenso stark wie die historischen Aufarbeitungen des Vergangenen der gesellschaftlichen Kontrolle und Kritik ausgeliefert sind. Anat Feinberg zeigt in ihrem Beitrag über George Tabori, wie unerhört radikal sich der Künstler schon in den 1960er Jahren

---

1 Nederlands Instituut voor Oorlogsdocumentatie (Niederländisches Institut für Kriegsdokumentation), seit Dezember 2010: NIOD – Instituut voor Oorlogs-, Holocaust- en Genocidestudies.

an die Grenzen der historischen Tabus im Kontext der Darstellung des Holocaust herangewagt hat. Vor dem Hintergrund der internationalen Beachtung, die etwa Quentin Tarantinos Film *Inglourious Basterds* gefunden hat, scheint es unerlässlich sich zu vergegenwärtigen, dass Tabori bereits vor 40 Jahren in vergleichbarer Weise argumentierte. Matthias N. Lorenz greift das Thema in seinem Beitrag im literaturwissenschaftlichen Kontext auf und beschäftigt sich – ausgehend von einer grundsätzlichen Reflexion über die Aporie des „politisch Korrekten" – mit den literarischen Spiegelungen von Verstößen gegen historisch begründete Tabus anhand von zwei auf „wahren Fällen" basierenden Erzählungen von Harry Mulisch (*Das Theater, der Brief und die Wahrheit*) und F. C. Delius (*Die Flatterzunge*). In Mittelpunkt steht dabei die Frage, inwiefern die Kunst tatsächlich als ein gleichsam politisch geschützter Kommunikationsraum bezeichnet und verteidigt werden kann. Was passiert, wenn ein Künstler mit seinen Äußerungen empfindliche Tabuzonen der Gesellschaft verletzt? Ist die Provokation als Zeichen avantgardistischen Denkens zu verteidigen oder gibt es auch für den Künstler Grenzen des Sagbaren?

An diese Frage nach dem Spannungsverhältnis von Reden und Schweigen knüpft der Beitrag „Das Opfer als Täter: Christa Wolf auf der Suche nach der Backstorywound" von Nicole Colin an. Am Beispiel von Wolfs Roman *Stadt der Engel oder The Overcoat of Dr. Freud* wird den Erzählstrategien des Unsagbaren bzw. Ungesagten im Hinblick auf die untergegangene DDR nachgespürt, die sich ganz offensichtlich medialer Methoden bedienen: Historische und autobiographische, dokumentarische sowie fiktionale Elemente greifen hier in einer Weise zusammen, dass die „Geschichte" inklusive ihrer Tabuzonen im Kontext von Erinnern und Vergessen als Konstrukt deutlich sichtbar wird und im intertextuellen Kontext des Wolf'schen Gesamtwerkes einen eigenen Metadiskurs führt.

Den Abschluss bildet ein grundlegendes philosophisches Resümee über die Frage von Tabu und Toleranz von Christian Krijnen, der auf die per se paradoxe Problemstellung hinweist, die den Diskussionen über historische Tabus ebenso innewohnt wie den aktuellen Fragen politischer Korrektheit: Die Tatsache, dass der aufklärerische Ruf nach Toleranz nur dann notwendig ist bzw. Sinn ergibt, wenn die Alterität des Gegenübers überhaupt als Problem bzw. etwas Störendes empfunden wird. Darin unterscheidet sich die Toleranz grundsätzlich von der Indifferenz: Sie (er)fordert eine aktive Konfrontation mit dem Anderssein fremder Weltbilder, nicht ihre Tabuisierung.

Die Anregung zu diesem Buch gab eine internationale Tagung des Goethe-Instituts Niederlande und des NIOD zum Thema *Political Correctness – Aufforderung zur Toleranz oder Selbstzensur? Geschichte und Aktualität eines kulturellen Phänomens*, die in Kooperation mit der Fakultät für Linguistik und Literaturwissenschaft der Universität Bielefeld, dem Duitsland Instituut Amsterdam und der Stiftung Castrum Peregrini im Dezember 2008 stattfand. Die Tagung ging von einer Beobachtung aus, die sich in ihrem Verlauf selbst manifestierte – am deutlichsten sicher in der scharfen Debatte zwischen Evelien Gans und Chris van der Heijden über eine „Moralisierung" oder „Entmoralisierung" der niederländischen Geschichtsschreibung: „Political Correctness" ist ein zutiefst widersprüchliches Phänomen, das in vielen Fällen Berührungspunkte mit älteren Konzepten des Tabus hat, zugleich jedoch signifikant anders zu „funktionieren" scheint. Es soll Stigmatisierungen aufheben und wird zugleich massiv zur Stigmatisierung verwendet, so dass seine Verwendung mittlerweile ebenso viel kritisches Bewusstsein zu tilgen scheint, wie es kritisches Bewusstsein zu schaffen angetreten war.

Werden *Tabus* gebrochen, geht es um die Verletzung der Gefühle der *Mehrheitsgesellschaft*. Das Konzept der *Political Correctness*, wie es sich in den USA um das Jahr 1990 entwickelte, dreht den Spieß gerade um: Verstöße gegen die Political Correctness sind Verstöße gegen die Gefühle einer *Minderheit*. Diese Unterscheidung ist wichtig, weil sie festlegt, wer die Deutungshoheit darüber beanspruchen kann, ob eine sprachliche Verletzung stattgefunden hat oder nicht. In diesem Spannungsfeld zwischen „Mainstream" und „Marginalisierten" – was durchaus durcheinander gehen kann, wie die so genannte „neue deutsche Opferdebatte" der 2000er Jahre gezeigt hat – müssen sich heute alle Diskursteilnehmer verorten; es zu entwirren scheint keineswegs einfach oder zuweilen auch nur möglich.

Die Anlage dieses Bandes spiegelt das Interesse wieder, die sprachlichen Akte der Ordnung in demokratischen Kulturen exemplarisch im Ländervergleich Niederlande – Deutschland an den Beispielen der Geschichtsschreibung und der Literatur zu erforschen, die dadurch auch ihre eminent politische Funktion offenbaren. Anliegen aller Beiträge ist es, jene immer wieder neu justierten Grenzziehungen zwischen Sagbarem und Unsagbarem, zu Erinnerndem und dem Vergessen preis Gegebenem auszuloten, die in historischen wie literarischen Diskursen gezogen werden. Die Figur des „Täters" – ob „Nazi", „Kollaborateur", „alliierter Kriegsverbrecher", „Antisemit" oder die als „Nutznießerin" des Stasi-Staates stigmatisierte DDR-Intellektuelle – bietet sich dazu in besonderer Weise an, wird doch an den historiographischen wie literarischen Versuchen ihrer Beschreibung und Analyse deutlich, an welche Grenzen eine Darstellung gerät, die sich einer nichtmoralisierenden Darstellung des Vergangenen verpflichtet.

Wir möchten uns an dieser Stelle ganz herzlich bedanken bei den Personen und Institutionen, die diese Publikation möglich gemacht haben: dem Goethe-Institut Niederlande, dem Duitsland Instituut Amsterdam, dem NIOD – Institut für Kriegs-, Holocaust- und Genozidstudien, der Castrum Peregrini Foundation in Amsterdam, ferner bei Irina Renz für die sorgfältige redaktionelle Betreuung der Texte sowie bei Gerhard Hirschfeld für die Aufnahme des Bandes in die Schriftenreihe der Bibliothek für Zeitgeschichte.

Nicole Colin
Matthias N. Lorenz
Joachim Umlauf

KRIJN THIJS

Kontroversen in Grau

Revision und Moralisierung der niederländischen Besatzungsgeschichte

Dass sich die Niederlande etwa seit der Jahrtausendwende in einer politischen Orientierungskrise befinden, ist inzwischen fast ein Understatement.[1] Die Attentate auf Pim Fortuyn (2002) und Theo van Gogh (2004), der anhaltende Erfolg des Rechtspopulismus und das „Nee" zum europäischen Verfassungsvertrag (2005) dokumentieren das Ende der niederländischen Konsenskultur. Die jüngsten Parlamentswahlen (2010) belegen die Trends einer parlamentarischen Zersplitterung und gesellschaftlichen Polarisierung. Wie auch in anderen westeuropäischen Gesellschaften kursieren in den Niederlanden radikal unterschiedliche Reaktionen auf Veränderungen wie die Globalisierung, die Erweiterung Europas, die zunehmenden Integrationsspannungen und den Abbau des Sozialstaates. Immer expliziter steht damit die Frage nach dem nationalen Selbstverständnis zur Debatte, die Frage also, was die Niederlande eigentlich sind und was „niederländisch" sein sollte.[2]

Es ist wenig verwunderlich, dass in diesem Klima die niederländische Geschichte neue Aufmerksamkeit findet, auch damit befinden sich die Niederlande im internationalen Trend. Wir kennen das Phänomen aus anderen Gesellschaften, die „Identitätskrisen" erleben oder nach Orientierung suchen. Führende Politiker setzen in Den Haag seit einigen Jahren auf eine Stärkung der niederländischen Identität durch Förderung des Geschichtsbewusstseins. Es wurde beispielsweise ein offizieller „Kanon" der niederländischen Geschichte aufgestellt und vom Parlament bestätigt. Der Kanon fasst die niederländische Geschichte unterrichtsgerecht in fünfzig „Fenstern" zusammen; er wurde den Schulen trotz erheblicher Proteste als verbindlich vorgelegt.[3] Darüber hinaus beschloss das Parlament die Gründung eines Nationalen Historischen Museums, um breitere Schichten der Bevölkerung mit der niederländischen Vergangenheit vertraut zu machen.[4] Auch auf dem Büchermarkt sind historische Themen unvermindert populär und verschiedene größere Fernsehproduktionen bedienten in den letzten Jahren eine entsprechende Nachfrage, vielleicht am auffälligsten die Primetime-Serien *In Europa* (35-teilig, 2007–2008, mit Geert Mak), *Het Verleden van Nederland* (8-teilig, 2008) und, zur Geschichte der Besatzungszeit, *De Oorlog* (9-teilig, 2009). Zwischen 2007 und 2010 steuerte die Regierung über zwanzig Millionen Euro bei für das nationale Programm *Erfgoed van de Oorlog* (Erbe des Krieges), das

---

1 Ich danke Bas von Benda-Beckmann, Chris Lorenz, Christina Morina und Ismee Tames sowie den Teilnehmern der NachBilder-Konferenz in Groningen (Juni 2010) für Kritik und Diskussion.
2 Rolf-Ulrich Kunze: Zur historisch-politischen Topographie eines „Vorreiterlandes". Wandel und Kontinuität im Selbstbild der Niederlande, in: Neue Politische Literatur, 53 (2008), H. 1, S. 381–392.
3 Peter van Dam: Ein Kanon der niederländischen Geschichte?, in: Jahrbuch des Zentrums für Niederlande-Studien, 18 (2007), S. 189–201.
4 www.nationaalhistorischmuseum.nl.

in einer großen Kraftanstrengung umfangreiches Quellenmaterial zur Besatzungszeit neu konserviert, digitalisiert und in vielen Fällen online zugänglich gemacht hat.[5]

In der anhaltenden Geschichtswelle spielt der Zweite Weltkrieg – *de oorlog* – eine prominente Rolle. Die Besatzungszeit 1940–1945 bildet nach wie vor das Rückgrat der niederländischen Erinnerungskultur.[6] Sie dient der Gegenwart als Orientierung und Referenz, wenn auch natürlich längst nicht mehr nur affirmativ. Als 1995 die von niederländischen Blauhelmen geschützte bosnische Enklave Srebrenica überfallen und die männliche Bevölkerung zu großen Teilen ermordet wurde, öffnete das sofort den Erinnerungsraum der eigenen Besatzungszeit. Damals waren über 104.000 der 140.000 niederländischen Juden deportiert und ermordet worden, die Sterberate war mit über 75 % Prozent deutlich höher als in anderen westeuropäischen Ländern.[7] Vergangenheit und Gegenwart kamen zusammen: War die Konsequenz der berühmten niederländischen Toleranz etwa tatenloses Zuschauen?

Auch in den jüngeren Debatten fungiert die Besatzung oft als Deutungsrahmen für die unsichere Gegenwart – wenn auch häufiger latent als explizit. In Kontroversen über die multikulturelle Gesellschaft und ihr vermeintliches Scheitern, über die Gleichberechtigung verschiedener Religionen im öffentlichen Raum, über den Erfolg des Rechtspopulismus und seiner umstrittenen „Freiheitsverteidiger" – bei allen diesen Themen dient die Besatzungszeit als moralischer Anker, als Vergleichsmaßstab und als letztgültiges Argument.[8] Die Referenz Besatzungszeit ist in paradoxer Weise in der Lage, sowohl mythisches Pathos als auch anklagende Skepsis hervorzubringen – das erste in ihrer nach wie vor aktivierbaren moralischen Begründung von Gut und Böse, das zweite im Wissen um das nationale Versagen, als es darauf ankam. Vor diesem Hintergrund haben die Ereignisse der Jahre 1940–1945 nach wie vor eine sehr aktuelle Bedeutung für die politische Kultur der Niederlande.

Es verwundert daher kaum, dass hierzulande seit etwa einem Jahrzehnt parallel zu der politischen Orientierungskrise eine mehr oder weniger heftige Kontroverse über die Besatzungszeit geführt wird. Die öffentliche Diskussion hat sich an dem zentralen Begriff von „Grijs Verleden" entzündet – einer „grauen" oder „blassen Vergangen-

---

5 www.tweedewereldoorlog.nl; Ministerie van Volksgezondheid, Welzijn en Sport (Hg.): Erfgoed van de oorlog. De oogst van het programma, Den Haag 2010.

6 Zur niederländischen Erinnerungsgeschichte vgl.: Friso Wielenga: Erinnerungskulturen im Vergleich. Deutsche und niederländische Rückblicke auf die NS-Zeit und den Zweiten Weltkrieg, in: Jahrbuch des Zentrums für Niederlande-Studien, 12 (2001), S. 11–30; Frank van Vree: Denkmäler ohne Sockel. Der Zweite Weltkrieg und die Transformation der historischen Kultur in den Niederlanden, in: ebd. S. 59–80; Hans Marks/ Friederike Pfannkuche: Die Toleranz der Generationen. Wie gut und Böse in den Niederlanden unterschieden werden, in: Harald Welzer (Hg.): Der Krieg der Erinnerung. Holocaust, Kollaboration und Widerstand im europäischen Gedächtnis, Frankfurt a. M. 2007, S. 112–149.

7 Ido de Haan: Breuklijnen in de geschiedschrijving van de jodenvervolging. Een overzicht van het recente Nederlandse debat, in: Bijdragen en Mededelingen betreffende de Geschiedenis der Nederlanden/Low Countries Historical Review – zit.: BMGN/LCHR, 123 (2008), S. 31–70; Bob Moore: Victims and Survivors. The Nazi Persecution of the Jews in the Netherlands, 1940–1945, London u. a. 1997; Gerhard Hirschfeld: Niederlande, in: Wolfgang Benz (Hg.): Dimension des Völkermords. Die Zahl der jüdischen Opfer des Nationalsozialismus, München 1991, S. 137–165; Ron Zeller/Pim Griffioen: Judenverfolgung in den Niederlanden und in Belgien während des Zweiten Weltkrieges. Eine vergleichende Analyse, 2 Teile, in: 1999. Zeitschrift für Sozialgeschichte des 20. und 21. Jahrhunderts, Teil 1: 11 (1996), S. 30–54; Teil 2: 12 (1997), S. 29–48; sowie dies.: Vergelijking van jodenvervolging in Frankrijk, België en Nederland, 1940–1945. Overeenkomsten, verschillen, oorzaken, Diss. Amsterdam 2008.

8 Vgl. Geert Mak: Der Mord an Theo van Gogh. Geschichte einer moralischen Panik, Hamburg 2005; Ian Buruma: Murder in Amsterdam. The Death of Theo van Gogh and the Limits of Tolerance, New York 2006.

heit". Der Begriff wurde 2001 etabliert und war gegen die vermeintlich „schwarz-weiße" Erinnerungskultur der Niederlande gemünzt. Seither zieht er weite Kreise. Ich werde zunächst den Entwurf dieser „grauen Geschichte" kurz diskutieren, um dann Erfolg und Kritik dieser Revision auszuloten.

Die graue Revision

Unter dem Titel *Grijs verleden. Nederland en de Tweede Wereldoorlog* (Graue Vergangenheit. Die Niederlande und der Zweite Weltkrieg) legte der Historiker und Publizist Chris van der Heijden 2001 ein explosives Buch vor. Es betrieb eine scharfe Umdeutung der Haltung der Niederländer während der deutschen Besatzungszeit. Oft zitiert wurden die ersten beiden Sätze, die den Kern des Buches zielsicher umreißen: „Zuerst gab es den Krieg, dann die Erzählung vom Krieg. Der Krieg war schlimm, die Erzählung aber machte den Krieg noch schlimmer."[9] Van der Heijden erteilte herkömmlichen Vorstellungen eines heroischen Kampfes zwischen Repression und Widerstand eine Absage und zeichnete stattdessen ein skeptisches Bild: Statt einer offenen Auseinandersetzung zwischen Gut und Böse (oder, um in niederländischen Begriffen zu bleiben, *goed* und *fout*; „gut" und „falsch"), betonte Van der Heijden das Chaos. Statt entschlossener Helden und Bösewichter entwarf er unsichere, suchende Figuren. Statt eines permanenten Ausnahmezustands zeigte er die Normalität des Besatzungsalltags. Statt auf Widerstand und Kollaboration verwies Van der Heijden auf die breite Mitte der stillen Anpassung, des Abwartens, des Nichtstuns. Im Vergleich zum übrigen Europa sei es in den Niederlanden ohnehin relativ ruhig geblieben. Daher der brillante Titel: „Grijs Verleden" („graue Vergangenheit") steht im Niederländischen sprichwörtlich für eine weit zurückliegende, im Nebel verblasste, halbwegs vergessene Vergangenheit – und klagt zugleich die manichäistischen Erzählmuster der Nachkriegsgesellschaft an.

Nach einführenden Statements des Autors folgt eine glänzend geschriebene, gelungen komponierte und hervorragend informierte Darstellung, die das tradierte Bild der Besatzungsgeschichte radikal in Frage stellte. *Grijs verleden* ist bis heute ein Bestseller – und ein Skandalfall. Dass Van der Heijden der Sohn eines holländischen Nazis ist, machte die Sache umso skandalöser. Versuchte hier jemand, die Fehler seiner „falschen" Familie einzuebnen? Denn die Erzählung wird von Niederländern bevölkert, die nicht aufgrund unbeirrbarer Moralstandards handelten, sondern sich von zufälligen Gegebenheiten und Opportunismus hatten leiten lassen. „Bei den meisten [Niederländern] sehe ich stets den Zweifel oder den mutigen Versuch, diesen Zweifel zu bannen. Ich sehe den Widerspruch zwischen Ziel und Folge und die Tragik, die er unvermeidlich hervorbringt. Vor allem sehe ich den Zufall, die Stümperhaftigkeit, die Kleinheit."[10]

Alles das kontrastierte scharf das einflussreiche Œuvre des einstigen „Reichsgeschichtsschreibers" Loe de Jong (1914–2005), der seine moralisch zwischen *goed* und *fout* polarisierende Meistererzählung in der Nachkriegsgesellschaft wirkungsmäch-

---

9 Chris van der Heijden: Grijs verleden. Nederland en de Tweede Wereldoorlog, Amsterdam u. a. 2001, S. 9. Alle Übersetzungen aus dem Niederländischen von K. T.
10 Ebd., S. 15.

tig in Fernsehdokumentationen und einer nicht weniger als 27 Bände umfassenden Gesamtdarstellung (erarbeitet zwischen 1955 und 1988) dargelegt hat.[11] Natürlich war Van der Heijden aber 2001 längst nicht der erste, der eine Entmythologisierung der Besatzungszeit anstrebte. Das heroische Bild des hinterhältig überfallenen, sich aber tapfer widersetzenden Holland ist sehr viel früher erodiert. Zahlreiche Publizisten, Historiker und Filmemacher haben sich seit den 1970er Jahren hiermit befasst – ganz so, als müsste das vermeintliche „Tabu" immer wieder neu gebrochen werden.[12] Die Versachlichung und Differenzierung der Besatzungsgeschichte war spätestens seit den 1980er Jahren ein weit geteiltes Bedürfnis. Im Grunde zeugte der sofortige Erfolg von *Grijs verleden* 2001 eher von der fortgeschrittenen Akzeptanz dieses Ansatzes als von seiner Innovationskraft. *Grijs verleden* wurde aber mit seinem griffigen Titel, dem packenden Stil und dem inszenierten Tabubruch zum Emblem dieser erneuten Revision. Zudem ging Van der Heijden noch weiter. Er ergänzte seine Entmythologisierung mit abenteuerlichen Subtexten und gezielten Regelverletzungen. Seitdem wird die *grijze geschiedenis* immer wieder neu diskutiert. Der Ansatz gewann weitere Vertreter hinzu, wurde adaptiert und erneut kritisiert. Auch der Autor selbst intervenierte regelmäßig in die Debatte. Nach einer etwas ruhigeren Phase hat sich die Diskussion seit einigen Jahren wieder verschärft. Unter der Oberfläche geht es dabei auch um das Selbstverständnis und die Grenzen des Faches Geschichte. Im Folgenden werde ich die Debatte anhand von sechs regelmäßig wiederkehrenden Kritikpunkten kurz zusammenfassen.

Zufall – In der „grauen Geschichte" spielen Zufall und Undeutlichkeit eine entscheidende Rolle. Van der Heijden sieht die Besatzungszeit als ein großes „Chaos", durch das sich „hauptsächlich Weichlinge" bewegten, „die durch eine Reihe komplexer Faktoren an dieser oder jener Stelle landeten, und die dann dort in mehr oder minder großer Verzweiflung durchzuhalten versuchten."[13] Niemand habe 1940 so richtig den Überblick gehabt, in Van der Heijdens Welt gibt es kaum souveräne Personen und treffsichere Entscheidungen. „Der Zufall bestimmte, auf welcher Seite man gestanden hatte, als nach fünf Jahren abgerechnet wurde", bekräftigte er später.[14] Die Kritik lautete von Anfang an, dass hiermit nicht nur mögliches Fehlverhalten bagatellisiert, sondern auch vorbildliche Zivilcourage, zum Beispiel im Widerstand, mehr oder weniger zufälligen Situationen oder gar Opportunismus zugeschrieben wurde. Mancher Kommentator sträubte sich dagegen, dass auf diese Weise „die Beweggründe von Widerstandskämpfern relativiert wurden. [...] Es geht darum, was sie gemacht haben."[15]

---

11 L. de Jong: Het Koninkrijk der Nederlanden in de Tweede Wereldoorlog, 14 Teile in 30 Bdn., Den Haag/ Leiden 1969–1994. Die letzten drei Bände (Teil 14: Reaktionen und das Register) wurden 1991 bzw. 1994 von De Jongs Mitarbeitern des NIOD, Nederlands Instituut voor Oorlogsdokumentatie (Niederländisches Institut für Kriegsdokumentation), herausgegeben.

12 Dazu: Frank Van Vree: In de schaduw van Auschwitz. Herinneringen, beelden, geschiedenis, Groningen 1995; Ido de Haan: Na de ondergang. De herinnering aan de jodenvervolging in Nederland 1945–1995, Den Haag 1997; Madelon de Keizer/Marije Plomp (Hg.): Een open zenuw. Hoe wij ons de Tweede Wereldoorlog herinneren, Amsterdam 2010.

13 Van der Heijden, Grijs verleden, S. 16.

14 Zit. nach Evelien Gans: Iedereen een beetje slachtoffer, iedereen een beetje dader, in: De Groene Amsterdammer, 27.1.2010, Nr. 4, S. 22–29, in deutscher Übersetzung in diesem Band.

15 So z.B. Ed van Thijn: „Was zählt ist, dass diese Leute – manche im Bruchteil einer Sekunde, andere nach einem halben Jahr Grübeln; manche aus sehr prinzipiellen Gründen, oft religiösen, andere aus einer spon-

Negative Moral – Dazu gehört bei Van der Heijden ein pessimistisches Menschenbild, auf das er sich von Anfang an berufen hat. „Der Zufall, die Stümperhaftigkeit, die Kleinheit": *Grijs verleden* entwirft eine trostlose Landschaft. Der Autor nennt solche „Zeugnisse menschlichen Defizits" den Kern seines Buches und entschuldigt sich für seine „wenig erhebende Sicht auf die jüngere Vergangenheit".[16] Dass eine solche Sichtweise etwa die „Fehler" der Kollaborateure und Verräter entschuldige und offensichtlich apologetische Züge trage, bestreitet Van der Heijden vehement. Er beschönige gar nichts, beteuert er immer wieder, sondern seine Sichtweise, dass Menschen insgesamt und nach wie vor imstande sind, viele Fehler zu begehen, mache das Bild im Grunde nur skeptischer.[17]

Dieses Menschenbild unterscheidet Van der Heijden von anderen Historikern und es prägt seine Arbeiten in erheblichem Maße. Das heißt im Übrigen natürlich nicht, dass die Arbeiten anderer Historiker frei sind von vorwissenschaftlichen Vorstellungen darüber, wie Mensch und Welt funktionieren. Ebensowenig disqualifiziert sein negatives Menschenbild alleine Van der Heijden zum „unaufrichtigen Wissenschaftler", wie Kritiker manchmal suggerieren. Durchaus doppeldeutig sind Vorwürfe wie: „Er gründet seine Schlussfolgerungen nicht auf das, was er herausgefunden hat, sondern sucht in der Empirie nach Beweisen für eine Weltanschauung, die er schon hatte: dass der Mensch nichts taugt."[18] Der Vorwurf des selektiven Blickes zielt zwar auf die Verletzung wissenschaftlicher Standards, doch im Kern steht auch hier zunächst Moral gegen Moral.

Nivellierung – Der am häufigsten formulierte Einwand lautet, dass Van der Heijden sein negatives Menschenbild als Entschuldigung vorschiebt, um damit den Unterschied zwischen Tätern und Opfern zu verwischen. Helden und Schurken rückten in der allumfassenden moralischen Abwertung des „Menschlich-Allzumenschlichen" zusammen. Stets haben Kritiker die egalisierenden Effekte der „grauen" Revision hervorgehoben. Sie sprachen von der „Schwierigkeit, die Schuldfrage zu relativieren" und stellten fest, dass „in der ‚grauen' Geschichtsschreibung Opfer wie Schuldige aus dem Blick verschwinden. Denn wo ‚gut' und ‚falsch' aufgehoben werden, hat niemand ‚gut' und niemand ‚falsch' gehandelt. Dann ist alles egal."[19] Dieser Einwand wurde häufig mit dem Bild der „Grauen Suppe" veranschaulicht: „Auf diese Weise landen schließlich ‚Täter', ‚Zuschauer' und ‚Opfer' in ein und derselben riesigen Schüssel, gefüllt mit einer grauen, faden Suppe. Darin treiben alle ziellos umher, kaum unterscheidbar – leicht zu verdauen aber schon."[20]

Komplexität – Die „graue Geschichte" pocht auf die häufig sehr komplexen Umstände, die einem klaren moralischen Urteil über richtig und falsch damals im Wege gestanden hätten und dem auch heute noch im Wege stünden. Die Lage sei für die Zeitgenossen zu unüberschaubar, zu widersprüchlich und zu schwierig gewesen, um sie nachträglich zu beurteilen. „Die Wirklichkeit des Krieges war sehr viel kom-

---

tanen Gefühlsregung heraus – den ethischen Beschluss gefasst haben, ihr Leben in die Waagschale zu legen. Ich finde, dass man das nicht bagatellisieren darf, indem man sagt, das war der reine Zufall." Ed van Thijn in der Fernsehsendung Buitenhof, 15.4.2001 (www.vpro.nl/programma/buitenhof/afleveringen/3502282).

16 Van der Heijden, Grijs verleden, S. 15.
17 Ebd., S. 15–17.
18 Jolande Withuis: Het einde van grijs, in: Historisch Nieuwsblad, 2010, Nr. 4, S. 77.
19 Elsbeth Etty: Goed/Fout, in: NRC, 20.3.2001.
20 Evelien Gans: Eigentlich waren doch alle ein bisschen Täter *und* Opfer …, in diesem Band, S. 35.

plizierter, als sie zunächst vom Widerstand und später aus London erzählt wurde. Um es mit Farben zu sagen: Nicht schwarz, nicht weiß, sondern grau."[21] Deshalb ziehen Van der Heijden jene Themen und Beispiele an, die *nicht* zu passen scheinen, die gefestigtes Wissen untergraben, die provozieren und Grenzen verletzen, wie idealistische Nazis, jüdische Mitglieder der niederländischen Nazipartei,[22] unaufrichtige Widerständler – stets aufs Neue betreibt Van der Heijden das Spiel mit der Umkehrung. Das Motto lautet: Die Besatzungszeit war in Wirklichkeit nicht so klar und übersichtlich, wie es uns unsere glatten, sinnstiftenden Nachkriegserzählungen vorgaukeln. Stärker noch, solche Meistererzählungen hätten große Teile der eher unbequemen Vergangenheit aus dem niederländischen Bewusstsein verdrängt.[23]

Fout – Seit dem Erscheinen von *Grijs verleden* hat Chris van der Heijden seinen skeptischen Ansatz vor allem am klassisch „falschen" Ende des Spektrums weiterentwickelt. So tritt er seit einigen Jahren vehement für eine neue Erforschung der niederländischen Nazipartei, der National-Socialistische Beweging (NSB), ein. Das Wissen um „die Falschen" sei ideologisch eingefärbt, von vorschnellen Urteilen blockiert und im Grunde gar nicht richtig vorhanden. Deshalb sei auch das Bild der gesamten Besatzungszeit „einseitig": Über den Widerstand sei endlos viel geschrieben worden, während über die ungefähr ebenso große Gruppe der Kollaborateure kaum „ernsthaft" geforscht wurde. Van der Heijden erwartet, dass eine neue Untersuchung der NSB auch eine Korrektur dieses Bildes bringen würde: Die 1931 gegründete Bewegung sei von sich aus viel „authentischer niederländisch" und weniger antisemitisch gewesen als häufig gedacht, erst unter deutschem Einfluss habe sich dies geändert. Wie auch immer, dieses bislang verteufelte Kapitel der Geschichte solle endlich normalisiert und in die Gesamtgeschichte der besetzten Niederlande integriert werden.[24] Kritiker wehrten sich gegen diese „Rehabilitierung", sie erkannten in diesem neuen Vorstoß eine klare Apologie und wiesen auf eine Reihe jüngerer und geplanter Studien hin. Und sie sahen neue Einseitigkeiten bei Van der Heijden selbst: Er verlange zwar die „ganze Geschichte" der Besatzungszeit, beschränke sich aber selbst stets auf die „normale" Zeit vor dem Krieg und auf die ungerecht harte Abrechnung danach – die dunklen Jahre der Kollaboration fänden hingegen kaum Beachtung.[25]

Dezentralisierung des Holocaust – Diese Kritikpunkte führen zum letzten und umstrittensten Aspekt der „grauen" Revision: Sie rückt die Judenverfolgung aus dem Zentrum der Erzählung zugunsten der breiten, abwartenden und passiven „Mitte" der niederländischen Besatzungsgesellschaft. In einer Fernsehdiskussion einige

21 Chris van der Heijden: De werkelijkheid van de oorlog was voor de meeste mensen vooral ingewikkeld, in: Brabants Dagblad, 22.4.2008.
22 Chris van der Heijden: Joodse NSB'ers. De vergeten geschiedenis van Villa Bouchina in Doetinchem, Utrecht 2006; vgl. den Beitrag von Chris van der Heijden in diesem Band.
23 Zum Begriff der Meistererzählung: Krijn Thijs: The Metaphor of the Master. ‚Narrative Hierarchy' in the National Historical Cultures of Europe, in: Stefan Berger/Chris Lorenz (Hg.): The Contested Nation. Ethnicity, Class, Religion and Gender in National Histories, Houndmills 2008, S. 60–74. Für Deutschland: Krijn Thijs: Vom ‚master narrative' zur ‚Meistererzählung'? Überlegungen für ein Konzept von ‚narrativer Hierarchie', in: Martina Winkler/Alfrun Kliems (Hg.): Sinnstiftung durch Narration in Ost-Mittel-Europa. Geschichte – Literatur – Film, Leipzig 2005, S. 21–53.
24 Chris van der Heijden: Vertel het hele verhaal van de oorlog en betrek dus ook de NSB erbij, in: NRC, 9.12.2006. Vgl. auch den Beitrag von Chris van der Heijden in diesem Band.
25 Peter Romijn: Er is volop aandacht voor de NSB, in: NRC, 12.12.2006; Herman Langeveld: Beeld van de NSB behoeft geen bijstelling, in: ebd.; ders.: Eerherstel voor de NSB?, in: Openbaar Bestuur, Sept. 2007.

Monate nach dem Erscheinen von *Grijs verleden* erläuterte Van der Heijden, dass er es „nicht richtig" fände, so zu tun, „als wäre das Schicksal von 140.000 Niederländern, wie abscheulich es auch sein mag, die ganze Geschichte des Krieges. Es gab 9 Millionen Menschen in den Niederlanden." Und: „Es ist nicht wahr, dass die Geschichte des Krieges die Geschichte der niederländischen Juden ist. Das ist einfach nicht so. Das ergibt kein gerechtes Bild von dem, was in diesen fünf Jahren geschehen ist."[26] Diese Verschiebung des Zentrums der Geschichte traf die niederländische (und die gesamte westliche) Erinnerungskultur ins Mark und stieß dementsprechend auf scharfen Widerspruch. Welche Konsequenzen hat eine solche Neumodellierung für unser Bild des Holocaust? Lässt sich die Bedeutung historischer Ereignisse etwa aus quantitativen Kriterien ableiten? Und selbst wenn: Nirgends in West-Europa war die Zahl der deportierten Juden proportional so hoch wie in den Niederlanden. Und schließlich die Frage, die an die klassische Debatte über die Historisierung des Nationalsozialismus zwischen Saul Friedländer und Martin Broszat am Ende der 1980er Jahre erinnert: Wie verhält sich die von Van der Heijden entworfene Normalität der besetzten Niederlande zu der jetzt nicht mehr im Zentrum stehenden Abnormalität des Genozids? „Wenn Van der Heijden sagt, dass ‚in den Niederlanden die Fakten eher geringfügig, die Aufmerksamkeit für den Krieg aber beträchtlich' ist," warf eine Publizistin 2001 ein, „dann schließt er die Opfer aus seiner Erzählung aus: Für die Opfer können die Fakten unmöglich ‚eher geringfügig' sein. Wir verneigen uns vor ihnen, aber zählen sie sonst nicht mehr dazu?"[27] Die Herabsetzung der Judenverfolgung bedeutet in den Augen seiner Kritiker, dass sich Chris van der Heijden „keinen Rat weiß" mit dem Holocaust und den Erzählungen seiner Opfer – und das macht ihn natürlich in hohem Maße politisch inkorrekt.[28]

Political Correctness

Die Verletzung von Diskursgrenzen gehört zu Van der Heijdens Standardrepertoire, zu seinen publizistischen Interventionen selbstverständlich mehr als zu Studien wie *Grijs verleden*. Von Anfang an war eine wichtige – wenn nicht gar die wichtigste – Stoßrichtung der Revision der Angriff auf die Orthodoxie im niederländischen Umgang mit *de oorlog*. Mindestens so wichtig wie die Korrektur des manichäistischen Bildes der Besatzungszeit selbst war deshalb die Anklage derjenigen, die dieses Bild seit den späten 1960er Jahren entworfen, es in den 1980er Jahren mit der moralischen Autorität der Holocaust-Erinnerung versehen und es, Van der Heijden zufolge, seitdem sakralisiert hätten. Die vermeintliche moralische Überheblichkeit dieses „politisch korrekten" Holland ist über weite Strecken Van der Heijdens wirkliche Zielscheibe.

Den Durchbruch dieser politisch-moralischen Kultur verortete Van der Heijden in der Polarisierung der frühen 1970er Jahre – „als die Farben Grau und Lila [nach den ideologiefreien Regierungskoalitionen der niederländischen 1990er Jahre,

---

26 Van der Heijden in der Fernsehsendung Buitenhof, 15.4.2001 (www.vpro.nl/programma/buitenhof/afleveringen/3502282).
27 Etty, Goed/Fout.
28 Evelien Gans: Hamas, Hamas, alle joden aan het gas, in: De Keizer/Plomp (Hg.), Een open zenuw, S. 213–233, hier S. 219, vgl. dazu auch den Beitrag von Evelien Gans in diesem Band.

K. T.] noch bedeutungslos waren, die Sowjetunion noch existierte und Reagan und Thatcher noch kommen mussten." In einer Reihe von *oorlogsaffaires* und Skandalen wären *goed* und *fout* nach 1970 als moralische Embleme etabliert und bestätigt worden, bis die „einseitige Interpretation des Krieges" am Ende der Dekade ihren Höhepunkt erreicht hätte. Als Triebkraft dieser Entwicklung erkannte Van der Heijden eine „kleine Armee kritischer, drängelnder, meist Amsterdamer Intellektueller", die seit den späten 1960er Jahren den Kern „der aufrückenden emotionalen Linken" gebildet und sich seitdem als „Scharfrichter über Gegenwart und Vergangenheit" aufgeführt habe.[29] Obwohl dieser „Gut-Falsch"-Diskurs seit den 1980er und vor allem in den 1990er Jahren an Rigidität und Macht erheblich eingebüßt hat, bleibt er nach wie vor Van der Heijdens zentrales Feindbild. Er lässt nicht nach, unter seinen Gegnern von heute auffällig viele Leute auszumachen, die „in ihren jungen Jahren in kommunistischen oder vergleichbaren Zirkeln verkehrten. Zwischen solchen heutigen oder ehemaligen Dogmatikern (von links, rechts oder woanders) werde ich mich nie wohl fühlen, so wie sie von meiner prinzipiellen Skepsis auch immer irritiert sein werden."[30] Und ähnlich: „Ich misstraue mir selbst. Aber mein Misstrauen geht noch weiter: Ich misstraue vor allem Menschen, die sich selbst nicht misstrauen."[31]

In der geschichtspolitischen Kontroverse zielt diese Haltung häufig auf den Stellenwert und den Gültigkeitsbereich der Erinnerung an den Holocaust. Van der Heijden hat die Zentralität des Holocaust in unserer Gedächtnislandschaft als ein Phänomen entdeckt, das irgendwann (nämlich in den 1980er Jahren) entstanden sei und deshalb irgendwann auch wieder verschwinden werde. Schon alleine die Feststellung der Historizität des Holocaustgedächtnisses birgt eine provozierende Sprengkraft, die Van der Heijden nach Möglichkeiten ausspielt. Es sei erst seit den 1980er Jahren so, dass „die Anerkennung der Shoah als das Wichtigste, das im Krieg geschehen ist, als eine Art Ausweis an Modernität gilt. Wenn man damit übereinstimmt, gehört man zum zivilisierten Westen, dann gehört man zu unserer Welt."[32] Doch eine solche Erzählung entspreche nicht der historischen Wirklichkeit. „Die ‚Shoahisierung' des Krieges in den letzten 20, 25 Jahren" habe die Vorstellung der Besatzungszeit „genauso entstellt wie das ‚Gut-Falsch'-Denken in den 1960er Jahren und danach. Damit will ich die Abscheulichkeit der Shoah nicht schmälern. Das will kein zurechnungsfähiger Mensch."[33]

Der Hinweis auf die Zeitgebundenheit historischer Erzählungen ist bei Van der Heijden Programm. Dies erlaubt ihm, die Geltung auch gegenwärtiger Dogmen der Erinnerungskultur zu relativieren: „Der Zweite Weltkrieg, den wir seit den 60er und 70er Jahren kennen, ist nicht der Zweite Weltkrieg, sondern nur eine der möglichen Abbildungen dieses Krieges."[34] Das Mantra „Andere Zeiten, andere Moral" wird ständig wiederholt; es gibt kaum einen Beitrag, in dem Van der Heijden nicht

---

29 Chris van der Heijden: De oorlogjes na de oorlog, in: Vrij Nederland, 7.5.2005.
30 Chris van der Heijden: De oorlog als mensenverhaal, in: De Groene Amsterdammer, 29.4.2010, Nr. 17, S. 28–33, hier S. 33.
31 Ad van Liempt: De onvrede na de vrede. Een Interview met historicus Chris van der Heijden, in: De Volkskrant, 19.12.2009.
32 Ebd.
33 Van der Heijden, De oorlog als mensenverhaal, S. 33.
34 Van der Heijden, De werkelijkheid van de oorlog.

in der einen oder anderen Form die begrenzte Geltungsdauer historiografischer und moralischer Paradigmen beschwört.[35]

So kratzt er gerne an den Thesen von der Unvergleichbarkeit und Einmaligkeit des Holocaust, die, Van der Heijden zufolge, die Wirklichkeit entstellen. Schon in *Grijs verleden* heißt es: „Die wichtigste [Frage] wird – vielleicht aus Furcht vor der Antwort – zu selten gestellt: Ist der Mord an den Juden wirklich so einmalig wie immer behauptet wird?"[36] Van der Heijden kontert stets mit „einer traurigen Liste" anderer Genozide und beteuert, dass es eben die Wiederholbarkeit von Auschwitz sei, die ihn beunruhige. Habe nicht der Völkermord auf dem Balkan uns allen – und gerade den Niederländern, die Srebrenica hätten schützen sollen – gezeigt, dass die Doktrin der Einmaligkeit irreführend ist?[37] Der Genozid gewinnt bei Van der Heijden, wie der Krieg, den Status trauriger Normalität – ein Gedanke, mit dem er letztlich sein skeptisches Menschenbild stützt und *Grijs verleden* abschließt.

Vieles aus den hier skizzierten Kontroversen in Grau ist in Form oder Inhalt aus anderen Geschichtsdebatten bekannt, nicht zuletzt aus deutschen. Das Herumbalancieren auf den Rändern des politisch korrekten Diskurses, der Protest gegen die selbstgerechten Moralritter, das 68er-Bashing, das Argumentieren in Form von (vermeintlich verbotenen) Fragen, die Kritik an einer „aufgeblähten" Holocaustgedenkkultur – das alles kehrt vom Historikerstreit über die Walser-Bubis-Debatte bis hin zum „jetzt endlich" freigegebenen Opferdiskurs auch in Deutschland stets wieder zurück. Und auch die Figur des revisionistischen, nicht akademisch disziplinierten „Freelance"-Historikers ist den Deutschen vertraut, man denke etwa an Jörg Friedrich und sein Buch *Der Brand. Deutschland im Bombenkrieg 1940–1945* (2002).[38] Van der Heijden sucht und findet die öffentliche Kontroverse, fordert die etablierte Historiographie heraus, richtet sich aber an eine breitere Öffentlichkeit. Er kommuniziert über Tageszeitungen und das Feuilleton, meidet die Fachzeitschriften und beschränkt sich nicht auf Vergangenes alleine: Gerade seine Kommentare zu aktuellen Ereignissen gehören zu seinen umstrittensten Schriften. Ob es nun um die Legitimität Israels geht (*Israël. Een onherstelbare vergissing.* Israel. Ein nicht korrigierbarer Irrtum), um die Einschätzung des Rechtspopulismus (*Beschouw Wilders als een democraat.* Betrachte Wilders als einen Demokraten), um die Verurteilung des Sobibor-Täters Iwan Demjanjuk (*Moordenaars onder ons.* Die Mörder sind unter uns)[39] – immer wieder unterminiert Van der Heijden anerkanntes Wissen und die durch die Erinnerung an den Holocaust begründete Ordnung unserer Gegenwart. Der Tenor lautet stets von neuem: Unsere moralischen Kategorien hindern uns daran, die historische Wahrheit zu kennen oder zu ertragen.

---

35 Chris van der Heijden: Het imago van de Tweede Wereldoorlog, in: Vrij Nederland, 6.5.2006.
36 Van der Heijden, Grijs verleden, S. 12.
37 Van der Heijden in: Buitenhof, 15.4.2001.
38 Vgl. hierzu den Beitrag von Lothar Kettenacker in diesem Band.
39 Chris van der Heijden: Israël: Een onherstelbare vergissing, Kampen 2008; ders.: Beschouw Wilders als een democraat, in: Trouw, 22.3.2007; ders.: Moordenaars onder ons. De Zaak-Demjanjuk, in: De Groene Amsterdammer, 25.11.2009, Nr. 48.

Erfolg

Anders als es in dieser kurzen Zusammenfassung vielleicht erscheinen mag, ist die graue Revision längst kein Einmannprojekt mehr. Zwar inszeniert sich Van der Heijden – vor allem gegenüber der professionellen Fachwissenschaft – nachhaltig als Einzelgänger und Außenseiter, doch viele seiner Vorstellungen sind längst in eine breitere und differenzierte Perspektive auf „de oorlog" integriert worden. Fortlaufend erscheinen Studien und Sachbücher, welche die Perspektive umdrehen, vertraute Erzählungen unterminieren, Bipolaritäten ausräumen und auf „Tabus" zielen: vom jüdischen Verräter bis zum netten Wehrmachtsoldaten. Viele Autoren versuchen unerwartete Widersprüche aufzuspüren und moralische (Vor-)Urteile in Frage zu stellen – in einem solchen Maße, dass viele Rezensenten das „graue Spielchen" mittlerweile satt haben.[40]

Zudem hat die auf die breite Mitte der Besatzungsgesellschaft ausgerichtete Erzählperspektive in der Fernsehserie *De Oorlog* eine unerwartet große Wirkung entfaltet. Die Produktion sollte die Vorstellung eines fünf Jahre dauernden Ausnahmezustandes korrigieren und auch den Besatzungsalltag ins Bild mit aufnehmen. „Das Leben ging weiter", lautet das inoffizielle Motto der Serie, das in vielen Selbstzeugnissen, im oft privaten Bildmaterial sowie den begleitenden Kommentaren der Produzenten tatsächlich scharf aufleuchtet.[41] Neben zahlreichen Lobeshymnen klangen gerade aus der Fachwissenschaft auch kritische Töne an: Anpassung würde auffällig verständnisvoll beurteilt und Zufall und Umstände schienen den Gang vieler individueller Schicksale zu bestimmen.[42] Auch die thematische Zusammenfassung der Judenverfolgung und -vernichtung in einer der neun Folgen verhieß, manchen Kritikern zufolge, angesichts der Entkopplung des Abnormalen von der ansonsten „grauen" Besatzungszeit wenig Gutes. Aufgrund der medialen Prominenz und der staatlichen Subvention des Projektes sprachen Kritiker von einer neuen Meistererzählung, die einer Entschärfung der Besatzungszeit als moralische Referenz Vorschub leiste: „Wie aus dem Krieg eine ganz normale Geschichte gemacht wurde, die im Frieden endet."[43]

Die akademische Welt

Ein Grund für den Erfolg der „grauen" Geschichte der Besatzungszeit ist, wie erwähnt, dass sie seit geraumer Zeit in zahlreichen Varianten vorbereitet wurde. Das wirklich Revisionistische dieser Revision von 2001 hielt sich in Grenzen. Neu waren vor allem der skandalträchtige Duktus und der große Publikumserfolg von *Grijs verleden*. Erneut drängt sich der Vergleich mit den deutschen Opfererzählungen auf: Natürlich waren Günter Grass (*Im Krebsgang*) oder Jörg Friedrich (*Der Brand*) nicht die ersten Autoren, die auf deutsches Leid während der Flucht und im Bombenkrieg

---

40 So Anet Bleich: Vreemd smakende omelet van fout en goed. Grauwsluiers over de bezetting van Nederland, in: Volkskrant, 19.2.2010.

41 Die Serie ist online verfügbar, inklusive Hintergrundmaterial (http://deoorlog.nps.nl).

42 Rudolf Dekker: Aanpassen in „De Oorlog". TV-serie benadert accommodatie te positief, in: Geschiedenis magazine, 2010, Nr. 1, S. 20–23; Barbara Henkes: De Bezetting revisited. Hoe van De Oorlog een ‚normale' geschiedenis werd gemaakt die eindigt in vrede, in: BMGN, 125 (2010), H. 1, S. 73–99.

43 Ebd., S. 73.

hinwiesen. Vielmehr war es der inszenierte Tabubruch, der dem Thema seinen Reiz verlieh – innerhalb einer sich bereits länger verschiebenden (gesamt-)deutschen Erinnerungskultur.[44]

Zu den niederländischen Vorbereitern von „Grau" zählen neben Schriftstellern und Filmemachern seit den späten 1980er Jahren auch viele Fachhistoriker. Zugleich sind sie es aber auch, die von Van der Heijdens radikaler Variante der Entmythologisierung auf dem falschen Fuß erwischt wurden. Denn einerseits waren die Historiker eine prominente Zielscheibe seiner Kritik, allen voran die Mitarbeiter des NIOD (Nederlands Instituut voor Oorlogsdocumentatie, vergleichbar mit dem Münchner Institut für Zeitgeschichte). Sie hätten seit der frühen Nachkriegszeit unter Führung des damaligen Institutsdirektors Loe de Jong als staatlich berufene Vergangenheitsverwalter, ja gleichsam klassische Meistererzähler, die Besatzungszeit wie eine Geschichte von Repression und Widerstand gestaltet, diese aus der Warte der Londoner Exil-Regierung erzählt, daran klare moralische Kategorien geknüpft und alles schließlich mit dem Siegel der Wissenschaftlichkeit versehen. Andererseits sah sich Van der Heijden aber von der jüngeren Entwicklung der Geschichtswissenschaft bestätigt, welche die letzten Nationalmythen inzwischen dekonstruiert und die letzten Tabuzonen ausgespäht habe. Auf solche „neuere Forschung" stützte er 2001 seine Synthese. Die jungen Historiker, die „kleine, doch wachsende Zahl von Forschern, denen ich mich verbunden fühle", wurden Partner in Grau.[45]

Insgesamt bleibt die Bilanz jedoch ambivalent – schon alleine deshalb, weil das Fach nicht mit einer Stimme spricht. Zwar kann man nicht behaupten, dass die Diskussion um *Grijs verleden* wissenschaftlich unproduktiv gewesen wäre, ganz im Gegenteil. Auch wenn sie diese gewiss nicht immer initiierte, so beförderte die Debatte neue Fragestellungen und auch Forschungsprojekte, etwa über die Geschichte der niederländischen Nazibewegung, über die NSB-Kinder in der Nachkriegsgesellschaft, über den Widerspruch zwischen konformem Verhalten und widerständischem Denken sowie über die Vorstellungen der Niederländer vom Schicksal der deportierten Juden.[46] Vieles davon lag allerdings schon lange vor *Grijs verleden* gleichsam in der Luft.

Zugleich konnte Van der Heijden in Wirklichkeit mit vielen der jüngeren wissenschaftlichen Arbeiten nicht viel anfangen, weil sie schon seit Jahren jene historiografische Differenzierung und Versachlichung leisteten, die Van der Heijden unbeirrt lautstark einfordert.[47] Das verleiht seiner Revision, sofern sie gegen das Fach gerichtet

---

44 Bill Niven (Hg.): Germans as Victims. Remembering the Past in Contemporary Germany, Houndmills 2006; Patrick Dassen/Ton Nijhuis/Krijn Thijs (Hg.): Duitsers als slachtoffers. Het einde van een taboe?, Amsterdam 2007. Zu den niederländischen Reaktionen auf diese Debatten, vgl.: Krijn Thijs: Holland and the German Point of View. On the Dutch Reactions to German Victimhood, in: Helmut Schmitz/Annette Seidel-Arpaci (Hg.): Narratives of Trauma: German Wartime Suffering in National and International Perspective, Amsterdam (im Druck).

45 Van der Heijden, Grijs verleden, S. 13 und S. 15; ders., De oorlog als mensenverhaal, S. 31.

46 Bart van der Boom: De lokroep van de Beweging, in: Historisch Nieuwsblad, 2007, Nr. 4 (www.historischnieuwsblad.nl/00/hn/nl/162/artikel/6916/De_lokroep_van_de_Beweging.html); vgl. die groteske Reaktion von Jan Blokker: Altijd beginnen bij het begin, in: NRC, 18.5.2007; Ismee Tames: Besmette jeugd. Kinderen van NSB-ers na de oorlog, Amsterdam 2009; Bart van der Boom: „We leven nog." De stemming in bezet Nederland, Amsterdam 2003.

47 Vgl. beispielsweise den Forschungsüberblick von Marton van Hennik: De oorlog op herhaling. Recente literatuur over de Duitse bezetting van Nederland, in: BMGN/LCHR, 111 (1996), S. 493–516.

ist, ihren eigentümlich anachronistischen Farbton. Auch der Monismus, der dem Wunsch nach einem alles übergreifenden Gesamtentwurf („Grau") entspricht, passt kaum länger in die inzwischen von erklärter Multiperspektivität geprägte Forschungslandschaft. Dass Akademiker ihre Präzisierungen und Differenzierungen traditionell oft im Jargon von „Graustufen" und „Grautönen" verpacken, machte die Sprachverwirrung noch größer. Andererseits wurden jene Historiker, die seit den 1980er Jahren für eine Überwindung der manichäistischen Moralkategorien von *goed* und *fout* eingetreten waren, nun auf einmal für einen radikalen Aufstand in Anspruch genommen, den sie so im Einzelnen meist weder vorhergesehen noch gewünscht hätten. Wurde ihre „wertfreie" Wissenschaft damit nicht für den Aufbau einer apologetischen Gegenmoral missbraucht?

Diese Ambivalenz spiegelt sich seit 2001 am deutlichsten in den Arbeiten von Hans Blom, der von 1996 bis 2007 Direktor des NIOD war. Sein in den Niederlanden einflussreiches, an Martin Broszat orientiertes Plädoyer aus den frühen 1980er Jahren, die strenge Moralisierung der Historiografie über die Besatzungszeit zu überwinden und statt dessen analytisch-empirische, „wertfreie" Geschichtswissenschaft zu betreiben und auch die Anpassung der Mehrheit zu thematisieren, wurde von vielen nachträglich als Wegbereiter für eine „graue Geschichte" verstanden.[48] Tatsächlich war Blom einer der wenigen führenden Fachleute, die *Grijs verleden* nicht pauschal verurteilten, indem er eine ziemlich lobende, wenn auch zwiespältige Rezension verfasste. Darin musste er sogar die in der Luft liegende Frage beantworten, ob *Grijs verleden* etwa das Buch sei, das er selbst gerne hätte schreiben mögen – war die schwungvolle Synthese nicht die populärwissenschaftliche Konsequenz seiner eigenen Antrittsvorlesung von 1983? Blom beantwortete die Frage negativ, u. a. damit, dass ihm das Buch zu moralistisch sei.[49]

Obwohl Blom auf diese Frage im Folgenden nicht weiter einging, liegt hier in der Tat ein wichtiger Unterschied. Aus seiner „neutralwissenschaftlichen" Warte konnte *Grijs verleden* eigentlich nur einen Schritt zurück bedeuten. Blom hatte die Skala von *goed en fout* 1983 als Leitmarkierung verworfen, ja sogar als störend für die weitere historische Forschung bezeichnet. *Goed en fout* waren ihm irrelevant geworden. Van der Heijden hingegen sagt: *goed en fout* waren marginal. Die breite, gemäßigte und allzumenschliche Mitte dominierte die Zeit der Besatzung. Damit ist sein „Grau" immer noch (oder: wieder) eine Antwort auf die Frage nach *goed en fout*. Auf diese Weise relegitimiert Van der Heijden die moralischen Kriterien, die Blom ausgemustert hatte.

Dennoch hat sich Blom von „Grau" nie eindeutig distanziert. Im Gegenteil gilt er doch in gewisser Weise als akademischer Schirmherr dieser Interpretation. Blom war immer geneigt, Van der Heijden gegen moralisierende Kritik in Schutz zu nehmen, er arbeitete mit ihm (und einer Reihe von Kritikern) im Beirat der Fernsehserie *De Oorlog* zusammen und betreute seine Doktorarbeit. In der Lagerbildung der jüngeren Debatten schienen Blom und Van der Heijden oft zusammenzustehen. Die unvermutete Allianz zeugt gewiss von einer geteilten Abneigung gegen im wissenschaftlichen Gewand auftretende „Scharfrichter" wie früher De Jong. Sie deckt rückwirkend

---

48 J. C. H. Blom: In de ban van goed en fout? Wetenschappelijke geschiedschrijving over de bezettingstijd in Nederland, wiederabgedruckt in ders.: In de ban van goed en fout. Geschiedschrijving over de bezettingstijd in Nederland, Amsterdam 2007, S. 9–30.
49 Ebd., S. 57–68.

aber auch die normative Ladung von Bloms eigener, auf Anpassung ausgerichteter Perspektive auf die Besatzungszeit auf.[50]

Remoralisierung?

Als Hans Blom 2007 emeritiert wurde und zugleich die Leitung des NIOD abgab, war dies selbstverständlich auch ein geschichtspolitisch aufgeladenes Ereignis. Wie würde sich das Institut nach Blom zur umstrittenen „grauen Geschichte" verhalten? Würde auf den Personalwechsel auch ein Kurswechsel folgen?[51] In der Tat setzte seine Nachfolgerin Marjan Schwegman in der öffentlichen Debatte rasch neue Akzente. Von Anfang an machte sie deutlich, dass sie vom Begriff *grijs* wenig begeistert war.[52] „Vieles aus Bloms Antrittsvorlesung ist inzwischen verwirklicht worden. Dies erfordert ein erneutes Umdenken. Wir sollten das graue Bild des Zweiten Weltkrieges verabschieden."[53] Damit positionierte sich das NIOD, oder zumindest seine Führung, endgültig unter den Kritikern – und dieser Kurswechsel ist einer der Gründe, warum das Thema seit einigen Jahren wieder verstärkt diskutiert wird.

Seit 2007 stellt sich nunmehr mit neuer Dringlichkeit die Frage, welche Alternativen für das skeptische Bild in unserer Gegenwart denkbar und akademisch tragbar sein können. Was ist das Gegenteil von Grau? Verschiedene Ansätze wurden erprobt. Zunächst gibt es seit Anfang der Revision die klassische Gegenreaktion, nämlich ihre entschlossene Zurückweisung. Verschiedene Kritiker haben, wie gezeigt, weiterhin an der Zentralität der (jüdischen) Opfer der Besatzungszeit festgehalten. Seit einiger Zeit wird diese Zurückweisung mit erhöhter Schärfe formuliert, etwa von der Amsterdamer Professorin für Jüdische Geschichte (und NIOD-Mitarbeiterin) Evelien Gans. Sie hat vor kurzem die rhetorische Notbremse gezogen, wirft Van der Heijden „sekundären Antisemitismus" vor und sehnt gar einen neuen Historikerstreit herbei.[54]

Zweitens formulierte NIOD-Direktorin Schwegman, kaum ein Jahr im Amt, selbst eine Alternative für die nivellierende Geschichtsschreibung und zwar eine neue Akzentuierung des Heldentums verbunden mit der Frage, was Heldenmut eigentlich ausmacht, wie Heldenfiguren in Erinnerungsgemeinschaften entstehen und wie sich diese wandeln.[55] Der Vorschlag gewann Plausibilität, als Jolande Withuis (ebenfalls Mitarbeiterin am NIOD) einige Monate später ihre mitreißende Biographie des Widerstandshelden Pim Boellaard vorlegte. Jüngst verkündete Withuis, etwas vorschnell, „das Ende von Grau": „Wenn es ‚Gut' und ‚Falsch' irgendwo gegeben hat, dann natürlich im Krieg."[56]

50 Vgl. J. C. H. Blom: Een kwart eeuw later. Nog altijd in de ban van goed en fout?, in: ebd., S. 133–154.
51 Shirley Haasnoot: Het is tijd voor de opvolger van Loe de Jong. „Goed" en „fout" zijn geen morele ijkpunten meer, in: Historisch Nieuwsblad, 2004, Nr. 4.
52 Marjan Schwegman: Historici zijn volgers, geen voorspellers. Interview, in: De Groene Amsterdammer, 13.4.2007, Nr. 15.
53 Marjan Schwegman/Jolande Withuis: Weg met Grijs – bewonderen mag. [Bearb. von Bas Kromhout/Frans Smits], in: Historisch Nieuwsblad, 2009, Nr. 8.
54 Vgl. den Beitrag von Evelien Gans in diesem Band.
55 Marjan Schwegman: Waar zijn de Nederlandse verzetshelden, Van-der-Lubbelezing 2008 (http://www. niod.nl/documents/publicaties/NIODSchwegmanVerzetshelden.pdf).
56 Withuis, Het einde van Grijs; dies.: Weest mannlijk, zijt sterk. Pim Boellaard (1903–2001), het leven van een verzetsheld, Amsterdam 2008.

Drittens wird inzwischen auch die in der Debatte stets latente Frage nach der eigentlichen Aufgabe der Geschichtswissenschaft explizit diskutiert. Was ist eigentlich die Rolle von Zeithistorikern in einer suchenden Gesellschaft? Was ist das Selbstverständnis und wo verlaufen die Grenzen des Faches? Manche Stimmen stellen das in der niederländischen Forschungslandschaft mit dem Namen Hans Blom verbundene Ideal einer nicht moralisierenden und wertfreien Zeitgeschichte nunmehr offen in Frage. Gesucht wird nach Wegen, um die ethischen Aspekte der Geschichtsschreibung offensiv anzuerkennen und Wissenschaftlichkeit mit Moralität historiografisch zu verbinden.[57] Diese Besinnung auf die Grundlagen erklärt, zusammen mit der Suche nach dem narrativen Zentrum unserer Erzählungen der Besatzungszeit, warum sich in den Niederlanden neuerdings der klassisch zu nennende Briefwechsel zwischen Friedländer und Broszat großer Aufmerksamkeit erfreut.

Diesen Alternativvorschlägen gemeinsam ist aber, auch wenn sie gegenwärtig von Akademikern getragen werden, das Primat der politisch-moralischen Dimension. Auch in der geschichtswissenschaftlichen Welt war das Unbehagen hauptsächlich normativ begründet: Van der Heijdens Geschichtsbild war unbequem. Dass es nicht zuletzt ausgerechnet Fachhistoriker sind, die hierzulande die Möglichkeiten einer Remoralisierung der Geschichte erkunden, bezeugt vielleicht zweierlei: sowohl den Wandel des Faches als auch die Reichweite gegenwärtiger Geschichtsdebatten in den Niederlanden.

---

57 Martijn Eickhoff/Barbara Henkes/Frank van Vree: De verleiding van een grijze geschiedschrijving. Morele waarden in historische voorstellingen, in: Tijdschrift voor Geschiedenis, 123 (2010), H. 3, S. 322–329.

CHRIS VAN DER HEIJDEN

Die NSB – eine ganz normale politische Partei?

Ein Plädoyer für historische Korrektheit
jenseits der Political Correctness

1968 drehte der heute sehr bekannte Filmregisseur Paul Verhoeven einen Dokumentarfilm über Anton Mussert, den Parteiführer der Nationaal-Socialistische Beweging
(NSB), der im Mai 1946 in Den Haag hingerichtet wurde. Aus verschiedenen Gründen ist dieser Dokumentarfilm interessant, insbesondere was das Thema „Political
Correctness" anbelangt.

Wichtig ist *Portret van Anton Adriaan Mussert* nicht zuletzt deshalb, weil er 2008,
nach vierzig Jahren, auf dem bedeutenden jährlich stattfindenden Dokumentarfilm-
festival in Amsterdam (IDFA) wieder entdeckt worden ist. Er wurde sogar zu einem
der besten 20 von Niederländern gedrehten Dokumentarfilme aller Zeiten gekürt
und kürzlich im niederländischen Fernsehen erneut gezeigt. Diese Wahl ist äußerst
bemerkenswert, steht der Film doch in schroffem Gegensatz zu fast allem, was seit
dem Zweiten Weltkrieg über Mussert gesagt und geschrieben wurde. Dies war auch
der Grund, warum der öffentlich-rechtliche Radio- und Fernsehsender VPRO, der
Produzent des Dokumentarfilms im Jahre 1968, den Film anfänglich gar nicht zeigen
wollte. Schließlich tat man es doch, allerdings wenig begeistert und nicht ohne einige
Änderungen vorgenommen zu haben. Aber immerhin, er wurde gezeigt, ein einziges
Mal, seither jedoch nicht mehr – bis vor kurzem.

Der wichtigste Grund jedoch, warum dieser Dokumentarfilm (der heute übrigens
problemlos im Internet gefunden werden kann) so interessant ist, hat nichts mit
diesen Dingen oder der Politik des Senders zu tun, sondern liegt in seinem Inhalt.
In Paul Verhoevens Filmportrait wird der „Führer" der niederländischen nationalsozialistischen Partei nicht nur unaufgeregt, sondern auch als normale, ja beinahe
sympathische Person dargestellt. Dies wurde nicht nur dadurch möglich, dass man
fünf seiner Anhänger zeigte (was allein schon außergewöhnlich ist, es war nämlich
das erste und fast auch das letzte Mal, dass man ehemalige niederländische Nationalsozialisten im Fernsehen gesehen hat), sondern auch zwei Gegner und Zeitgenossen:
den Ingenieur Wim Schermerhorn, der zur Zeit der Hinrichtung Musserts niederländischer Premierminister war, sowie den Ankläger Johannes Zaaijer. Beide kannten
Mussert bereits vor dem Krieg gut, beide verurteilten ihn scharf und unerbittlich
nach dem Krieg, beide äußerten sich im Film allerdings eher bewundernd über ihn.

Zaaijer, der im Prozess gegen Mussert die Todesstrafe forderte, bezeichnet Mussert
als eine durchaus aufrichtige Person, die sich ehrlich verteidigt habe. „Hinsichtlich
der Fakten", fügt er sogar hinzu, „war Musserts Verteidigung richtig." „Er versuchte
die Niederlande als eigenständigen Staat zu retten", fährt er fort, „deshalb musste
er mit den Nazis zusammenarbeiten, ja sie sogar unterstützen. Genau aus diesem
Grund, wegen Kollaboration mit dem Feind", sagt Zaaijer, „wurde er zu Recht verurteilt, selbst wenn seine Kollaboration nicht das Ziel, sondern eines der Mittel war,
um den unabhängigen Staat, der ihm vorschwebte, zu garantieren."

Damit bringt Zaaijer das Gleiche zum Ausdruck wie die später wegen ihrer ungebrochen nationalsozialistischen Aussagen berüchtigte Witwe von Musserts Stellvertreter und innerparteilichem Gegner Meinoud Rost von Tonningen, Florentine Rost von Tonningen-Heubel, die als eine ehemalige Parteigenossin im Dokumentarfilm erscheint. Mussert wollte eine Konföderation mit den Deutschen, sagt sie, nicht mehr und nicht weniger.

Alle Zeugen unterstrichen mit ihren Aussagen den Eindruck, dass Mussert etwas Tragisches anhaftete. Er war, so die Botschaft des Films, ein weitgehend vertrauenserweckender und fähiger Mann, der von seiner historischen Mission überzeugt war. Aus diesem Grunde beginnt der Dokumentarfilm mit dem großen niederländischen Wörterbuch „van Dale" und zeigt die Ausdrücke, die direkt nach dem Krieg für Kollaborateure gebraucht wurden: „uitvaagsel, schuim" – d. h. Abschaum. Am Ende zeigt der Film die neue Ausgabe des van Dale zehn Jahre später. Dort steht nur noch, dass die früheren Parteimitglieder der nationalsozialistischen niederländischen Partei als Verräter „verurteilt" worden seien. Zwischen diesem „Abschaum-Sein" und dem „Verurteilt-Sein" liegt der Unterschied. Der Dokumentarfilm suggeriert somit in deutlicher Weise, dass sich die Dinge geändert haben und noch weiter ändern werden; wir werden über die nahe Vergangenheit auch zukünftig anders zu denken haben.

Tatsächlich hat eine solche Veränderung aber nicht stattgefunden. Im Gegenteil: Zwischen dem Ende der 1960 Jahre, als der Dokumentarfilm zum ersten Mal gezeigt wurde, und heute hat sich das Bild, das man sich allgemein von Mussert und der NSB machte, noch weiter verschlechtert – selbst im Vergleich zu den 1950er Jahren. Warum? Und in welchem Sinn „schlechter"? Konnte es überhaupt schlechter werden? Und was waren die Konsequenzen?

Um es auf den Punkt zu bringen: Meiner Meinung nach liegt der wichtigste Grund hierfür darin, dass Kollaboration mit Gewaltanwendung gleichgesetzt wird und Politik mit Moral. Diese Gleichsetzung hat aus allen Kollaborateuren Täter und Schänder der Menschenrechte gemacht, auch wenn sie dies gar nicht waren – oder zumindest nicht mehr oder weniger als andere Nicht-Nationalsozialisten. Man möge mich recht verstehen und ich werde darauf zurückkommen: Ich habe keinesfalls die Absicht, die Angelegenheit zu verharmlosen. Im Gegenteil, ich glaube, dass die Dinge aus der richtigen Perspektive betrachtet nicht besser, sondern eher schlimmer werden.

Beginnen wir damit, dass die NSB nie eine wirklich beliebte Partei in den Niederlanden war. Dies lag jedoch nicht darin begründet, dass, wie gern erzählt wird, die Mehrheit der Holländer eine völlig andere Einstellung hatten, sondern weil die niederländische Gesellschaft „versäult", d. h. in Blöcke zersplittert war, die schwer aufzubrechen waren und denen man sich kaum entziehen konnte. Tatsächlich findet man rückblickend viel mehr Gemeinsamkeiten zwischen den Ideologien der verschiedenen Parteien dieser Zeit – die undemokratischen eingeschlossen – als Unterschiede. Nehmen wir beispielsweise den weitgehenden Konsens über den Kommunismus oder gesellschaftliche Grundeinstellungen zu Ordnung, Gehorsam, Gott, Erziehung und Frauen. Mussert war mit seinen Ansichten von dem Protestanten und fünfmaligen Ministerpräsidenten Colijn und dem Katholiken und Sozialminister Romme weniger weit entfernt als man gemeinhin denkt. Natürlich gab es ideologische Gegnerschaften, aber die Ideologien glichen sich in vielen Punkten, auch wenn sich Colijn und Romme selbst Demokraten nannten und Mussert nicht. Denn die Demokratie war noch ein sehr junges Phänomen und die Unterschiede zwischen ihr und ihrem Gegenstück in jenen Tagen lange nicht so deutlich wie heutzutage. Einer der Gründe, warum sich dies geändert hat, liegt eben in der Erfahrung mit dem Nationalsozialismus und dem Zweiten Weltkrieg, die uns die Bedeutung der Demokratie gelehrt haben.

Oder anders ausgedrückt: Die NSB war zu Beginn der 1930er Jahre, wie es der Titel meiner Ausführung bereits andeutet, eine ziemlich normale politische Partei. Eine von vielen, wohlgemerkt 54, die 1933 – im Jahr als Hitler in Deutschland an die Macht kam – an den allgemeinen Wahlen teilnahmen. Nur 14 errangen Sitze im Den Haager Parlament und die NSB war nicht darunter. Sie erhielt erst bei den Wahlen von 1937 Sitze, genauer gesagt vier von 100. Obwohl ich es nicht belegen kann, scheint mir der Hauptgrund dieses Ergebnisses im erstaunlichen Erfolg der NSDAP in Deutschland zu liegen. Es sollte nicht vergessen werden, was sehr viele europäische Staatsmänner und ein großer Teil der europäischen Allgemeinheit um 1936 über Hitler sagten: Er schreie viel und laut, erreiche aber auch nicht wenig.

Nicht allein das, was in Deutschland geschah, machte die NSB bekannt und verhalf ihr zu vier Sitzen im Parlament, sondern auch das, was von Deutschland ausging. Ohne Hitler, meine ich sagen zu dürfen, hätte die NSB keinerlei Bedeutung erlangt. Hitler verschaffte der Bewegung nicht nur Siege, er machte sie auch zum Stein des Anstoßes. Er machte sie groß und klein, bewundernswert und abstoßend. Zwei Gründe sind hierfür anzuführen: die Besetzung der Niederlande durch Hitlers Truppen und, wichtiger noch, die Shoah.

Beginnen wir mit dem Einmarsch der deutschen Truppen: Zaaijer, den ich bereits zitierte, hatte zweifellos recht mit seiner Einschätzung, dass Mussert nie eine deutsche Provinz aus den Niederlanden machen wollte. Sein Streit mit der SS, die das Land dem Deutschen Reich einverleiben wollte, gehörte sicherlich zu seinen schwersten Aufgaben. Er verlor diesen Streit nicht, konnte ihn aber auch nicht gewinnen und geriet zunehmend in Bedrängnis. Das alles ist in den letzten Jahren genau untersucht worden. Der Nationalsozialismus war nicht so blockförmig und monolithisch wie man lange angenommen hatte. Er war ebenso vielschichtig wie die meisten anderen politischen Organisationen. Mehr noch: Teilweise gingen seine kriminellen Erfolge sogar auf das interne Chaos zurück, das in ihm herrschte.

Die vorangegangenen Bemerkungen erinnern wahrscheinlich an die seinerzeit so genannte strukturelle Interpretation der Shoah. Natürlich wird kaum jemand behaupten wollen, dass sich die Shoah ohne Intention vollzog. Dass aber eine einheitliche Intention hierfür nicht ausreicht, lässt sich am Antisemitismus der NSB hinreichend darstellen. Offiziell gab es in der NSB keinen Antisemitismus bzw. er beschränkte sich nur auf Teile der Partei. Einen kleinen, eher unbedeutenden Hinweis hierauf liefert die Festschrift, welche die Partei zu ihrem zehnjährigen Bestehen 1943 herausgab. Das letzte Kapitel des Buches ist der so genannten „Judenfrage" gewidmet und gibt beispielsweise die offizielle Reaktion der NSB-Zeitung *Volk en Vaderland* auf die „Kristallnacht" wieder, die als „bedauerlich" und „unglücklich" bezeichnet wird. Angesichts der Züge, die zur gleichen Zeit nach dem niederländischen Konzentrationslager Westerborg fuhren, muten diese Bemerkungen anno 1943 höchst seltsam an. Jene von den Unbeirrbaren als „philosemitisch" kritisierte Haltung war auch einer der Gründe, warum die NSB und Mussert am Ende des Krieges an Boden verloren. Man hielt sie einfach für viel zu weich – sowohl was ihre Ablehnung einer Integration der Niederlande ins Deutsche Reich betraf als auch ihre Gegnerschaft gegenüber Juden und dem niederländischen Widerstand. Die harten Kerle der SS sahen sie als Spießer an, als Kleinbürger, die nicht einsehen wollten, dass Kompromisse gleichbedeutend mit Niederlagen seien.

Auch in ihrer Suche nach einer Mittelposition verhielt sich die NSB eher konsensorientiert, dass will sagen: sehr niederländisch. Mussert und seine Parteifreunde wollten Kompromisse eingehen; nicht nur bezüglich der Art, wie die Niederlande besetzt werden sollten, sondern auch wie die Juden zu behandeln waren.

In diesem Zusammenhang möchte ich aus dem unveröffentlichten Tagebuch zitieren, das Max Blokzijl in den Monaten vor seiner Hinrichtung verfasste. Zur Erinnerung: Blokzijl war der bekannteste niederländische Propagandist des Nationalsozialismus und deshalb auch der erste niederländische Nazi, der verurteilt und hingerichtet wurde. Er war ein ziemlich brillanter Journalist, der lange Zeit in Deutschland gearbeitet hatte, in zweiter Ehe mit einer Deutschen verheiratet war und, in diesem Zusammenhang durchaus der Erwähnung wert, 1919, kurz nach dem Ende des Ersten Weltkrieges, voller Entsetzen ein kleines Buch über die Verfolgung der Juden in Lemberg verfasste. Zu jener Zeit war er folglich überhaupt kein Antisemit. Wurde er später dazu? In seinem Tagebuch streitet er es ab und schreibt, kurz vor seinem Tod, dass der Antisemitismus der dümmste, schäbigste und schlechteste Teil des Nationalsozialismus gewesen sei. „Er war die größte Schande der Hitlerzeit. Wir in der NSB", schreibt er, „wussten nichts über diese Gräuel, aber sie scheinen wahr zu sein. Wir kannten die Gerüchte, glaubten ihnen aber nicht und von Seiten der Deutschen erfuhren wir nichts. Hätte ich es gewusst, hätte ich meine Arbeit nicht fortsetzen können." Blokzijl betont, er sei nie Antisemit gewesen, gibt aber seine kritische Haltung gegenüber den meisten Juden zu, wegen, wie er sagt, deren nationaler Unzuverlässigkeit. „Ich weiß," fährt er fort, „es gab einige sehr national eingestellte deutsche Juden. Ich weiß auch, dass sich viele dänische Juden mehr dänisch als jüdisch fühlten, aber", fügt er hinzu, „sonst waren in aller Welt alle Juden als erstes und in der Hauptsache Juden. Deshalb kämpfte ich gegen ihre Absicht politische Macht zu erhalten, mit einer einzigen Ausnahme: den Zionismus." Der Zionismus war in der Tat nationalistisch.

Solche Aussagen wurden nicht ernst genommen, was für die Zeit direkt nach dem Zweiten Weltkrieg, als die Leute zu begreifen begannen, was sich in den Vernichtungslagern ereignet hatte, sehr verständlich ist. Aber nach 65 Jahren? Wichtiger noch, hilft uns diese Missachtung zu verstehen, was während des Zweiten Weltkriegs geschehen ist und, in diesem spezifischen Fall, vermittelt sie uns ein historisch korrektes Bild der NSB? Meine Antwort darauf ist ein klares: Nein.

Nach 65 Jahren ist es immer noch unmöglich, die NSB nicht aus der Perspektive der deutschen Besatzung und der Shoah zu sehen. Schlimmer noch, ich würde sagen, es ist unmöglicher denn je. In den ersten Jahren nach dem Krieg wurde die Perspektive, aus der man die NSB betrachtete, ausschließlich von der Frage nach der Kollaboration bestimmt. Die NSB-Mitglieder waren die Helfer des verhassten Feindes gewesen, was auf keinen Fall vergessen werden durfte. Die Historiographie wurde von der juristischen Praxis, um nicht zu sagen von den politischen Säuberungen, eingefärbt. Die Frage, ob dies richtig war oder nicht, stellte sich nicht – es war unvermeidbar. Eine der für die Historiographie besonders negativen Konsequenzen war, dass die ehemaligen Täter fast nie über ihre Taten und Gedanken Rechenschaft ablegten. Sie wurden zum Schweigen gebracht und sie schwiegen. Die Texte, die Mussert im Gefängnis schrieb, bilden eines der wenigen aussagekräftigen Zeugnisse darüber, was sich in niederländischen nationalsozialistischen Kreisen und in den Köpfen der Kollaborateure abspielte. Es brauchte sechzig Jahre, bis sie veröffentlicht werden konnten. Inzwischen hatten sich die Dinge enorm verändert.

Um es sehr verkürzt zu sagen, nach einer kurzen Zeit der politischen Säuberung wurde der Krieg in den meisten Kreisen offiziell ad acta gelegt. Für die öffentliche Meinung der 1950er Jahre stellte er zunächst kaum mehr ein Thema dar. In privaten Zusammenhängen wurde hingegen, wie wir wissen, ständig darüber gesprochen – je hartnäckiger der Krieg in der Öffentlichkeit verschwiegen wurde. Nur gewisse Kreise, die ehemaligen Widerstandskämpfer und die Kommunisten, ließen nicht davon ab, sich auf ihn zu beziehen. Aber beide Gruppierungen waren klein und verkleinerten sich in den 1950er Jahren weiter. Eine der Folgen dieses öffentlichen Schweigens war, dass die Anpassungsstrategien der meisten Niederländer während des Krieges (die versucht hatten zu überleben, indem sie teilweise die Augen verschlossen, teilweise einen Mittelweg zwischen dem, was möglich, und dem, was wünschenswert war, suchten) rückblickend akzeptiert wurden. Die Beispiele für diese Akzeptanz sind zahlreich, hier sei nur das bekannteste genannt: Jan de Quay, vormaliger Parteiführer der Niederländischen Union, die 1940/41 versucht hatte, einen derartigen Mittelweg zwischen Kollaboration und Widerstand zu finden, wurde 1959 Premierminister.

Zehn, fünfzehn Jahre später wurde diese Akzeptanz in Frage gestellt. De Quay wurde von Loe de Jong im 4. und 5. Teil seiner großen Geschichte der Niederlande während des Zweiten Weltkrieges mehr oder minder als ein Kollaborateur beschrieben, der Mussert näher stand als der Resistance. Um es allgemein zu formulieren: Irgendwann zwischen 1960 und 1970 änderte sich das Bild der nahen Vergangenheit in hohem Maße und eine der Folgen dieser Veränderung war, dass der Dokumentarfilm von Paul Verhoeven als Anachronismus angesehen wurde, obwohl er doch, nach meinem Ermessen, als ein Zeichen des Fortschrittes der populären Geschichtsschreibung hätte erkannt werden können.

Die Historiographie zum Zweiten Weltkrieg wählte jedoch genau die entgegengesetzte Richtung und wurde von einem ziemlich unangenehmen „Schaut-einmal-wie-gut-wir-sind"-Gefühl beherrscht, was zugleich eine völlige Vernachlässigung des Teils der niederländischen Geschichte, die Thema dieses Textes ist, nach sich zog und ein Unverständnis diesen Fragestellungen gegenüber auslöste.

Es tut mir leid es sagen zu müssen, aber das stupideste Beispiel dafür ist der erste Satz eines der wenigen Bücher, die über den niederländischen Nationalsozialismus veröffentlicht wurden, und das den Titel *Zwarte kameraden* (Schwarze Kameraden) trägt. Es wurde 1984 mit einer Einleitung des damaligen Direktors des Niederländischen Instituts für Kriegsdokumentation veröffentlicht: „Aus den vielen Publikationen über den Faschismus", so jener erste Satz, „wird mehr und mehr klar, dass diese Ideologie auf einer Lüge beruhte." Man muss das Wort Faschismus nur zum Beispiel gegen Kalvinismus, Republikanismus oder jeden anderen „Ismus" austauschen und schon wird klar, wie wenig sinnvoll eine solche Aussage ist – zumal aus dem Mund eines professionellen Historikers. Aber das war vor einem Vierteljahrhundert die Atmosphäre: Nicht nur ohne jegliches Interesse dafür, wie sich die Dinge wirklich abgespielt haben, sondern auch ohne jedes Bedürfnis sie zu verstehen. Es gab die Wahrheit und die Lüge und eine aus Historikern, Journalisten und anderen zusammengesetzte Mehrheit befand sich im glücklichen Besitz dieser Wahrheit. Selbst für Historiker schickte es sich an, mehr auf politische denn historische Korrektheit zu achten.

War dies denn so schlimm? Nein. Es entstanden dennoch einige wichtige Bücher und Artikel über den niederländischen Nationalsozialismus dank der kritischen Haltung von Historikern, die gerade diese guten Tendenzen vertraten. Gegen Ende der 1980er Jahre begannen sich die Dinge langsam aber sicher zu verändern. Leider sind wir aber noch nicht dort angekommen, wo wir sein könnten und sollten. Der Grund dafür ist recht einfach zu benennen: Die heute tonangebenden Historiker gehören mehr oder minder meiner Generation an, sind irgendwann zwischen 1940 und 1970 geboren, d. h. zwischen 40 und 70 Jahre alt. Sie wurden in jener Atmosphäre erzogen, die ich zu beschreiben versucht habe. Selbst wenn sie sich bemühen, können sie zumeist das, was sie internalisiert haben, nicht einfach revidieren. Um das Erlernte in einem Wort zu benennen: Verbrecher, Nationalsozialisten waren Verbrecher. Sie haben sechs Millionen Leute umgebracht. Das ist völlig unbegreiflich, man soll es auch nicht begreifen, man kann und muss es nur verdammen. So einfach ist das.

Es fällt nicht schwer, die Gründe für diese Sicht auf die Nationalsozialisten zu verstehen. Um einen breiten Zeitraum zu benennen: Irgendwann zwischen der Veröffentlichung von Jacques Pressers *Ondergang* und dem israelischen Sechs-Tage-Krieg Mitte der 1960er Jahre einerseits sowie der Veröffentlichung von Daniel J. Goldhagens Arbeit über „Hitlers willige Vollstrecker" Mitte der neunziger Jahre andererseits wurde der Krieg endgültig mit der Shoah gleichgesetzt. Eine gute Illustration dafür ist das Ergebnis einer Umfrage, die vor drei Jahren vom niederländischen Komitee für den nationalen Befreiungstag (5. Mai) durchgeführt wurde: 83 % der Bevölkerung glaubte, dass die Judenverfolgung einer der Gründe für den Zweiten Weltkrieg gewesen sei. Es ist folglich leicht zu verstehen, dass Menschen, die so denken, alle Nationalsozialisten nicht nur als Schänder der Menschenrechte (was sie in der Tat waren), sondern auch als Mörder und Täter des Genozid ansehen (was nicht alle waren). Dass die meiste Aufmerksamkeit den Opfern zukam, ist verständlich. „Wir haben es nicht gewusst", war einer der Standardwitze über Deutsche und ehemalige Nazis als ich studierte, vor über 25 Jahren. Der Hintergrund des Witzes war klar: Natürlich gingen wir davon aus, dass sie es alle gewusst hatten.

Heute wissen wir, dass wir damit falsch lagen. Das Wissen um die Shoah während des Krieges war, um eine breite Diskussion hier abzukürzen, nur schwach ausgeprägt, und zwar bei jedem und überall – ausgenommen bei den direkt beteiligten Tätern und Opfern. Die ehemaligen Kollaborateure waren „nur" Kollaborateure, wahrscheinlich war ein hoher Anteil von ihnen in dem einen oder anderen Sinn Antisemit, aber nur ein kleiner Teil war an der Planung und Durchführung des Genozids beteiligt. Deshalb ist die Gleichsetzung von Nationalsozialisten und Genozid, wiewohl politisch gerechtfertigt und moralisch verständlich, historisch gesehen zu einfach. Die meisten Mitglieder der niederländischen Nationalsozialistischen Partei waren „normale Personen", normal im Sinne von „so wie die anderen". Der größte Unterschied zwischen ihnen und den meisten anderen Niederländern lag in der Ideologie, die sie vertraten – was an sich noch kein Verbrechen ist. Politisch waren sie verantwortlich und mussten bestraft werden, weil sie Verräter waren. Darüber kann kein Zweifel bestehen. Aber moralisch gesehen verdienten es viele von ihnen nicht, so behandelt zu werden, wie sie behandelt wurden. Das macht die Dinge, ich sagte es bereits, nicht besser. Es macht sie schlimmer, weil die ehemaligen Nationalsozialisten nicht die einzigen waren, die keinen eindeutigen Bezug zwischen der nationalsozialistischen Ideologie und ihren mörderischen Taten herstellten. Die meisten sahen ihn nicht, bis es zu spät war. Dies kann man nicht als Verbrechen bezeichnen, aber, mindestens, als unverzeihliche Dummheit. Es ist völlig inakzeptabel, dennoch bildet diese Dummheit zwar den notwendigen Hintergrund für die Shoah, aber natürlich nicht ihren Grund. Anders ausgedrückt: Sie können niemanden für etwas verurteilen, was er nicht getan oder gewusst hat. Man kann ihn dafür kritisieren, dass er nichts wissen wollte, das schon. Aber das ist nicht dasselbe.

Vor einigen Jahren publizierte ein niederländischer Journalist, Joris Luyendijk, ein Buch, das in professionellen Kreisen für großes Aufsehen sorgte. In diesem Buch zeigte Luyendijk auf, wie Journalisten einander imitieren und dass sie vor allem das schreiben, wovon sie denken, dass sie es schreiben sollen. Sie schreiben nicht, was sie gesehen oder gehört haben, sondern was von einer unbestimmten Macht als politisch korrekt angesehen wird. Es ist in journalistischen Kreisen schon seit geraumer Zeit üblich, auf solch intelligente Weise die eigene Berufsgruppe zu kritisieren. Ich möchte hier nur an eine in diesem Zusammenhang bedeutende Studie erinnern, die vor bald dreißig Jahren veröffentlicht wurde und den Titel *Deciding what's News* (New York 1979) trägt. Ihr Autor Herbert J. Gans ist Soziologe und sowohl für seine intellektuelle Schärfe als auch für seine politische Unkorrektheit bekannt. Uns erscheint es äußerst seltsam, darüber zu sprechen, wer darüber „entscheidet", was Neuigkeiten sind. Nachrichten sind Nachrichten, sagen wir am liebsten, und es ist nicht an uns zu entscheiden, was dazu gehört und was nicht. Die Theorie der Postmoderne und das Internet haben uns jedoch die Naivität dieser Vorstellung vor Augen geführt. So weit ich es beurteilen kann, wagen es Historiker im Allgemeinen schon nicht, die Vorgehensweisen von Journalisten zu überprüfen. Im Falle des Nationalsozialismus trauen sie sich noch weniger. Sicherlich war die NSB keine politische Partei wie die anderen, dazu waren die Umstände zu komplex. Aber es war auch keine Partei von lauter Kriminellen. Dazu waren die Mitglieder zu unterschiedlich. Für diese Unterschiedlichkeit gilt es die Augen zu öffnen und sie anzuerkennen. Wenn wir hierzu nicht bereit sind, werden wir die Vergangenheit weiterhin nach unseren Wünschen modellieren.

Übersetzung aus dem Niederländischen von Joachim Umlauf.

Literatur

Max Blokzijl: Dagboek, in: Archiv NIOD, Amsterdam.

Ido de Haan: Nieuwe geschiedschrijving van de collaboratie. Introductie bij het thema, in: BMGN, 123 (2009), Nr. 3, S. 323–328.

Ders.: Na de ondergang. De herinnering aan de jodenvervolging in Nederland 1945–1995, Den Haag 1997.

Chris van der Heijden: Grijs verleden. Nederland en de Tweede Wereldoorlog, Amsterdam 2001.

Madelon de Keizer/Marije Plomp (Hg.): Een open zenuw. Hoe wij ons de Tweede Wereldoorlog herinneren, Amsterdam 2010.

Joris Luyendijk: Het zijn net mensen. Beelden uit het Midden-Oosten, Amsterdam 2008.

Anton Adriaan Mussert: Nagelaten bekentenissen. Verantwoording en celbrieven van de NSB-leider, hg. von Gerard Groeneveld, Nijmegen 2005.

Mussert. Het proces Mussert, hg. vom Rijksinstituut voor Oorlogsdocumentatie, 1948, Amsterdam 1987.

Paul Verhoeven: Portret van Anton Adriaan Mussert [Dokumentarfilm], http://geschiedenis.vpro.nl/artikelen/39287993/ [1.9.2010].

Frank van Vree/Rob van der Laarse: De dynamiek van de herinnering. Nederland en de Tweede Wereldoorlog in een internationale context, Amsterdam 2009.

J. Zwaan/Aukje Zondergeld-Hamer (Hg.): De zwarte kameraden. Een geïllustreerde geschiedenis van de NSB, Weesp 1984.

EVELIEN GANS

Eigentlich waren doch alle ein bisschen
Täter *und* Opfer …

Nivellierungstendenzen und sekundärer Antisemitismus
im Geschichtsbild des niederländischen Historikers
Chris van der Heijden[1]

Im November 2009 veröffentlichte der Historiker und Journalist Chris van der Heijden in der angesehenen Zeitschrift *De Groene Amsterdammer* einen Artikel, in dem
er die Rechtmäßigkeit des Prozesses gegen Demjanjuk in Zweifel zieht. Zum wieder-
holten Male versucht Van der Heijden die Shoah auf ein Drama ohne rechte Kon-
turen zu reduzieren: „Judenmord, Genozid, Holocaust, Shoah, wie immer man das
Phänomen auch nennen will."[2] Auch „Schuld" und „Buße" sollen, wie zuvor bei Van
der Heijden, nivelliert werden. Einerseits unterstreicht er vermeintliche Versäumnisse
in der Prozessführung gegen Adolf Eichmann, andererseits ist es für ihn – gerade so
wie für Demjanjuks Verteidiger Ulrich Busch[3] – eine unbeantwortete Frage, ob den
Mitgliedern der jüdischen Sonderkommandos nicht ebenso viel Schuld zukomme
wie den ukrainischen Trawniki, zu denen Demjanjuk zählte. Van der Heijden negiert
die vorhandene Fachliteratur, aus der hervorgeht, dass in Sobibor alle Bewacher
beim Vernichtungsprozess zum Einsatz kamen. „Gab es keine Türsteher, Monteure,
Fahrer?"[4], fragt er. Den Aussagen jüdischer Nebenkläger über ihr Bedürfnis nach
Wahrheitsfindung und Gerechtigkeit schenkt Van der Heijden keine Beachtung. Seiner Meinung nach befinden sich die ehemaligen Opfer und ihre Hinterbliebenen im
Schlepptau einer bestimmten Art von „Publizistik". Gestützt auf eine durch „Leid"
und „Herzensangelegenheiten" legitimierte Moral und getrieben von ihrer Jagd auf
„Wiedergutmachung" versuchten diese, den Krieg künstlich am Leben zu erhalten.

Van der Heijden wird in der niederländischen Presse sowie der akademischen
Welt viel Raum gegeben, seine Sicht der Dinge darzustellen. In Deutschland, wo die
Frankfurter Schule schon vor Jahren den Begriff des „sekundären Antisemitismus"
prägte und man im Rahmen des „Historikerstreites" der Geschichtsschreibung über
den Krieg systematisch zu Leibe rückte, wäre er schon lange als „Revisionist" abge-

---

1 Der Artikel erschien in niederländischer Sprache unter dem Titel „Iedereen een beetje slachtoffer, iedereen
een beetje dader" in: De Groene Amsterdammer, 27.1.2010, Nr. 4.
2 „Jodenmord, genocide, holocaust, shoah of hoe je het fenomeen ook wilt noemen" (Chris van der Heijden:
Moordenaars onder ons [Die Mörder sind unter uns], in: De Groene Amsterdammer, 25.11.2009, Nr. 48,
S. 28).
3 Vgl. Jüdische Allgemeine, Nr. 49/09, 3.12.2009.
4 Van der Heijden, Moordenaars onder ons, S. 31. Bezüglich der angesprochenen Fachliteratur siehe unter
anderem: Christopher Browning: Evidence of the Implementation of the Final Solution, Electronic Edi-
tion 2000; Eyewitness Testimony Concerning Gassing at Belzec, Sobibor and Treblinka, Second Category,
Holocaust Denial on Trial (HDOT): Using History to Confront Distorsions (Emory University). http://
www.hdot.org/en/trial/defense/browning/540. Jules Schelvis: Vernietigingskamp Sobibor, Amsterdam 2008,
S. 54. Vgl. auch die Aussage des Historikers Dieter Pohl (Autor u. a. von: Verfolgung und Massenmord in der
NS-Zeit 1933–1945, Darmstadt 2003) während des Prozesses gegen Demjanjuk in München: „Demjanjuk
hätte aus Sobibor flüchten müssen", zit. nach: NRC Handelsblad, 14.1.2010.

stempelt worden. Aber Van der Heijden passt gut zum aktuellen niederländischen Zeitgeist und entspricht dem weit verbreiteten Bedürfnis nach Normalisierung und Nivellierung: Eigentlich waren doch alle ein bisschen Täter *und* Opfer.

Die graue Vergangenheit

Chris van der Heijden ist ein lebendes Paradox. Er hat sich selbst tief in das Geschichtsbild des Zweiten Weltkrieges und der Shoah, deren geschichtliche Dominanz er fortwährend bestreitet, verstrickt. In seinem Artikel *Het einde van de historische correctheid* (Das Ende der historischen Korrektheit) profiliert er sich explizit als Vorkämpfer für „politische Inkorrektheit" in historischer Perspektive, indem er sich vehement gegen diejenigen richtet, die immer noch glauben, das Geschichtsbild formen zu können, jene „Gruppe, welche die (intellektuelle) Macht besitzt oder – was übrigens häufig dasselbe ist – die Aufmerksamkeit auf sich zu ziehen vermag. Macht, Propaganda und Wahrheit – das machen sie untereinander aus. Und wir Dummköpfe denken, dass es um Tatsachen geht."[5] Charakteristisch sind Titel und Tragweite seiner Veröffentlichung in *Vrij Nederland* 2003: *De oorlog is voorgoed voorbij* (Der Krieg ist endgültig vorbei). Der Artikel bildet das Bindeglied einer ganzen Reihe von Publikationen, in denen sich Van der Heijden unmittelbar mit dem Zweiten Weltkrieg, dem Juden(tum), der Shoah sowie mit Israel beschäftigt: Neben einer Vielzahl von Artikeln in *Vrij Nederland* (1994–2004) sind hier vor allem die Publikationen *Grijs verleden* (Graue Vergangenheit, 2001)[6] und *Joodse NSB'ers* (Jüdische Mitglieder der NSB, 2006)[7], Artikel über die NSB und Geert Wilders im *NRC Handelsblad* (2006/2007) sowie *Israël. Een onherstelbare vergissing* (Israel. Ein nicht korrigierbarer Irrtum, 2008)[8] zu nennen. Sein Buch *Grijs verleden* schlug wie eine Bombe ein und wurde ebenso bejubelt wie abgelehnt. Die Anfangssätze fassen den Tenor des Buches zusammen: „Zuerst gab es den Krieg, dann die Erzählung vom Krieg. Der Krieg war schlimm, die Erzählung aber machte den Krieg noch schlimmer."[9]

Deutlich präsentiert sich Van der Heijden als ein Mann, der eine Mission verfolgt. Der Krieg sei in den Niederlanden eine schreckliche Zeit gewesen, verglichen mit vielen anderen Ländern hätte es aber schlimmer kommen können. Viel zu lange habe der Krieg wie „ein Betonblock mitten in der Vergangenheit unseres Vaterlandes" gestanden. Die ersten fünfzehn Jahre danach hätte in den Niederlanden ein relativ nüchterner Blick auf die fünf fürchterlichen Besetzungsjahre vorgeherrscht, so wie im Geschichtswerk *Kroniek der Jodenverfolging* (1950) von Abel Herzberg. In Bewegung sei dies erst in den 1960er Jahren gekommen, gerade zu jener Zeit, als die Niederlande ein modernes Land zu werden schienen. Insbesondere Jacques Presser und Loe de Jong hätten „in Wort und Bild den Krieg wieder hervorgekramt". Sie hätten ein

---

5 „De groep die de (intellectuele) macht bezit of – al is dat vaak hetzelfde – de aandacht op zich weet te vestigen. Macht, propaganda en waar(achtig)heid, ze doen het met elkaar. En wij, onnozelen, maar denken dat het over feiten gaat" (Chris van der Heijden: Het einde van de historische correctheid, in: Vrij Nederland, 6.12.2003).

6 Chris van der Heijden: Grijs verleden. Nederland en de Tweede Wereldoorlog, Amsterdam u. a. 2001.

7 Chris van der Heijden: Joodse NSB'ers. De vergeten geschiedenis van Villa Bouchina in Doetinchem, Utrecht 2006.

8 Chris van der Heijden: Israël: Een onherstelbare vergissing, Amsterdam u. a. 2008.

9 Van der Heijden, Grijs verleden, S. 9.

„überspanntes Bild" von „gut" und „falsch"[10] in einer Gesellschaft etabliert, die den Krieg als Bindemittel gut hätte gebrauchen können.[11]

Die alles beherrschende Methode Van der Heijdens, um diese Perspektive von „gut" und „falsch" aufzubrechen, ist: nivellieren und einebnen. So schildert er den „Reichskommissar für die besetzten Niederlande" Seyss-Inquart als einen sensiblen Menschen – wegen dessen Vorliebe für Berge und Musik.[12] Die Strategie der Gleichmacherei tritt bei ihm par excellence in seiner Beurteilung des Zufall, der menschlichen Kleinheit und der Nachlässigkeiten zum Vorschein – Phänomene, denen er große Bedeutung beimisst, beispielsweise im Fall der beiden (späteren) Dichter Andreus und Lucebert. Zusammen fassen sie den Beschluss, sich als Freiwillige bei einem SS-Ersatzkommando zu melden, Lucebert überlegt es sich jedoch anders und lässt es sein. Für Van der Heijden ist es unlauter, dass Andreus wohl, Lucebert aber nie das Etikett des „falschen" Handelns hätte verliehen bekommen, hätte sich doch die Einstellung der beiden „kaum oder gar nicht unterschieden"[13]. Der Historiker Hermann von der Dunk hielt dem entgegen, dass dieser Aspekt der „Schuld" irrelevant sei und die Tatsache, dass ein hoher Nazi ein „Musik liebender Mensch" sei, eben so wenig Bedeutung habe, wie die, dass sich in jedem Menschen potentiell ein Schurke verberge. „Es kommt halt darauf an, ob der potentielle Schurke aus seiner Schurkenecke heraustritt."[14] Zudem könne man „viel, aber bei weitem nicht alles den Umständen in die Schuhe schieben", fährt Von der Dunk fort.[15] Van der Heijden scheint das ausschlaggebende Moment der individuellen Entscheidung und des individuellen Handelns unter den Teppich kehren zu wollen, um zu jenem Schluss zu kommen, den er in derselben Zeit in *Vrij Nederland* zum Besten gibt: „Der Zufall bestimmte, auf welcher Seite man gestanden hatte, als nach fünf Jahren abgerechnet wurde".[16] Auf diese Weise landen schließlich ‚Täter', ‚Zuschauer' und ‚Opfer' in ein und derselben riesigen Schüssel, gefüllt mit einer grauen, faden Suppe. Darin treiben alle ziellos umher, kaum unterscheidbar – leicht zu verdauen aber schon.

Auch das Judentum wird zur Objekt der tendenziellen Gleichmacherei Van der Heijdens. Die weitgehende Assimilation vor dem Krieg habe dafür gesorgt, dass das niederländische Judentum „still und leise im Begriff war zu verschwinden". Als Beispiel hierzu dienen ihm die drei jüdischen Historiker und Autoren Herzberg, Presser und De Jong: „assimilierte Juden", „für die das Judentum rein symbolische Funktion" gehabt haben soll.[17] Eine im Falle des Erstgenannten allein deshalb absurde Einschätzung, weil Herzberg von 1934 bis 1939 mit großem Engagement den Vorsitz des niederländischen Zionistenbundes innehatte. Van der Heijden scheint der längst überholten Auffassung nachzuhängen, dass allein der regelmäßige Besuch der Synagoge oder die Emigration nach Israel einen Juden zu einem wirklichen Juden

---

10 Ebd., S. 9–20. Zur Komplexität des niederländischen Begriffspaars „goed en fout" vgl. den erläuternden Beitrag von Krijn Thijs in diesem Band.
11 Van der Heijden, Grijs verleden, S. 9–20 (Einleitung).
12 Ebd., S. 171.
13 Ebd., S. 193.
14 Hermann von der Dunk: Kleurrijk verleden, in: Vrij Nederland, 12.5.2001.
15 Ebd.
16 Vgl. Mischa Cohen: Niet zwart, niet wit, maar grijs. De oorlog van Chris van der Heijden, in: Vrij Nederland, 3.3.2001.
17 Van der Heijden, Grijs verleden, S. 215.

machten. Auf diese Weise stilisiert er Herzberg, den er als Schlüsselfigur[18] in seinem Buch anführt, zu einem universell denkenden, sozusagen „entjudaisierten" jüdischen Weisen. Herzberg fungiert als Alibi-Jude: als das Heilmittel, mit dem Van der Heijden Schuld und Sühne zu Leibe rückt. Sowohl in *Grijs verleden* als auch in verschiedenen Artikeln und Interviews stilisiert er Herzberg zum jüdisch-säkularisierten Götzenbild der Unzulänglichkeit des Menschen. Die Frage, wie Juden es verhindern könnten, dass ihre Kinder erneut zu Opfern würden, habe Herzberg mit einer Gegenfrage beantwortet: „Wie können wir es verhindern, dass unsere Kinder zu Henkern werden?"[19] Mit dieser später von vielen Journalisten und Rednern dankbar aufgegriffenen Verkehrung von Opfer und Täter schließt Van der Heijden sein Buch.

Der niederländische „Historikerstreit"

Die „Graue Vergangenheit" bildet – mit den Schlüsselworten „grau" und „Moral" – in gewisser Weise den Bodensatz eines niederländischen Historikerstreites.[20] In seiner Antrittsrede als Professor für Niederländische Geschichte an der Universität von Amsterdam – *In de ban von goed en fout?* (Im Bann von ‚gut‘ und ‚falsch‘?) – forderte der Historiker Hans Blom 1983, dass sich die niederländische Geschichtsschreibung über die Besatzungszeit aus dem einengenden Korsett politisch-moralischer Fragestellungen sowie der Dichotomie von Kollaboration und Widerstand befreien müsse. Dies werde es möglich machen, neue relevante Themen anzugehen und sich der Erforschung von Einstellungen und Erfahrungen der Bevölkerung während der deutschen Besetzung zu widmen, den Kontinuitäten (als vielmehr Diskontinuitäten) zwischen den Zeiten vor, während und nach dem Krieg nachzugehen sowie international vergleichende Forschungen anzustellen.[21] In *Grijs verleden* rühmt Van der Heijden Blom als denjenigen, der noch einen Schritt weiter als der Historiker Jan Bank gegangen sei, indem er eine „Bresche in das blühende Selbstvertrauen der vaterländischen Kultur"[22] geschlagen habe. Er selber wolle sich damit allerdings keinesfalls zufrieden geben.

Der Historiker Maarten Brands sprach 2003 seine Wertschätzung für Hans Blom und dessen „Widerstand gegen die vorherrschende Schwarz-Weiß-Malerei des ‚Gut-Falsch-Denkens‘" aus. Er fügte allerdings hinzu, dass Blom hierdurch ungewollt zuweilen in eine Gesellschaft geraten sei, die „falsches" Verhalten gerne bereit war „zu entschuldigen oder zu relativieren". Blom selbst dagegen ist eine Erklärung, was

18 Ebd., S. 13.
19 Ebd., S. 206, S. 399–401, S. 412. In dem Interview mit Mischa Cohen (siehe Anm. 15) sagt Van der Heijden: „Herzberg ist für mich als Vorsitzender, als Leiter okay. Von ihm wird niemand sagen, dass er je irgend etwas zu rechtfertigen versuchte."
20 Dieser niederländische Historikerstreit scheint sich im Übrigen in der letzten Zeit zu intensivieren, s. dazu beispielsweise Rudolf Dekker: Meer verleden dan toekomst. Geschiedenis van verdwijnend Nederland, Amsterdam 2008, S. 266 ff.; Martijn Eickhoff/Barbara Henkes/Frank van Vree: De verleiding van een grijze geschiedschrijving. Morele waarden in historische voorstellingen, in: Tijdschrift voor Geschiedenis, 123 (2010), H. 3, S. 322–339.
21 J. C. H. Blom: In de ban van goed en fout? Wetenschappelijke geschiedschrijving over de bezettingstijd in Nederland (Bergen 1983), wieder abgedruckt in: ders.: In de ban van goed en fout. Geschiedschrijving over de bezettingstijd in Nederland, Amsterdam 2007.
22 Van der Heijden, Grijs verleden, S. 395–398. Mit dem Verweis auf Jan Bank meinte Van der Heijden dessen im selben Jahr wie die Rede von Blom gehaltenen Vortrag: Oorlogsverleden in Nederland, Baarn 1983.

er als „ungewollte Auswirkungen seiner Darlegungen" einschätzte, schuldig geblieben. Durch eine lobende Rezension, die Blom über Van der Heijdens umstrittenes Buch *Grijs verleden* verfasste, vergrößerte er die Verwirrung darüber, was er damals mit seinem „Gut-Falsch-Denken" genau gemeint hatte, noch mehr.[23] Brands warnte im gleichen Maße vor einer moralischen Überfrachtung der Geschichte als auch vor einer „Vergrauung" des Geschichtsbildes. Werde der Spielraum für „grau" freizügiger bemessen, drohe ein „beschränktes, verflachtes, verblasstes Geschichtsbild und eine moralische Plebeisierung (Bertolt Brecht), d. h. die Vorherrschaft einer ‚Moral der so genannten gewöhnlichen Menschen'".[24] Moralische Fragen gehörten nun einmal zum Kern der Geschichtsschreibung und könnten auch wissenschaftlich abgehandelt werden, ohne dass der Autor selbst laufend etwas lobend hervorhebe oder aber verurteile.

In seiner Abschiedsrede *Een kwart eeuw later. Nog altijd in de ban van goed en fout?* (Ein Vierteljahrhundert später. Immer noch im Bann von Gut und Falsch?) ging Blom im Jahr 2007 auf Brands Anmerkungen ein. Einerseits betonte er, dass wissenschaftlich arbeitende Historiker sehr wohl ihre persönlichen Urteile zurückzudrängen hätten. Andererseits sei der Ausschluss der „moralischen Dimension" aus der Forschung angesichts der Geschichte des 20. Jahrhunderts mit all ihrer Gewalttätigkeit nicht zu leisten. Beide Aspekte arbeitete er dann in drei interessanten *case studies* aus, in denen es um Mord und Hinrichtung im Zusammenhang mit Konzentrationslagern, Leben im Untergrund und Widerstand ging. Seine Schlussfolgerung lautete, dass eine schlichte „Bewertung aus der Gegenwart heraus" der Komplexität dieser einstigen Vorgänge nicht gerecht würde.[25] Zur Relativierung von Bloms Schlussfolgerung muss jedoch hinzugefügt werden, dass den von ihm beschriebenen, extrem komplizierten *cases* unzählig viele Kriegssituationen gegenüber stehen, die bei der Zuweisung von Täter- und Opferschaft viel weniger komplex sind. Brands Frage, warum er *Grijs verleden* so schätze, beantwortete Blom, indem er das Buch erneut pries und insbesondere Van der Heijdens Einführung des Begriffes des „Sich-Durchlavierens" lobte.[26] Damit näherte er sich allerdings deutlich der Vorherrschaft der „Moral der so genannten einfachen Menschen" an, vor der Brands so gewarnt hatte.

Ansatzweise lässt die unterschiedliche Herangehensweise von Blom und Brands an die Kontroverse denken, die sich zwischen den Historikern Martin Broszat und Saul Friedländer abgespielt hat. Broszat verfolgte seit 1973 ein groß angelegtes Forschungsprojekt mit dem Titel *Bayern in der NS-Zeit*, in dessen Mittelpunkt das alltägliche Leben stand und das zu einer ganzen Reihe von Veröffentlichungen führte. Diese Forschungen stellten für Bloms Vortrag eine wichtige Inspirationsquelle dar,

---

23 Maarten Brands: Beslagen buitenspiegels. Over de grenzen van zelfreflectie, in: Conny Kristel (Hg.): Met alle geweld. Botsingen en tegenstellingen in burgerlijk Nederland [Festschrift für Hans Blom zum sechzigsten Geburtstag], Amsterdam 2007, S. 34–47 und S. 43–47 („Der Bann von Gut und Falsch"). Es ging um die dort neu abgedruckte Rezension von Hans Blom, vgl. Van der Heijden, Grijs verleden, S. 57–67. Ursprünglich erschien diese in: Bijdragen en Mededelingen betreffende de Geschiedenis der Nederlanden, BMGN/LCHR, 116 (2001), S. 483–489.
24 Brands, Beslagen buitenspiegels, S. 45.
25 J. C. H. Blom: Een kwart eeuw later. Nog altijd in de ban van goed en fout?, in: ders.: In de ban van goed en fout. Geschiedschrijving over de bezettingstijd in Nederland, Amsterdam 2007, S. 164.
26 Ebd., S. 160. Dieses „Sich-Durchlavieren" wird hier als „Doormodderscenario" bezeichnet. Vgl. auch Van der Heijden, Grijs verleden, S. 412 und ders.: De mens is een modderaar, in: Vrij Nederland, 7.4.2001.

unter anderem hinsichtlich seines Plädoyers für eine größere Berücksichtigung der Erlebnis- und Begriffswelt der niederländischen Bevölkerung sowie des Ausmaßes des historischen Bruches, der im Mai 1940 stattgefunden hatte.[27] 1986 hielt Broszat einen Vortrag, in dem er für eine stärkere historische Kontextualisierung des Nationalsozialismus eintrat. Nach vierzig Jahren sei es an der Zeit, den politisch-moralischen Rahmen zu erweitern und den bereits vor 1933 bestehenden Tendenzen mehr Aufmerksamkeit zu schenken – so wie Blom dies in Bezug auf 1940 und die Niederlande tat.[28]

Friedländer, bekannt unter anderem durch seine zweibändige Studie *Das Dritte Reich und die Juden* (*Nazi Germany and the Jews*) aus den Jahren 1998 und 2006, wandte sich gegen Broszats Vorstellungen von einer Historisierung. Ein wesentlicher Kritikpunkt richtete sich gegen Broszats Konzept der „Resistenz", einer Zwischenkategorie zwischen aktivem Widerstand und totaler Angepasstheit. Friedländer warf die Frage auf, wo die äußerste Grenze eines solchen Ausdifferenzierungsprozesses läge. Führte dies nicht in letzter Instanz zu Empathie für alles und jeden? Er wandte sich darüber hinaus gegen Broszats Auffassung, das „Dritte Reich" sei – was die historische Analyse beträfe – wie jede andere historische Epoche zu erforschen. Für Friedländer machte der spezifische Charakter der nationalsozialistischen Verbrechen eine Abgrenzung unumgänglich: Was zuvor nur potentiell möglich war, wurde durch sie und in ihnen Realität. Weder in der Weimarer Republik, noch in England oder den Vereinigten Staaten hätte die Kenntnis der Eugenik zum Mord an geisteskranken Patienten geführt.[29]

In der Auseinandersetzung zwischen Blom und Brands stand die zentrale Position von *Auschwitz* in der Geschichtsschreibung über den Zweiten Weltkrieg indes nicht zur Diskussion. Zwischen Friedländer und Broszat aber wohl. Erst retrospektiv wäre Auschwitz als *central event* der Nazizeit angesehen worden, so Broszat. Das sei absolut verständlich. Unakzeptabel sei aber, dass man Auschwitz rückwirkend zum Dreh- und Angelpunkt gemacht hätte, um den sich alle anderen historischen Ereignisse der Nazizeit drehten.[30] Während Broszat mit Nachdruck darauf hinwies, dass sich die Judenverfolgung großenteils außerhalb des Blickfeldes der Durchschnittsdeutschen vollzogen habe, betonte Friedländer genau das Gegenteil. Jüngste Studien hätten erwiesen, dass die Deutschen vor allem wegen des Holocaust Vergeltung fürchteten: „it loomed as a hidden but perceived fact in many German minds during the war itself."[31]

---

27 J. C. H. Blom: Een kwart eeuw later, S. 20–24. Für die verschiedenen Ergebnisse von „Bayern in der NS-Zeit" siehe ebd., S. 28 sowie Fußnote 43.

28 Martin Broszat/Saul Friedländer: A Controversy about the Historicization of National Socialism, in: Peter Baldwin (Hg.): Reworking the Past: Hitler, The Holocaust, and the Historians, Boston 1990, S. 106, S. 115–116.

29 Saul Friedländer: Some Reflections on the Historicization of National-Socialism, in: ebd., S. 93 ff.

30 Broszat/Friedländer, A Controversy, S. 115–116.

31 Dabei verwies Friedländer (vgl. Anm. 28, S. 119–120) auch auf das Werk von Broszat. Siehe auch: Matthias Heyl: Duitse herinneringscultuur. Gedachten en patronen, in: Frank van Vree/Rob van Laarse: De dynamiek van de herinnering. Nederland en de Tweede Wereldoorlog in een internationale context, Amsterdam 2009, S. 230–231.

Gleichmacherei als Methode

In den Niederlanden ist es nun Van der Heijden, der seit Jahren am „Dreh- und Angelpunkt des Krieges" rüttelt.[32] Dabei schlägt er einen völlig anderen Weg als Blom ein. Es ist gerade die Shoah, an die er sich mit der Tendenz zur extremen Nivellierung heranmacht, indem er sie sowohl als unvorstellbar bezeichnet als auch relativiert. Der andernorts so wortreiche Van der Heijden beschränkt sich in *Grijs verleden* auf „die Unvorstellbarkeit des Mordes an den Juden" und „jenes unvorstellbare Phänomen".[33] Der Begriff „unvorstellbar" ist dabei weniger unschuldig als man glauben sollte. Für viele Deutsche stellte nach 1945 die „Abstrahierung" oder „Entwirklichung" des Nationalsozialismus den einfachsten Weg dar, einer Konfrontation mit der belasteten Vergangenheit aus dem Weg zu gehen.[34] Außerdem kommt eine solche Charakterisierung des Mordes an den Juden als „unbegreiflich" oder „unvorstellbar" – ohne eine nähere Beschreibung geschweige denn eine Analyse zu liefern – Holocaustleugnern ein Stück weit entgegen.[35]

Des Weiteren versucht Van der Heijden, die Shoah durch seinen Umgang mit einer Frage zu relativieren, die nach seiner Meinung viel zu selten gestellt werde: „Ist der Mord an den Juden tatsächlich so einzigartig wie immer behauptet wird?" Dies bestreitend führt er eine lange Reihe von Massenmorden an, die in der Geschichte der Menschheit stattgefunden haben: in Armenien, in Ruanda, in Kambodscha, unter Stalin, dem Schah von Persien, Idi Amin, Ghaddafi und Mao. Selbst „die Verwüstung von Kathargo"[36] findet Erwähnung. Als in der Fernsehsendung „Buitenhof" 2003 angemerkt wurde, dass der einzigartige Aspekt darin bestünde, in ganz Europa, das man besetzt hielt, die Juden isoliert, zusammen getrieben und ausgerottet zu haben, verwies Van der Heijden auf den Massenmord an den „Indianern" Südamerikas im 16. Jahrhundert.[37] Vier Jahre später beklagte er sich darüber, dass man beim Schlimmsten immer gleich an den Zweiten Weltkrieg denke, „und nicht an jüngst stattgefundene Tragödien wie Srebrenica oder an die Hutus und Tutsis"[38]. Vor solch wenig reflektierten Vergleichen sollte sich Van der Heijden allerdings in Acht nehmen, denn diese zirkulieren auch in rechtsextremen Kreisen, so zum Beispiel auf der Website der neonazistischen Gruppierung Stormfront im Jahre 1987:

> *Hoffen wir, dass der Holocaust mit der Zeit nicht mehr als eine Fußnote der Geschichte sein wird. So wie die (fast völlige) Ausrottung von nord- und südamerikanischen Indianern. Oder die Verwüstung Karthagos samt aller Einwohner. Oder der Mord an den Armeniern durch die Türken. Die Juden und ihre Anhänger können nicht ewig so weitermachen. Irgendwann haben die Menschen genug*

---

32 Chris van der Heijden: Van zwart, wit en grijs. Oorlog en mensbeeld, in: Louis Paul Boon u. a.: Hij was een zwarte. Over oorlog en collaboratie, Amsterdam 2003, S. 78.
33 Van der Heijden, Grijs verleden, S. 12, S. 410.
34 Heyl, Duitse herinneringscultuur, S. 232–233.
35 Deborah Lipstadt: Denying the Holocaust. The growing Assault on Truth and Memory, (mit einem neuen Vorwort der Autorin), New York 1994 (Erstausgabe 1993), S. XVI–XVII.
36 Van der Heijden, Grijs verleden, S. 12, S. 406–407.
37 Buitenhof, 4.5.2003, http://www.vpro.nl/programma/buitenhof/afleveringen/11481171/; die Vf. führte das Gespräch mit Chris van der Heijden.
38 Chris van der Heijden: Beschouw Wilders als een democraat, in: Trouw, 22.3.2007.

von der jüdischen Jammerei, oder sie werden nur mit den Schultern zucken, wenn vom Holocaust die Rede ist.[39]

An die Frage nach der Einzigartigkeit des Holocaust kann man sowohl faktisch als auch normativ herangehen. Einzigartig war der Holocaust durch die systematische und industrielle Organisation des Massenmordes, sowie durch die nazistische Rassenideologie, die besagte, dass alle Juden, gleich welches Alters, wo immer sie sich auch befanden, ausgerottet werden sollten.[40] Die normative Herangehensweise, die den Holocaust als schrecklichste Katastrophe der Menschheitsgeschichte für sich in Anspruch nimmt, scheint wenig sinnvoll: Sie birgt die Gefahr eines sinnlosen Streites um den Spitzenplatz in der Hierarchie des Leidens.

Van der Heijdens Leitmotiv, dass die Art der Darstellung und die Geschichtsschreibung selbst den Krieg nachträglich schlimmer gemacht hätte, als er eigentlich war, führt unmittelbar zu der Frage: schlimmer für wen? Hat „die Erzählung vom Krieg" die Judenverfolgung zuweilen schlimmer erscheinen lassen, als sie es tatsächlich war? Wenn Van der Heijden die Auffassung, dass der Krieg einen Bruch in der niederländischen Gesellschaft ausgelöst hat, als „Mythos" abstempelt, vergisst er die Juden. Für alle jüdischen Überlebenden gab es per definitionem eine Zeit vor dem Krieg und eine danach – als zahllose Opfer zu beklagen waren. Die Juden und die Shoah lassen sich viel schwieriger in die Sumpflandschaft einfügen, die Van der Heijden so gerne beschreibt, als ihm lieb ist. Darum vergisst er sie manchmal oder reduziert die Shoah auf nichtssagende Begriffe wie „höchst denkwürdig", „wichtigstes Ereignis des Zweiten Weltkrieges", „verabscheuungswürdigste Tat des letzten Jahrhunderts" oder „unvergleichlicher Fakt, den niemand erklären konnte – und heute auch nicht erklären kann".[41]

Immer wieder von Neuem scheint Van der Heijden die Erinnerung an die Shoah loswerden zu wollen, gleichzeitig wird er aber obsessiv von ihr verfolgt. Diese Obsession projiziert er auf „die Anderen" – zum Beispiel auf die Gegner von Geert Wilders. Diese würden, so schreibt er 2007 in der Zeitung *Trouw*, überproportional negativ auf Wilders Äußerungen über Moslems reagieren, da sie noch immer den Zweiten Weltkrieg als Bezugsgröße verwendeten. „So ziemlich jeder Niederländer über vierzig trägt eine Holocaustobsession in sich: der Mord an den Juden ist das Schreckensszenario überhaupt."[42] Obwohl der Begriff „Gaskammer" in der offiziellen Integrationsdebatte nie fällt, geht Van der Heijden großzügig mit ihm um: „Vergleiche man die heutige Migrationspolitik mit den dreißiger Jahren und schon erscheinen die Gaskammern vor unseren Augen." So lange er die Gesetze und deren Grenzen respektiere,

---

39 8.12.1987; 2005 JU-87, www.stormfront.org [24.11.2009].
40 Siehe auch Eberhard Jäckel: Die elende Praxis der Untersteller. Das Einmalige der nationalsozialistischen Verbrechen läßt sich nicht leugnen, in: Die Zeit, 12.9.1986, wieder abgedruckt in: Rudolf Augstein u. a.: Historikerstreit. Die Dokumentation der Kontroverse um die Einzigartigkeit der nationalsozialistischen Judenvernichtung, München/Zürich 1987, S. 119–121; Friedländer, Some Reflections on the Historicization of National Socialism, S. 100; Ian Kershaw: Genocide: the Modern Matrix of Mass Murder, Vortrag am Centrum voor Holocaust en Genocide Studies, Amsterdam, 17.9.2009.
41 Van der Heijden, Van zwart, wit en grijs, S. 73, S. 82; ders.: Fout en foutjes, in: Vrije Nederland, 3.3.2001; ders., Israël, S. 99. Bezüglich Sumpf und graue Landschaft siehe auch ders., Grijs verleden, S. 412 sowie ders.: De oorlog is voorgoed voorbij, in: Vrij Nederland, 26.4.2003.
42 Van der Heijden, Beschouw Wilders als een democraat.

dürfe Wilders denken und sagen, was er wolle. „Jede Unterstellung, dass er damit Gaskammern evoziere, ist nicht nur ungerecht, sondern auch kontraproduktiv."[43] Aber der einzige, der „Gaskammern evoziert", ist Van der Heijden selbst.

Revisionismus

In Deutschland wäre Van der Heijden schon lange dem Lager des revisionistischen Historikers Ernst Nolte zugeordnet worden. Der anfänglich auf dem Gebiet der Faschismusforschung sehr maßgebliche Nolte löste mit seinem Artikel *Die Vergangenheit, die nicht vergehen will. Eine Rede, die geschrieben, aber nicht gehalten werden konnte* 1986 in Deutschland den so genannten Historikerstreit aus. In seinen Darlegungen – und im späteren Werk, so in *Der Europäische Bürgerkrieg, 1917–1945* (1987), nahm er verschiedene, stark umstrittene Standpunkte ein – von denen sich im Übrigen ein Historiker wie Broszat in toto distanzierte. Nolte ersetzte die Einzigartigkeit des Holocausts durch eine andere Einzigartigkeit: Allein für die deutsche nationalsozialistische Vergangenheit gelte, dass sie einfach nicht vergehen wolle. Es sei höchste Zeit, dass diese Vergangenheit in all ihrer Komplexität offen gelegt würde, dass „Schwarz-Weiß-Bilder der kämpfenden Zeitgenossen korrigiert werden, dass frühere Darstellungen einer Revision unterzogen werden."[44] Nolte redete den Holocaust nicht schön, aber entledigte sich seines antisemitischen Fundaments. Der Massenmord an den Juden sollte als „überschießende Reaktion" auf den barbarischen Bolschewismus und die Juden selbst interpretiert werden. Diese wären zum einen zahlreich in der sowjetischen Elite vertreten gewesen und hätten zum anderen, da der Anführer der Zionisten Chaim Weizman 1939 England alle Unterstützung zugesagt hatte, Deutschland sozusagen den Krieg erklärt. Zudem sei Auschwitz, neben einem Angstreflex, eine Imitation genau der Massenmorde gewesen, die im Gulag stattgefunden hätten. Die unverhältnismäßig große Aufmerksamkeit für den Holocaust – die man unter anderem durch die überproportional große Anzahl jüdischer „Holocaust-Historiker" erklären könne – lenke von anderen Völkermorden ab, „gestern in Vietnam und heute in Afghanistan", und erhebe die jüdischen Verfolgten und ihre Angehörigen in „einen permanenten Status des Herausgehoben- und Privilegiertseins"[45].

Obwohl Van der Heijden in *Het einde van de historische correctheid* beiläufig für Nolte Partei ergreift,[46] beschreibt er die Shoah nirgends als Reaktion auf den Gulag. Ansonsten sind die Übereinstimmungen jedoch zahllos: Auch Nolte relativierte den Holocaust mit Verweis auf den Massenmord an den Armeniern, auf Vietnam, Afghanistan und die Ausrottung der „Indianer". Beide sprechen, jeder auf eigene Weise, von einer ungesunden „Holocaustobsession". Van der Heijdens Artikel *De oorlog is voorgoed voorbij* (Der Krieg ist endgültig vorbei) ist die Fortführung von Noltes *Die Vergangenheit, die nicht vergehen will*. In seinem Artikel führt Van der Heijden aus, dass ein abschließender Punkt hinter den Krieg gesetzt werden müsste, und die

---

43 Ebd.
44 Ernst Nolte: Die Vergangenheit, die nicht vergehen will. Eine Rede, die geschrieben, aber nicht gehalten werden konnte, in: Frankfurter Allgemeine Zeitung, 6.6.1986.
45 Ebd.
46 Chris van der Heijden: Het einde van de historische correctheid, in: Vrij Nederland, 6.12.2003.

Zusammenhänge zwischen damals und jetzt (angesichts neuer Kriege in einer veränderten Welt) als äußerst lose zu bezeichnen seien. Doch es gäbe Menschen, „für die der große Krieg *die* Erfahrung ihres Lebens ist [...] und die jede Relativierung oder – was häufig dasselbe bedeutet – ‚Historisierung‘ als persönliche Beleidigung auffassen."[47] Van der Heijden begreift die Ausdrücke „Relativierung" und „Historisierung" folglich als mehr oder minder auswechselbar. Eine solche Gleichsetzung mündet aber genau in das, wovor Saul Friedländer – einer von Noltes jüdischen „Holocaust-Historikern" – gewarnt hatte: Eine zu starke Historisierung kann dazu führen, dass bei der Erforschung des Nationalsozialismus der Fokus so weit verschoben wird, dass die Shoah aus dem Gesichtsfeld gerät.[48] Genau diese Verschiebung ist der Kern von Van der Heijdens Werk.

Sekundärer Antisemitismus

Eine weitere Art die Shoah zu relativieren besteht darin, die Rolle der Opfer, den Juden, zu hinterfragen. In Deutschland ist dieser Mechanismus gut erforscht, in den Niederlanden bis heute nicht oder kaum. Der Begriff „sekundärer Antisemitismus" stammt aus der Frankfurter Schule von Theodor W. Adorno und Max Horkheimer. Gemeint ist der Antisemitismus nach 1945, der sich nicht trotz, sondern gerade wegen des Holocaust gegen die Juden richtet, da es doch die Juden sind, die durch ihre Anwesenheit die schmerzliche Erinnerung an Auschwitz lebendig halten. Provozierend formuliert: „Die Deutschen werden den Juden Auschwitz nie vergeben."[49] Es geht dabei weniger um die eigenen Erfahrungen mit der Vergangenheit, als vielmehr um den Umgang mit der Art der Folgen – deshalb die Bezeichnung „sekundär". Juden sind Störenfriede der „Normalisierung" beim Umgang mit der Vergangenheit. Es entsteht somit ein neuer Anlass für Vorurteile und Ranküne: Man will weder an die deutschen Untaten – insbesondere die Shoah – erinnert werden, noch das Gefühl haben, dauernd aufs Neue verantwortlich gemacht zu werden. Man möchte einen „Schlussstrich" ziehen und den Holocaust „geringer dimensioniert im Vergleich mit den Untaten anderer sehen"[50]. „Erinnerungsabwehr" und „Schlussstrichbedürfnis" mögen typische Begriffe der deutschen Sprache sein, werden aber inzwischen universell gebraucht. Das Konzept des sekundären Antisemitismus betrifft nämlich nicht nur Deutschland, sondern auch die anderen europäischen Länder, in denen Juden die Verkörperung der an ihnen vollzogenen „Verbrechensgeschichte"[51] bilden. Dem sekundären Antisemitismus heften neue Stereotypen an, so auch das vom jüdischen

---

47 Van der Heijden, De oorlog is voorgoed voorbij. Siehe auch: ders.: De oorlogjes naar de oorlog. Kroniek Affaires over de Tweede Wereldoorlog, in: Vrij Nederland, 7.5.2005.
48 Broszat/Friedländer, A Controversy.
49 Nach dem israelischen Psychoanalytiker Zvi Rex, zit. nach Henryk M. Broder: Der Ewige Antisemit. Über Sinn und Funktion eines beständigen Gefühls, Frankfurt a. M. 1986, S. 125 ff.
50 Wolfgang Benz: Zwischen Antisemitismus und Philosemitismus. Juden in Deutschland nach 1945, in: Katja Behrens: Ich bin geblieben – warum?. Juden in Deutschland – heute, Gerlingen 2002, S. 9.
51 Lars Rensmann/Julius H. Schoeps (Hg.): Feindbild Judentum. Antisemitismus in Europa, Berlin 2008, S. 16.

Opfer, das sich zur „moralischen Autorität" versteigt, oder uralte Vorstellungen von rachsüchtigen, nach Geld und Macht gierenden Juden.[52]

Durch den Versuch der Relativierung der Shoah, ein nicht nachlassendes „Schlussstrichbedürfnis" und das stereotype Bild, das er von den Juden entwirft, erweist sich Van der Heijdens Argumentation als niederländische Version eines sekundären Antisemitismus. In gleicher Weise, wie die Shoah auf eine bedauerliche Abstraktion reduziert wird, sind Juden für ihn keine Menschen aus Fleisch und Blut, sondern lediglich Spielfiguren in einem alles relativierenden Schachspiel, dessen Ergebnis, grob gesagt, darin besteht, dass SS-Männer auch einfühlsam und Juden auch Verbrecher sein konnten. Juden als Opfer nehmen bei Van der Heijden die Rolle von sanften Lämmern ein, die sich gefügig zur Schlachtbank führen ließen. Abgesehen von „unvermeidlichen Ausnahmen", schreibt er in *Grijs verleden*, geschah Folgendes: „So wie sich alle Juden registrieren ließen, ließ sich die übergroße Mehrheit auch ohne Gegenwehr gelassen abführen."[53] Vom suggestiven Sprachgebrauch einmal abgesehen, ist dies ein krasses Beispiel regelrechter Geschichtsverfälschung. Nicht umsonst sahen sich die Nazis gezwungen, Razzien durchzuführen: Die Anzahl Juden, die sich „freiwillig" nach einem Aufruf meldete, blieb weit unter den Erwartungen. Und selbst wenn man die Dilemmas außer Acht lässt, die für viele Juden mit der Entscheidung zusammenhingen unterzutauchen oder nicht, so verfügte man bei weitem nicht immer über die Möglichkeit hierzu. Andere Juden wiederum versuchten ins Ausland zu entkommen, sich einer Widerstandsgruppe anzuschließen, wurden verraten, begingen Selbstmord in den Maitagen 1940 oder später, nachdem sie einen Aufruf zum „Arbeitseinsatz" bekommen hatten.[54]

Aber selbst das äußerste Mittel der Deportation zu entgehen, den Selbstmord, weiß Van der Heijden gegen die Juden selbst zu wenden. In Brabant, in Oss, schreibt er, hätten die Juden nach der niederländischen Kapitulation Angst gehabt, dass es ihnen genauso wie den Juden in Deutschland ergehen würde: „Doch brachte sich in Oss nur ein einziger Jude um."[55] Am weitesten in seiner Art, *blaming the victim* zu betreiben, geht Van der Heijden in Hinsicht auf den relativ hohen Prozentsatz deportierter niederländischer Juden. Unter Missachtung von Faktoren wie dem starken ideologischen Antisemitismus des SS-Besatzerregimes, der Bevölkerungsdichte und der perfekt organisierten Registrierung durch das zentrale Einwohnermeldeamt, verweist er auf die *species hollandica judaica* als „hauptsächlichen Grund des Erfolges der

---

52 Werner Bergmann/Rainer Erb: Antisemitismus in der Bundesrepublik Deutschland. Ergebnisse der empirischen Forschung von 1946–1989, Opladen 1991. S. 231 ff. Die Juden würden die Nicht-Juden mit der „Moralkeule Auschwitz" büßen lassen: Lars Rensmann: Demokratie und Judenbild. Antisemitismus in der politischen Kultur der Bundesrepublik Deutschland, Wiesbaden 2004, S. 162.

53 „Zoals alle joden zich lieten registreren, zo liet de overgrote meerderheid zich gelaten wegvoeren" (Van der Heijden, Grijs verleden, S. 225). Analog hierzu Seite 230.

54 Was das Dilemma des Untertauchens betrifft, siehe u.a.: Evelien Gans: De kleine verschillen die het leven uitmaken. Een studie naar joodse sociaaldemocraten en socialistisch-zionisten in Nederland, Amsterdam 1999, S. 540–541; dies.: Jaap en Ischa Meijer. Een joodse geschiedenis 1912–1956, Amsterdam 2008, S. 196 ff.; Wout Ultee/Ruud Luijks: De schaduw van een hand. Joods-gojse huwelijken en joodse zelfdodingen in Nederland 1936–1943, in: H. Flap/W. Arts (Hg.): De organisatie van de bezetting, Amsterdam 1997, S. 55–76.

55 Van der Heijden, Grijs verleden, S. 213.

deutschen Ausrottungspolitik", mithin auf den Juden als gehorsamen „Einwohner [...] einer gut funktionierenden, gesitteten und ‚glücklichen' Gesellschaft".[56]

Die Aushöhlung der jüdischen Opferschaft

Van der Heijdens Aufmerksamkeit richtet sich nicht auf die Juden als Opfer, sondern als „halbe" Kollaborateure (*Grijs verleden*), „ganze" Kollaborateure (*Joodse NSB'ers*) und auf Juden als Täter (*Israël. Een onherstelbare vergissing*). Dies passt in sein Muster der Nivellierung und Aushöhlung der jüdischen Opferschaft. In *Grijs verleden* beschreibt er die Situation der Juden während des Krieges aus Sicht des Arztes Ruben Bollegraaf, des medizinischen Ratgebers und Mitglieds des Judenrates in Oss, einer Gemeinde mit 360 Juden. Eine an sich durchaus respektable Wahl – zumal Bollegraaf, während er untergetaucht war, einen Bericht über die Kriegsjahre schrieb. Aber es ist eben doch eine bestimmte Wahl. Bollegraaf setzte sich als Arzt und Mitglied eines kleinen provinziellen Judenrates bis aufs Äußerste für „seine" Schutzbefohlenen ein, was vom organisieren von Unterricht bis zum Erstellen von Rundschreiben über die beste Ausrüstung für „Polen" reicht. Aufgrund seiner Position genoss er am längsten Schutz. „Der Gedanke einen Aufstand zu organisieren oder kollektiven Widerstand zu leisten", schreibt Van der Heijden, „kam ihm nie in den Sinn".[57] Durch seine Unterstellung, dass Bollegraaf zu naiv oder feige gewesen sei, um sich wirklich aufzulehnen, presst er sein Kapitel über Juden und Judenverfolgung in das von ihm so abgelehnte Korsett von „Gut" und „Falsch".

Von „halben" zu „ganzen" jüdischen Kollaborateuren

Joodse NSB'ers. De vergeten geschiedenis van Villa Bouchina in Doetinchem (Jüdische Mitglieder der NSB. Die vergessene Geschichte der Villa Bouchina in Doetinchem) aus dem Jahr 2006 ist ein ziemlich willkürlicher Versuch, die Juden mit der Geschichte der NSB in Verbindung zu bringen. Dass (wenige) Juden Mitglied der NSB wurden – die in ihren ersten Jahren kein antisemitisches Programm hatte – wurde schon von Presser und De Jong beschrieben. Van der Heijden setzt sich mit dieser Frage nicht weiter auseinander, sondern beschränkt sich auf den begrenzten Fall einer Handvoll Juden, die ehemalige Mitglieder der NSB waren und unter dem persönlichen Schutz von Anton Mussert knapp drei Monate in einer Villa in Doetinchem biwakierten, bis auch sie deportiert wurden. Die Beschreibung von „jüdischen Mitgliedern der NSB" entspringt einer doppelten Nivellierungsstrategie. Van der Heijden will nicht nur darlegen, dass auch Juden „Falsches" getan haben, mindestens ebenso sehr möchte er beweisen, dass die NSB und besonders ihr Leiter Anton Mus-

---

56 Ebd., S. 233–234: „de voornaamste oorzaak van het succes van de Duitse uitroeiingspolitiek"; „inwoner [...] van een goed geoliede, beschaafde en ‚gelukkige' samenleving". Der Erfinder der nahezu „perfekten" niederländischen Registrierung (die u. a. aufgrund der Einführung eines neuen Personalausweis gelang), der niederländische Beamte Jacob Lentz, findet in „Grijs verleden" keine Erwähnung. Van der Heijden vergisst auch das Wort „Erfolg" in Anführungszeichen zu setzen.

57 Van der Heijden, Grijs verleden, S. 220.

sert lange nicht so antisemitisch waren, wie angenommen. Nach seiner Meinung sei die NSB erst unter dem Druck der Deutschen antisemitisch geworden.[58]

Tatsächlich war die Partei in dieser Frage von Anfang an gespalten. Ab 1933, also zwei Jahre nach Gründung der Partei, erschienen im Parteiorgan *Volk en Vaderland* Artikel, in denen Juden als „volksfremd" und „parasitenhaft"[59] bezeichnet wurden. Die offizielle Parteilinie war anfänglich, dass in den zukünftig nationalsozialistischen Niederlanden Platz für diejenigen Juden sein sollte, „die niederländisch denken, fühlen und im Wesen niederländisch sind". Diese Auffassung bot, so Robin te Slaa und Edwin Klijn in ihrer kürzlich erschienenen Studie *De NSB* aus dem Jahre 2009, breiten Raum für eine allmähliche Radikalisierung: Die Fundamente des antisemitischen Charakters der NSB seien schon 1933 gelegt worden. Mussert selbst sagte bereits 1932, dass Juden „als Landsmänner, nicht als Volksgenossen" zu betrachten seien und warnte 1933 davor, dass er, wenn linke Juden weiterhin gegen die NSB agieren würden, nicht anders könne, als sich dem Antisemitismus zuzuwenden.[60] 1938 – dem Jahr, in dem er den Juden verbot, Mitglied der NSB zu werden – gingen Mussert die antisemitischen Stereotype bereits geläufig von den Lippen: Die parasitären Juden verdienen ihr Blutgeld auf dem europäischen Schlachtfeld, ihr Gold verschiffen sie nach New York, der Hauptstadt des internationalen Judentums.[61] Van der Heijdens Feststellung, dass sich die NSB, wenn auch schwächer ausgeprägt, noch bis in die Kriegszeit gegen den Antisemitismus gewehrt hätte, mutet daher recht apologetisch an.[62]

Ähnliches gilt für seine Verteidigung der „Denkschrift" aus dem Jahr 1939, in der Mussert für die Ansiedlung von Juden in der niederländischen Kolonie Surinam (Niederländisch-Guayana) eintrat. In der Logik Van der Heijdens war diese Maßnahme „nicht prinzipiell antisemitisch", sondern das Ergebnis „vermeintlicher Überbevölkerung". Es sei doch allein um Juden gegangen, die nach 1914 in die Niederlande gekommen waren. Mehr noch: Hätten Politik und die jüdische Gemeinde diesen Plan ernst genommen, „viele wären verschont geblieben".[63] Das soll „nicht prinzipiell antisemitisch" sein? Van der Heijden macht hier denselben Unterschied zwischen niederländischen und „ausländischen" Juden wie Mussert selbst. Sein Plan nämlich, so Mussert, sei ausschließlich bestimmt für „das internationale Judentum, das hier den Boss spielen will und unser Volk für seine Zwecke missbrauchen will".[64]

---

58 Van der Heijden, Joodse NSB'ers, S. 26 f.; ders.: Vertel het hele verhaal van de oorlog en betrek de NSB erbij, in: NRC Handelsbald, 9./10.12.2006. Dieser Artikel löste eine Anzahl sehr kritischer Reaktionen von Historikern aus, siehe u. a Herman Langeveld: Beeld van de NSB behoeft geen bijstelling, in: NRC, 12.12.2006; Peter Romein: Er is volop aandacht voor de NSB, in: ebd.

59 F. C. Beijen: Antisemitisme in de NSB in de jaren dertig. Een onderzoek naar het antisemitisme binnen de Nationaal Socialistische Beweging in Nederland in de periode 1933–1940, Amsterdam 2004 (unveröffentlichte Abschlussarbeit).

60 Robin te Slaa/Edwin Klijn: De NSB. Ontstaan en opkomst van de Nationaal-Socialistische Beweging. 1931–1935, Amsterdam 2009, S. 253–255.

61 Siehe F. C. Beijen, Antisemitisme in de NSB in de jaren dertig.

62 Van der Heijden, Joodse NSB'ers, S. 25.

63 Ebd., S. 29–30.

64 Anton Mussert: De Vereenigde Staten van Guyana, het Joodsch nationaal tehuis: plan Mussert, Leiden 1939, S. 6. Wenn es Van der Heijden zupass kommt, dreht er seine Argumentation um und erklärt die ausländischen Juden, die den Behörden gegenüber misstrauisch und kritisch eingestellt waren, zum Vorbild für die niederländischen Juden und die Niederländer allgemein: wenn die beiden letztgenannten Gruppen „chaotischer und unverbindlicher" („chaotischer en vrijblijvender") gewesen wären, wenn sie „mehr Impro-

Kurzum, Van der Heijdens Buch *Joodse NSB'ers* ist nicht viel mehr als ein missglückter Versuch der Rehabilitierung Musserts als ein verkannter Judenretter.

Der Übergang zum Juden als „Täter"[65] zeichnet sich dort ab, wo Van der Heijden eine Parallele zwischen der Mussertschen „Denkschrift" von 1939 und dem Vorhaben, einen jüdischen Staat zu errichten, zieht.[66] Dies mündet schließlich in das Buch *Israël. Een onherstelbare vergissing* (Israel. Ein nicht korrigierbarer Irrtum, 2008). Der doppeldeutige Titel schafft bewusst Verwirrung. „Muss jede Geschichte, die heute Opfer kostet, fortan den Untertitel ‚ein nicht korrigierbarer Irrtum' bekommen?", fragt sich die Historikerin Amanda Kluveld.[67] Kritische Reflektionen bezüglich der Entstehungsgeschichte Israels sind völlig legitim, Van der Heijden verfasst jedoch ein politisches Pamphlet voller geschichtlich-literarischer Prätentionen. Dass er ausgerechnet in Begleitung der sehr umstrittenen pro-palästinensischen Aktivistin Gretta Duisenberg Israel und den besetzten Gebieten einen Besuch abstattete, führt er nicht an – Duisenberg selbst aber wohl.[68] Van der Heijden hat große Mühe einzusehen, dass der Holocaust für die Gründung Israels eine bedeutende Rolle gespielt hat. Eigentlich, so suggeriert er im vorletzten Kapitel seines Buches, sei die Errichtung des jüdischen Staates seinerzeit überflüssig gewesen: „als Israel gegründet wurde, hatte die Shoah doch schon stattgefunden".[69] Damit bagatellisiert er den Einfluss der Shoah auf die Gründung Israels. Erneut zitiert er Abel Herzberg, als er, eher implizit, einen Vergleich zwischen Shoah und Nakba (d. h. der Katastrophe, die sich 1948 für die Palästinenser vollzog) zieht. Herzbergs Aussage, dass „nicht sechs Millionen Juden ermordet worden sind, sondern ein Jude, und das sechs Millionen Mal", missbraucht er als Kommentar für eine tödlich endende Vergewaltigung einer jungen Beduinenfrau durch israelische Soldaten im Jahr 1949. Mehr als so eine individuelle Geschichte sei eigentlich nicht nötig, so Van der Heijden, um ein ganzes System zu entlarven.[70]

Die Unfähigkeit zu trauern

Van der Heijden fühlt sich von der Geschichtsschreibung missverstanden. Man nehme die Juden: Bevor die Nazis das Judentum zum Sündenbock gestempelt hätten, unterstreicht er, hätte man außerhalb Amsterdams kaum gewusst, dass es so etwas überhaupt gäbe. Erst im Verlauf des 20. Jahrhunderts seien die Juden „in das Zentrum des Interesses" gerückt.[71] Nach dem Erscheinen von *Grijs verleden* machte Van der Heijden öffentlich, dass er Sohn eines Vaters ist, der aktiv in der Waffen-SS gedient

---

visationsvermögen besessen und mehr Misstrauen gegenüber ihren Mitmenschen und den Behörden gehabt hätten, wenn ..." (Van der Heijden, Grijs verleden, S. 234).

65 Rensmann und Schoeps nennen „die Anklagen gegen Juden als ‚Täter von heute' als eines der Kennzeichen des sekundären Antisemitismus, es erfüllt eine ‚Entlastungsfunktion'" (Rensmann/Schoeps, Hg.: Feindbild Judentum, S. 16. Siehe auch Evelien Gans: De almachtige jood. Hedendaags antisemitisme, in: Vrij Nederland, 29.11.2003).

66 Van der Heijden, Joodse NSB'ers, S. 30.

67 Amanda Kluveld: 60 jaar Israel is tijd voor een kus, in: De Volkskrant, 14.5.2008.

68 VPRO Gids, 17.–22.5.2008, Nr. 20, S. 14.

69 Van der Heijden, Israël, S. 102.

70 Ebd., S. 96–97, S. 99. In der oben erwähnten Fernsehsendung „Buitenhof" vom 4.5.2003 berief sich Van der Heijden auf denselben Satz.

71 Van der Heijden, De oorlog is voorgoed voorbij; ders., Israël, S. 19.

hat.[72] In *Israël. Een onherstelbare vergissing* führt er diesen biographischen Hintergrund als legitime Triebfeder für seine Kritik an Israel an. Er besäße, so schreibt er, als „Kind von Eltern, die sich während des Zweiten Weltkrieges auf die Seite der Nazis geschlagen hätten", ohnehin eine schwache Position. Demgegenüber stehe, dass Israel nicht allein „das Problem der Juden" sei, sondern als Brandherd internationaler Auseinandersetzungen „das Problem von uns allen". Obendrein gehöre er als Mitglied der Gruppe „Täter und ihre Kinder" gerade zu denen, die am meisten betroffen seien. Von Kind an habe er doch schon über den Krieg gelesen und geschrieben, und gleichzeitig versucht zu begreifen, was falsch gelaufen sei, und warum.[73] Verklärt Van der Heijden hier die „Täterschaft" seines Vaters zum Mehrwert, so lässt er andernorts seinen Groll aufblitzen. Wenn die ganze Niederlande am 4. und 5. Mai trauerte sowie feierte, wurde in den „falschen" Familien geschwiegen und Zurückhaltung gezeigt. „Da durfte man nicht trauern, da durfte man nicht feiern, da hatte man kaum ein Recht auf Existenz."[74]

Genau dieses Phänomen, jene *Unfähigkeit zu trauern*, ist von Alexander und Margarete Mitscherlich herausgearbeitet und beschrieben worden. Ihre gleichnamige Studie (1967) bezog sich auf die Unfähigkeit der meisten Deutschen, sich aus ihrer Identifikation mit dem Nationalsozialismus zu lösen. Man kann schlecht etwas trauernd bedauern, was man *nicht* lieb gehabt hat. Diese Trauerarbeit ist aber für ein wirkliches Gedenken notwendig. Wie also soll man als (Kind von einem) „Täter" derjenigen gedenken, die den eigenen Eltern, dem eigenen Kollektiv zum Opfer gefallen sind?[75] Das „Familiengedächtnis" (so der Sozialpsychologe Harald Welzer) sei der Ursprung des historischen Gedächtnisses. In vielen deutschen Familien wurde nach dem Krieg ein Bild von der nationalsozialistischen Vergangenheit vermittelt, in dem die Shoah nur als „beiläufig thematisiertes Nebenereignis" vorkam.[76] Es scheint, dass dieses Prinzip auch in Kreisen ehemaliger niederländischer Mitglieder der NSB und SS sowie ihrer Nachkommen wiederzufinden ist.

Inzwischen ist Van der Heijden längst kein Außenseiter mehr. Sein „graues" Geschichtsbild hat in den Niederlanden viel Anerkennung und Nachahmer gefunden. Deshalb ist es höchste Zeit, sein Werk mit revisionistischen Tendenzen der Geschichtsschreibung in Verbindung zu setzen und das verborgene Geflecht seines sekundären Antisemitismus offenzulegen.

Übersetzung aus dem Niederländischen von Joachim Umlauf.

---

72 Siehe unter anderem Jeroen van der Kris: „Iedereen is tot alles in staat." Chris van der Heijden rekent af met het goed/fout-denken, in: NRC-Handelsblad, 3.3.2001; Chris van der Heijden: De mens is een modderaar, in: Vrij Nederland, 7.4.2001; Joost Zwagerman: De eeuw van zijn vader, in: De Volkskrant, 11.4.2001.
73 Van der Heijden, Israël, S. 23, S. 104–105.
74 Van der Heijden, De oorlog is voorgoed voorbij.
75 Heyl, Duitse herinneringscultuur, S. 223–227; Alexander und Margarete Mitscherlich: Die Unfähigkeit zu trauern. Grundlagen kollektiven Verhaltens, München 1967.
76 Harald Welzer/Sabine Moller/Karoline Tschuggnall: „Opa war kein Nazi". Nationalsozialismus und Holocaust im Familiengedächtnis. Frankfurt a. M. 2002, S. 210.

GERHARD HIRSCHFELD

Kollaboration in Hitlers Europa als ein historisches Tabu

Vichy-Frankreich und die Niederlande

I.

Die Kollaboration, also die Zusammenarbeit der einheimischen Bevölkerung mit dem Feind, ist so alt wie der Krieg und die Besetzung fremder Gebiete. Wann und wo auch immer eine Armee ein gegnerisches Land eroberte, existierten Formen einer Zusammenarbeit und ein gewisses Maß an Fraternisierung zwischen der unterworfenen Bevölkerung und der Besatzungsmacht. In einem Statut König Edwards III. (erlassen auf Bitten seiner Lords) aus dem Jahr 1351 wird der Verrat am König als eine Form der Kollaboration mit dem Feind bestimmt: „If a man do levy war against our Lord the King in his realm or be adherent to the King's enemies in his realm giving them aid and comfort in the realm or elsewhere", war der Betreffende des Verrats schuldig. Es war, keineswegs zufällig, eben jenes mittelalterliche Gesetz, das nahezu 500 Jahre später Sir Hartley Shawcross, Anwalt seiner britischen Majestät, als Grundlage für seine Anklage gegen William Joyce diente, den berüchtigten Nazi-Kollaborateur und Radio-Propagandisten („Lord Haw-Haw") des Großdeutschen Reiches.[1]

Die französische Revolution und die Verkündung des Prinzips der Volkssouveränität durchsetzten die tradierten Begriffe von Loyalität und Gehorsam mit neuen Inhalten. „La trahison, c'est une question du temps" – „Der Verrat ist eine Frage der Zeit" – bemerkte dazu der Meister des politischen Pragmatismus, Charles-Maurice de Talleyrand. Mit dem Aufkommen des Nationalismus im 19. Jahrhundert veränderten sich erneut die Bedeutungen von Loyalität/Illoyalität, Treue/Untreue, Gehorsam/Verrat, nunmehr in ihren jeweiligen nationalen Kontexten. Landesverrat war jetzt keineswegs verwerflicher als die Absicht oder der Versuch, ein politisches Regime zu stürzen.[2]

Der Begriff der Kollaboration in seiner heutigen Bedeutung ist wesentlich jüngeren Datums: Er entstand vor nunmehr 70 Jahren, im Herbst 1940, und zwar als Ergebnis der Waffenstillstandsverhandlungen zwischen dem besiegten Frankreich und Nazi-Deutschland. Am 24. Oktober 1940 war der französische Ministerpräsident Marschall Pétain mit dem Führer des Deutschen Reiches Adolf Hitler in Montoire-sur-le-Loir (Arrondissement Vendôme) zusammengetroffen. Wenige Tage später, am 30. Oktober, erklärte Philippe Pétain über den französischen Rundfunk, dass er „in Ehren und zur Aufrechterhaltung der Einheit Frankreichs, einer in zehn Jahrhun-

---

1 Treason Act 1351, zitiert nach Rebecca West: The Meaning of Treason, London 1982, S. 17.
2 Vgl. Margret Boveri: Der Verrat im 20. Jahrhundert. Für und gegen die Nation – Das sichtbare Geschehen, Hamburg 1956, S. 15–18. Hierzu und zum Folgenden auch Gerhard Hirschfeld: Kollaboration in Frankreich – Einführung, in: Gerhard Hirschfeld/Patrick Marsh (Hg.): Kollaboration in Frankreich. Politik, Wirtschaft und Kultur während der nationalsozialistischen Besatzung 1940–1944, Frankfurt a. M. 1991, S. 7–22.

derten gewachsenen Einheit, im Rahmen einer konstruktiven Rolle in der neuen politischen Ordnung Europas den Weg der Kollaboration einschlagen" werde.[3] Kollaboration schien damit festgelegt als eine politische Übereinkunft zwischen zwei Nationen – der siegreichen, die ein fremdes Land erobert und besetzt hält, und der besiegten, die ein Höchstmaß an Unabhängigkeit und Selbstständigkeit zu erhalten sucht. Diese enge Definition schloss zunächst alle anderen Formen einer Zusammenarbeit aus und überließ sie damit einer moralischen Beurteilung bzw. – in der Regel – Verurteilung. Mit der Verwendung des Wortes „Kollaboration" als ideologischer Kampfbegriff in der politischen Alltagssprache geriet der Begriff erst recht ins semantische Abseits. Er diente jetzt nur noch dazu, den jeweiligen Gegner bloßzustellen oder ihn zu diskreditieren. Wie später beim Faschismusverdacht verstellte auch hier die Deduktion des Begriffs den Weg zu einer rationalen Auseinandersetzung mit dem historischen Tatbestand.

Deshalb also hier noch einmal eine kurze begriffliche Klärung: Kollaboration – die Zusammenarbeit von Teilen der Bevölkerung eines besetzten Landes oder einzelner Gruppen und Individuen mit dem Feind respektive der Besatzungsmacht – ist ein komplexes historisches Phänomen. Kollaboration artikuliert sich politisch (seltener auch ideologisch) und militärisch ebenso wie wirtschaftlich und kulturell, aber sie ist auch eine gesellschaftliche, mitunter sogar sehr private Angelegenheit. Als solche umfasst sie nicht nur das keineswegs geringe Ausmaß sexueller Beziehungen zwischen Angehörigen der Besatzungsmacht, vorzugsweise Soldaten, und einheimischen Frauen, sondern kann selbst Formen einer naiven Bewunderung des Feindes (etwa über den von diesem errungenen militärischen Sieg oder dessen Personal) einschließen. Die Übergänge zu analogen oder verwandten historischen Verhaltensweisen und Begriffen (Illoyalität, Untreue, Landesverrat) sind fließend und allein von den divergierenden Motiven respektive deren Bewertungen abhängig.[4]

Grundsätzlich bleibt festzuhalten, dass Kollaboration stets abhängig ist von der konkreten Besatzungspolitik und ihrem Verlauf. Allerdings wäre es falsch, nur von einem schlichten Aktions-Reaktions-Modell auszugehen, dazu sind die Variablen im Verhalten der Menschen insgesamt zu vielschichtig: Historische Feindbilder bestimmen die Einstellung der Menschen ebenso wie das Vorhandensein stabiler sozialer und politischer Strukturen, die zahlenmäßige Stärke der mit den Invasoren ideologisch verwandten Gruppen oder das Verhalten der Besatzungsmacht gegenüber der Zivilbevölkerung.[5] Insgesamt aber gilt: Chancen und Ausmaß ebenso wie Grenzen einer Kollaboration orientieren sich an den jeweiligen Interessen der Besatzungsmacht.

---

3 Text der Ansprache zit. nach Jean-Pierre Azéma: La Collaboration 1940–1944, Paris 1975, S. 86–88; zur Bedeutung von Montoire vgl. Marc Olivier Baruch: Das Vichy-Regime. Frankreich 1940–1944, Stuttgart 1999, S. 75 ff.

4 Vgl. hierzu Gerhard Hirschfeld: Collaboration, in: I. C. B. Dear/M. R. D. Foot (Hg.): The Oxford Companion to World War II, Oxford 2001, S. 191 ff. sowie die Einleitung zu meinem Buch Fremdherrschaft und Kollaboration. Die Niederlande unter deutscher Besatzung, Stuttgart 1984, S. 7 ff.

5 Vgl. Hagen Fleischer: Nationalsozialistische Besatzungsherrschaft im Vergleich. Versuch einer Synopse, in: Wolfgang Benz u. a. (Hg.): Anpassung, Kollaboration, Widerstand, Berlin 1996, S. 257–302.

II.

Während des Zweiten Weltkriegs entwickelten die Menschen in den von der Wehrmacht besetzten Ländern zunächst ihre eigenen kollaborativen Verhaltensweisen, wobei die Unterschiede zwischen Ost- bzw. Ostmitteleuropa und West- und Nordeuropa erheblich waren. Manche Länder nahmen eine Sonderstellung ein (etwa Vichy-Frankreich, aber auch die besetzten Niederlande oder Norwegen), anderen billigten die Deutschen die Möglichkeit der Kollaboration nur in sehr eingeschränkter Weise zu (beispielsweise in Polen, der Ukraine und Weißrussland auf der unteren Verwaltungsebene, etwa als Kooperation zwischen den Feld- und Ortskommandanturen der Wehrmacht und den einheimischen Bürgermeistern).[6]

Darüber hinaus jedoch lassen sich auch Reaktionen der Bevölkerungen feststellen, die über den nationalen Einzelfall weit hinausgehen. So wuchs unter dem Eindruck der deutschen militärischen Anfangserfolge in den meisten europäischen Ländern nach einer kurzen Phase des Abwartens und Auf-Zeit-Spielens – die Franzosen nannten diese Haltung später „attentisme": die Strategie des Abwartens – sehr rasch die Bereitschaft, sich mit den Siegern auf der Basis des Status quo zu arrangieren. Man gab den Deutschen nach, wo immer dies notwendig schien und suchte so viel wie möglich an nationaler Eigenständigkeit zu bewahren. Belgische Beamte erfanden hierfür den Begriff „la politique du moindre mal": die Politik des kleineren Übels. Der Schriftsteller André Gide notierte Anfang September 1940 in sein Tagebuch: „Sich mit dem Feind von gestern zu vertragen ist nicht Feigheit, sondern Klugheit; auch, das Unvermeidliche anzunehmen."[7] Dies offensichtliche Entgegenkommen – der niederländische Historiker Ernst Kossmann wählte später hierfür den Terminus „Accomodatie": Anpassung[8] – entbehrte dabei keineswegs einer politischen Neuausrichtung, wie die Geschichte der niederländischen Sammlungsbewegung „Nederlandsche Unie" (Niederländische Union) in der Anfangszeit der deutschen Besatzung gezeigt hat.[9] Nach der fehlgeschlagenen Invasion Englands und mehr noch nach dem Scheitern des Vormarsches der Wehrmacht im Osten begann sich der politische Sog der Blitzkriegsphase allmählich zu verflüchtigen. Die Praxis der deutschen Besatzungspolitik tat ein Übriges. Statt des von den meisten Menschen erwarteten einvernehmlichen Miteinanders dominierten Verordnungen und Forderungen, die eine zunehmende Abhängigkeit von Deutschland implizierten. Immer deutlicher wurde auch, dass politische Anpassung schlicht Unterwerfung und Zusammenarbeit lediglich Indienstnahme durch die Besatzungsmacht bedeuteten.

Ungeachtet der nun offenkundigen Instrumentalisierung der Besatzungsverhältnisse seitens der deutschen Verwaltungen entwickelten sich in nahezu allen besetzten Territorien gewisse Formen einer mehr oder weniger engen Kollaboration mit den

6   Hierzu die Übersichtsdarstellung in Gerhard Hirschfeld: Zwischen Kollaboration und Widerstand – Europa unter deutscher Besatzung, in: Brockhaus. Die Weltgeschichte, Bd. 5 (Aufbruch der Massen – Schrecken der Kriege, 1850–1945), Leipzig/Mannheim 1999, S. 634–643.

7   André Gide: Tagebuch 1939–1949, Stuttgart 1967, S. 61.

8   Ernst H. Kossmann: De Tweede Wereldoorlog. Accommodatie en collaboratie, in: Winkler Prins geschiedenis der Nederlanden, T. 3, Amsterdam 1977.

9   Vgl. Gerhard Hirschfeld: Collaboration and Attentisme in the Netherlands 1940–41, in: Journal of Contemporary History, 16 (1981), S. 467–486; Wichert ten Have: De Nederlandse Unie. Aanpassing, vernieuwing en confrontatie in bezettingstijd, 1940–1941, Amsterdam 1999.

Besatzern, die sich wiederum aus sehr unterschiedlichen Motiven speisten. Keineswegs waren dabei nur politische Beweggründe ausschlaggebend. Kennzeichnend für die Kollaboration war nicht zuletzt eine durchgehende Ambivalenz der Argumente wie der Handlungsweisen. Dies gilt insbesondere für die wirtschaftliche Zusammenarbeit zwischen der deutschen Kriegswirtschaft und den meisten privaten wie staatlichen Unternehmen in den besetzten Ländern, insbesondere in West- und Nordeuropa. Für die ökonomische Kollaboration mit Deutschland sprachen sowohl unternehmerische als auch volkswirtschaftliche Gründe: das Interesse, die Betriebe rentabel zu halten, das investierte Kapital vor dem Zugriff der Besatzungsmacht zu sichern, eine Vereinnahmung der einheimischen Industrie durch deutsche Konzerne (etwa durch die so genannten Kapitalverflechtungen) zu verhindern. Eine Schließung von Fabriken und ein Stopp der Produktion hätten möglicherweise zum Abtransport von Maschinen, Gütern und noch vorhandenen Rohstoffen geführt. Die zwangsläufig nicht weiterbeschäftigten Arbeiter mussten damit rechnen, zum Arbeitseinsatz nach Deutschland geschickt zu werden.[10]

Hinzu traten allerdings sehr rasch Überlegungen und Ziele, die stark profitorientiert waren und häufig genug die jeweiligen Unternehmensinteressen widerspiegelten. Eine Vielzahl von west- und nordeuropäischen Unternehmern verstand es hervorragend, sich die besonderen Umstände der Besatzungssituation zunutze zu machen. Besonders die französische Luftfahrtindustrie, die vor Kriegsausbruch eine der weltweit höchsten Wachstumsraten aufwies, konnte dank des 1941 verabredeten deutsch-französischen „Gemeinschaftsprogramms" anfänglich sogar Produktionskapazitäten ausbauen und wesentliche technische Neuerungen durchführen.[11] Auch die niederländische und flämische Bauwirtschaft erfreute sich, vor allem durch ihre Mitwirkung beim Ausbau des Atlantikwalls und von deutschen Luftwaffenstützpunkten, zeitweilig eines enormen wirtschaftlichen Booms. Rein ideologische Motive für eine wirtschaftliche Kollaboration waren hingegen eher selten, auch wenn manchem Unternehmer die von deutscher Seite genährte Vorstellung, man werde als (nahezu gleichberechtigter) Partner des Deutschen Reiches in einer künftigen europäischen Wirtschaftsgemeinschaft eine wichtige Rolle spielen, zunächst sehr attraktiv erschien.

Der hohe wirtschaftliche und soziale Entwicklungsstand in den besetzten west- und nordeuropäischen Ländern bedingte auch den Umfang der administrativen Dienstleistungen. Entsprechend komplex gestalteten sich die Beziehungen zwischen den Besatzungsbehörden und den einheimischen Verwaltungen. Im Reichskommissariat Niederlande beispielsweise befürworteten die Generalsekretäre – als beamtete Staatssekretäre waren sie die Leiter der jeweiligen Ministerien – eine enge Zusammenarbeit mit den Besatzungsbehörden im Interesse der Aufrechterhaltung der allgemeinen Ordnung und der Fortführung der öffentlichen Dienstleistungen. Ähnlich argumentierte die Mehrheit der in ihren Ämtern verbliebenen oder mit Zustimmung der Besatzungsmacht neu eingesetzten Bürgermeister. Über diesen Rahmen einer gewissermaßen für

---

10 Hierzu und zum Folgenden vgl. Hirschfeld, Fremdherrschaft und Kollaboration, S. 200 f.; vgl. auch Dietrich Eichholtz (Hg.): Krieg und Wirtschaft. Studien zur deutschen Wirtschaftsgeschichte 1939–1945, Berlin 1999.
11 Vgl. Peter F. Klemm: La production aéronautique française de 1940 à 1942, in: Révue d'Histoire de la Deuxième Guerre Mondiale, 107 (1977), S. 53–74 sowie Patrick Facon/Francois de Ruffray: Aperçus sur la collaboration aéronautique franco-allemande (1940–1943), in: ebd., S. 194–199.

zulässig erachteten administrativen Kollaboration hinaus trafen einige Generalsekretäre wie auch Bürgermeister Anordnungen, die kaum noch durch die Notstandssituation gedeckt waren und ihre Kompetenzen eindeutig überschritten.[12] Dies gilt insbesondere für Maßnahmen „zur Bestreitung der Arbeitslosigkeit" (im Klartext: den Transfer niederländischer Arbeiter zum so genannten Arbeitseinsatz im Reich) oder eine noch stärkere Einbindung der heimischen Wirtschaft in die deutschen Kriegsanstrengungen. Dass deren Umsetzung mit weiteren Konzessionen gegenüber den deutschen Forderungen erkauft werden musste, galt den Verantwortlichen als ein zwangsläufiges Ergebnis der Besatzungssituation und daher als unvermeidlich.[13]

Die Verfechter einer engen politischen und administrativen Zusammenarbeit mit den Deutschen während des Krieges wurden nicht müde, auf die vermeintliche moderierende Wirkung hinzuweisen, die von der Kollaboration ausgegangen sei. Dieses Argument wurde in der Literatur später bekannt als die so genannte „Schild-" oder „Schutz-Theorie".[14] Diese besagt, die Maßnahmen der einheimischen Verwaltungen hätten die Bevölkerungen vor ungleich größeren Repressionen der deutschen Behörden bewahrt. Die historischen Fakten indes weisen in eine andere Richtung. Die beiden einschneidendsten Ereignisse der Nazi-Herrschaft über Europa, die Deportation und Ermordung der Juden und die zwangsweise Verschickung von Zivilisten (darunter auch Frauen und Kinder) nach Deutschland, lassen nicht erkennen, dass die einheimischen Behörden einen mäßigenden Einfluss hierauf gehabt hätten, im Gegenteil: Die administrative Unterwürfigkeit der lokalen wie der staatlichen Verwaltungen in West- und Nordeuropa war von entscheidender Bedeutung für die relative Reibungslosigkeit, mit der sich die Deportation der Juden „nach dem Osten" ebenso wie die Zwangsverpflichtung einheimischer Zivilarbeiter und Kriegsgefangener zum „Reichseinsatz" bewerkstelligen ließ.

Das gilt für das von dem Nicht-Nationalsozialisten Jacob Lentz geleitete niederländische zentrale Bevölkerungsregister (Rijksinspectie van den Bevolkingsregisters) in Den Haag, das die Registrierung der jüdischen Bevölkerung und damit die bürokratische Grundlage für die späteren Deportationen besorgte, ebenso wie für Teile der niederländischen Polizei und ihrer Einbeziehung bei den nationalsozialistischen Gewaltmaßnahmen (Judendeportationen).[15] Noch gravierender gestaltete sich die antijüdische Gesetzgebung und Praxis des Vichy-Regimes, durch die die französi-

---

12 Hierzu auch Peter Romijn: Die Nazifizierung der lokalen Verwaltung in den besetzten Niederlanden als Instrument bürokratischer Kontrolle, in: Wolfgang Benz u. a. (Hg.): Die Bürokratie der Okkupation. Strukturen der Herrschaft und Verwaltung im besetzten Europa, Berlin 1998, S. 93–120 sowie zur Rolle der Bürgermeister ders.: Burgemeesters in oorlogstijd. Besturen onder Duitse bezetting, Amsterdam 2006.

13 Ein besonders prägnantes Beispiel dieser Denkweise präsentierte der niederländische Generalsekretär (Staatssekretär) für die Wirtschaft Hans Max Hirschfeld, der sich dezidiert gegen jede Art von Widerstand und Arbeitsverweigerung aussprach, da sie nur wirtschaftliches und politisches „Chaos" schaffen würde. Hierzu Gerhard Hirschfeld: Hans Max Hirschfeld und die deutsch-niederländischen Wirtschaftsbeziehungen, 1931–1945, in: Walter Mühlhausen u. a. (Hg.): Grenzgänger. Persönlichkeiten des deutsch-niederländischen Verhältnisses, Münster 1998, S. 189–214 sowie Meindert Fennema/John Rhijnsburger: Dr. Hans Max Hirschfeld. Man van het grote geld, Amsterdam 2007.

14 Marschall Pétain erklärte bei der Eröffnung seines Prozesses am 23.7.1945, dass er die Funktion eines „Schildes" („bouclier") übernommen habe, während General de Gaulle das „Schwert" („glaive") führte – eine reine Geschichtsklitterung; vgl. Baruch, Das Vichy-Regime, S. 190.

15 Zur „Rijksinspectie Bevolkingsregisters" vgl. Bob Moore: Victims and Survivors. The Nazi Persecution of the Jews in the Netherlands 1940–1945, London u. a. 1997, S. 196 ff.; zur Rolle der Polizei siehe Guus Meershoek: Dienaren van het gezag. De Amsterdamse politie tijdens de bezetting, Amsterdam 1999.

sche Regierung bekanntlich gehofft hatte, das Gesetz des Handelns gegenüber der Besatzungsmacht bestimmen zu können. Die eingeleiteten Arisierungsmaßnahmen gegen ausländische Juden (noch bevor die Deutschen die rechtliche Ausgrenzung der Juden anordneten) dokumentieren anschaulich das Streben der Vichy-Regierung nach Souveränität und Vorteilswahrung bei der Aneignung jüdischen Vermögens.[16] Auch später verblieb die Politik der Arisierung fest in französischen Händen: Der Schweizer Historiker Philipp Burrin nennt die Zahl von 10.000 Franzosen, die „zeitweise als Verwalter von 40.000 enteigneten jüdischen Geschäften" im Verlauf der Besatzungszeit tätig waren. Im Mai 1944, als die Arisierung nahezu beendet war, arbeiteten immerhin noch 5.522 französische „Verwalter" neben 110 deutschen Beauftragten.[17] Im Gegensatz zu der landläufigen Auffassung, die Deutschen hätten zwischen 1940 und 1944 weite Bereiche der französischen Wirtschaft fest in ihrer Hand gehabt, betrug die deutsche Beteiligung an „arisierten" französischen Unternehmen gerade einmal vier Prozent.[18]

Verglichen damit gestalteten sich die entsprechenden deutschen Interessen in den besetzten Niederlanden wesentlich günstiger, wo ebenfalls die Konfiszierung und Liquidierung jüdischen Vermögens an der Tagesordnung waren. Während die Beschlagnahme jüdischer Vermögenswerte und Haushalte überwiegend von deutschen Dienststellen des Reichskommissariats durchgeführt wurde, profitierten – wie die Forschung inzwischen belegt hat – auch niederländische Banken, Händler, Museen und sogar die Amsterdamer Börse vom Verkauf jüdischen Besitzes ebenso wie von der Veräußerung von Wertsachen und Geldanlagen. Die Parallelen zu den massenhaften Enteignungen und Arisierungen in Deutschland vor 1939 liegen auf der Hand, ebenso Fälle von privater Bereicherung und Korruption, auch wenn die meisten nichtnationalsozialistischen Niederländer zunächst jeden Gedanken an persönliche Verfehlungen weit von sich wiesen. Stattdessen wähnten sich die Nutznießer wie auch manche Staatsdiener in der Illusion, durch ihr Handeln und die Tatsache, dass jüdisches Eigentum und Vermögen überwiegend im Lande geblieben sei, hätten sie eine Art Schadensbegrenzung ausgeübt.[19] Am Ende standen die niederländischen Beamten, wie auch ihre Kollegen in Vichy-Frankreich, vor dem Scherbenhaufen ihrer professionellen Aspirationen. Schlimmer noch: Die weithin akzeptierte „Logik der staatlichen Kollaboration" – so das traurige Fazit von Marc Olivier Baruch über das Verhalten der französischen Beamtenschaft – hatte entscheidend zu der Tatsache beigetragen, dass die antijüdischen Maßnahmen der Besatzungsmacht überaus effizient und ohne großen Widerspruch von staatlicher Seite realisiert werden konnten.[20]

16 Michael R. Marrus/Robert O. Paxton: Vichy France and the Jews, New York 1981 sowie jetzt mit einer neuen Interpretation Wolfgang Seibel: Macht und Moral. Die „Endlösung der Judenfrage" in Frankreich, 1940–1944, Konstanz 2010.
17 Philippe Burrin: Living with defeat. France under the German occupation, 1940–1944, London u. a. 1996, S. 282.
18 Hierzu Philippe Verheyde: Les Mauvais comptes de Vichy. L'aryanisation des enterprises juives, Paris 1999.
19 Hierzu Gerard Aalders: Geraubt! Die Enteignung jüdischen Besitzes im Zweiten Weltkrieg, Köln 2000; für das mangelnde Unrechtsbewusstsein zahlreicher niederländischer Unternehmer und Staatsbediensteter nach 1945 siehe die exzellente Studie von Joggli Meihuizen: Noodzakelijk kwaad. De bestraffing van economische collaboratie in Nederland na de Tweede Wereldoorlog, Amsterdam 2003, besonders S. 739–752.
20 Marc Olivier Baruch: Die Geburt eines Konzepts. Über Ambivalenzen in der französischen Beamtenschaft, in: Gerhard Hirschfeld/Tobias Jersak (Hg.): Karrieren im Nationalsozialismus. Funktionseliten zwischen Mitwirkung und Distanz, Frankfurt a. M./New York 2004, S. 173–182.

Die Zusammenarbeit der einheimischen Faschisten mit den nationalsozialistischen Besatzern gilt als der klassische Fall von politischer Kollaboration während des Zweiten Weltkriegs. Nirgends wird die Bandbreite kollaborierenden Verhaltens deutlicher, nirgends zeigt sich eindrucksvoller, dass Chancen wie Grenzen der Kollaboration stets an die handfesten Interessen der Besatzungsmacht gekoppelt waren. Zugeständnisse waren meist zeitlich begrenzt und stellten selten eine grundsätzliche Änderung der deutschen Politik dar. Faschistische Bewegungen und deren Führer wurden von Hitler und seinen Satrapen in den besetzten Ländern lediglich als nützliche Werkzeuge angesehen, mit deren Hilfe die Indienststellung der jeweiligen wirtschaftlichen und administrativen Ressourcen für die Besatzungsmacht organisiert werden sollten. Vidkun Quisling in Norwegen, Frits Clausen in Dänemark, Anton Adriaan Mussert in den Niederlanden, Jaques Doriot und Marcel Déat in Frankreich, die Führer der Eisernen Garde in Rumänien oder der Pfeilkreuzler in Ungarn – um nur einige von ihnen zu nennen –, sie alle mussten erfahren, dass die Politik des Dritten Reiches im Grunde nur einem einzigen Ziel diente: der Errichtung und Aufrechterhaltung der deutschen Hegemonie in Europa.[21]

Von den meisten faschistischen Gruppen und Organisationen wurde die während des Krieges mit der Besatzungsmacht praktizierte Kollaboration hingegen als das primäre Ziel schlechthin angesehen, sei es als dauerhafte Zusammenarbeit mit dem nationalsozialistischen Deutschland oder gar durch ein späteres Aufgehen in einem von Himmlers SS beherrschten großgermanischen Reich. Dabei war der Grat zwischen nationalsozialistischer Herrschaft und faschistischer Kollaboration angesichts der ideologischen Nähe mitunter derart schmal, dass oftmals eine partielle oder sogar totale Überlappung – auch bei den während der Besatzung begangenen Untaten und Verbrechen – zwischen ihnen entstand. Allerdings vertraten die Ideologen unter den faschistischen Kollaborateuren häufig sehr unterschiedliche, teilweise widersprüchliche Überzeugungen. Manche von ihnen, darunter auch prominente Schriftsteller, Publizisten und Cineasten, verkündeten sozialrevolutionäre oder radikal-technokratische Zukunftsvisionen.[22] Insgesamt aber waren die faschistischen Bewegungen, trotz einer oftmals jugendbewegten Sprache und Fortschrittsrhetorik, zumeist antimodernistisch und reaktionär eingestellt. In der Frühphase von Hitlers Europa engagierten sich nicht wenige Intellektuelle für eine „geistige Zusammenarbeit" mit der neuen europäischen Führungsmacht Deutschland, deren Stärke nicht nur ein Ergebnis der militärischen Dominanz, sondern auch durch die Überlegenheit der deutschen Kultur zwangsläufig sei. Im Juni 1941 versammelte eine Tagung mit dem Titel „Um das neue Europa" 300 Teilnehmer aus 38 Ländern in Berlin; ihr schloss sich einige Monate später in Weimar das zweite „Europäische Dichtertreffen" mit der Gründung eines Europäischen Schriftstellerverbandes an.[23]

---

21 Die Literatur zu den faschistischen Bewegungen in Europa ist uferlos. Eine lesbare Bilanz der Forschungen bietet die Studie von Stanley G. Payne: A History of Fascism, 1914–1945, London 1995.
22 Vgl. Baruch, Das Vichy-Regime, S. 176 ff.; Hirschfeld, Einleitung zu: Kollaboration in Frankreich, S. 18 sowie Albrecht Bet/Stefan Martens: Les intellectuels et l'occupation, 1940–1944, Paris 2004.
23 Zum Weimarer Dichtertreffen vgl. Frank-Rutger Hausmann: Kollaborierende Intellektuelle in Weimar, in: Hellmut Seemann (Hg.): Europa in Weimar. Visionen eines Kontinents, Göttingen 2008; ferner Gisèle Sapiro: La guerre des écrivains 1940–1953, Paris 1999.

Eine besondere Form der Kollaboration praktizierten jene nichtdeutschen Soldaten, die als Angehörige verbündeter Staaten, als „Germanische Freiwillige" aus West- und Nordeuropa oder als letztes Aufgebot einer „russischen Befreiungsarmee" (ROA), oftmals in gesonderten Verbänden, während des Zweiten Weltkriegs an der Seite von Wehrmacht und Waffen-SS kämpften.[24] Nicht wenige von ihnen waren in die schrecklichen Verbrechen von Einheiten der SS und eben auch der Wehrmacht verstrickt. Im Verlauf des Zweiten Weltkriegs dienten zwischen 25.000 und 40.000 Niederländer in der Waffen-SS; die Zahlenangaben in der Forschungsliteratur schwanken allerdings erheblich. Jedenfalls bildeten die Niederländer dort das, bezogen auf die eigene Bevölkerung, größte nichtdeutsche Kontingent. Allerdings war ihr militärischer Beitrag in der Größenordnung einer Brigade (zwischen 3.000 und 6.000 Mann) weniger bedeutsam als der politisch-propagandistische Nutzen, den das NS-Regime aus ihrem Einsatz ziehen konnte. 1943 war an der Ostfront jeder dritte Uniformträger auf deutscher Seite ein Ausländer, darunter Angehörige zahlreicher sowjetischer Völkerschaften. Goebbels' Propaganda pries die nichtdeutschen Soldaten als „europäische Kämpfer gegen den Bolschewismus", tatsächlich jedoch waren es oftmals weniger politische und nationale Motive als persönliche Lebensumstände, die den Ausschlag für die militärische Kollaboration von Ausländern gaben.

III.

Mit dem sukzessiven Zusammenbruch der deutschen Herrschaft in Europa 1944/45 fand auch die Kollaboration mit dem nationalsozialistischen Deutschland in den besetzten Ländern ihr Ende. Es folgten Massenverhaftungen und öffentliche Säuberungen („Épurations", „Epurazione", „Zuiveringen"), in die Hunderttausende – und keineswegs immer nur die Schuldigen – einbezogen wurden.[25] Zehntausende Kollaborateure, oder wen immer die Angehörigen des organisierten Widerstandes bzw. die oftmals auch selbsternannten Rächer dafür hielten, fanden bei so genannten „wilden Säuberungen" den Tod, vor allem in Frankreich, auf dem Balkan und in Osteuropa. Zu größeren Ausschreitungen in nahezu allen vom Nationalsozialismus befreiten Ländern kam es gegenüber einheimischen Frauen, die eine Liebesbeziehung mit deutschen Soldaten eingegangen waren.[26] Allerdings unterstreicht gerade das Phänomen der „geschorenen Frau", übrigens auch in den Niederlanden, die politische und gesellschaftliche Ersatzfunktion, die manche Umstände der Säuberungen in Wahrheit aufweisen – die Beschwichtigung des vermeintlichen „Volkszorns". Zahl-

24 Hierzu Peter Gosztony: Hitlers fremde Heere. Das Schicksal der nichtsowjetischen Truppen im Rahmen der Roten Armee 1941–1945, Stuttgart 1991; Hans Werner Neulen: An deutscher Seite. Internationale Freiwillige von Wehrmacht und Waffen-SS, München 1985 sowie (zuverlässiger) Rolf-Dieter Müller: An der Seite der Wehrmacht. Hitlers ausländische Helfer beim „Kreuzzug gegen den Bolschewismus", 1941–1945, Berlin 2007, S. 137–143.

25 Vgl. hierzu die Länderstudien in: Klaus-Dietmar Henke/Hans Woller (Hg.): Politische Säuberungen in Europa. Die Abrechnung mit Faschismus und Kollaboration nach dem Zweiten Weltkrieg, München 1991; István Deák (Hg.): The Politics of Restribution in Europe. World War II and its Aftermath, Princeton, NJ 2000.

26 Vgl. Monique Diederichs: „Moffenmeiden". Nederlandse vrouwen en Duitse militairen, in: Jaarboek voor Vrouwengeschiedenis, 20 (2000), S. 41–64 sowie Ebba D. Drolshagen: Nicht ungeschoren davonkommen. Das Schicksal der Frauen in den besetzten Ländern, die Wehrmachtssoldaten liebten. Mit einem Vorwort von Klaus Theweleit, Hamburg 1998.

reiche Sympathisanten und Helfer der deutschen Besatzungsherrschaft – unter ihnen mit wenigen Ausnahmen auch die meisten prominenten Kollaborateure – mussten sich vor eigens eingerichteten Sondergerichten oder „Volkstribunalen" verantworten. In den meisten Ländern wurde das existierende Strafrecht zur Ahndung der Kollaboration als eines Straftatbestandes – in der Regel rückwirkend – ergänzt oder erheblich modifiziert. So sollten vor allem Denunzianten, deren Verhalten dem nationalen Widerstand geschadet hatte, hart bestraft werden. In den Niederlanden wurde eigens die seit 1870 abgeschaffte Todesstrafe wieder eingeführt, um besonders schwere Vergehen zu ahnden; von den verhängten 154 Todesurteilen wurden allerdings nur 40 vollstreckt, darunter fünf an deutschen Staatsangehörigen; unter diesen befand sich auch Himmlers Stellvertreter in den Niederlanden, Hanns Albin Rauter.[27]

Neben den Modifikationen des Strafrechts wurde in zahlreichen Ländern auch der Tatbestand der „nationalen Würdelosigkeit" (frz. „indignité nationale") oder des anstößigen Verhaltens während der Zeit der deutschen Besatzung eingeführt, der jedoch in der Regel als minderschweres Vergehen galt und daher von so genannten Volksgerichten oder Volkstribunalen abgeurteilt wurde.[28] In einigen Ländern Westeuropas ging die justitielle Ahndung der Kollaboration sowie weiterer Delikte einher mit der Säuberung der öffentlichen Verwaltungen wie auch anderer staatlicher und privater Einrichtungen. So leitete man in den Niederlanden gegen 32.000 (von 380.000) Angehörige des Öffentlichen Dienstes ein Verfahren ein: Von diesen wurden 11.500 *als Kollaborateure* „unehrenhaft" sowie weitere 6.000 „ehrenhaft" entlassen; außerdem wurden 6.000 Staatsbedienstete mit Disziplinarverfahren belegt.[29] Art und Ausmaß der politischen Säuberungen in Europa waren historisch beispiellos und entsprachen somit durchaus der einzigartigen verbrecherischen Ausprägung von Nationalsozialismus und Faschismus. Darüber hinaus aber erfüllten die Säuberungen in den vormals von den Deutschen besetzten Ländern West- und Nordeuropas eine notwendige Sicherheits- und Legitimationsfunktion für die sich ausbildenden Nachkriegsgesellschaften. Sie stärkten die Autorität der noch auf unsicheren Beinen stehenden politischen Gruppierungen der frühen Nachkriegszeit und trugen so zur Rekonstruktion der Nation nach den Erfahrungen der NS-Herrschaft bei – übrigens ganz im Sinne Albert Camus', der zu Beginn des Jahres 1945 schrieb: „Ein Land, das seine politische Säuberung vernachlässigt, hat es versäumt, sich selbst zu erneuern."[30] Und nicht zuletzt erfüllten die Säuberungen – zumindest ansatzweise – auch die Funktion einer Gerechtigkeit gegenüber den zahllosen Opfern der Besatzungszeit, von denen nicht wenige auf das Konto der Kollaborateure selbst gingen. Allerdings blieben die Opfer der Judenverfolgungen in den besetzten Ländern weitgehend ausgespart, da die Ahndung der Kollaboration dem singulären, unerhörten Charakter dieser Taten und Verbrechen auch nicht annähernd gerecht werden konnte.

---

27 Zu den politischen Auseinandersetzungen über die Begnadigungen vgl. Harald Fühner: Nachspiel. Die niederländische Politik und die Verfolgung von Kollaborateuren und NS-Verbrechern, 1945–1989, Münster u. a. 2005, S. 82–99.
28 Vgl. Henry Rousso: L'épuration. Die politischen Säuberungen in Frankreich, in: Klaus-Dietmar Henke/ Hans Woller (Hg.), Politische Säuberungen, S. 192–240.
29 Hierzu die grundlegende Studie von Peter Romijn: Snel, streng en rechtvaardig. Politiek beleid inzake de bestraffig en reclassering van ,foute' Nederlanders, 1945–1955. Amsterdam 2002.
30 In: Le Combat, 5.1.1945, dem ehemaligen Untergrundblatt, dessen Chefredakteur Camus war.

Zwar fehlte es nicht an kritischen Einwänden gegen die Handhabung der Säuberungen – einerseits zu moderat und nicht prinzipiell genug, andererseits zu willkürlich und keineswegs immer rechtsstaatlich –, dennoch galt der Erfolg der Säuberungen, zumal in Westeuropa, lange Zeit als Indikator für die Stabilität der Nachkriegsordnungen. Was die Säuberungen indes in keinem der ehemals von Nazi-Deutschland besetzten Länder hervorbrachten, war eine angemessene öffentliche Auseinandersetzung mit der Zeit der deutschen Besatzung: mit den unterschiedlichen Formen der Kollaboration, mit dem Versagen der Eliten, mit individueller Verantwortung und kollektiver Schuld. Dazu schien es zunächst einfach zu früh zu sein, zumal weder die Gerichte noch die Presse und schon gar nicht die Historiker in der Lage waren, die komplexen Verhältnisse der Besatzungszeit angemessen zu beurteilen; zum anderen gab es inzwischen dringendere Probleme, die es zu bewältigen galt: der wirtschaftliche und soziale Wiederaufbau, die Schaffung respektive Wiedererrichtung rechtsstaatlicher Verhältnisse, und nicht zuletzt die erheblichen Auswirkungen des Kalten Krieges sowie dazu in einigen Ländern noch der häufig verlustreiche Prozess der Dekolonisation samt deren gravierender innenpolitischer Folgen.

Die öffentliche Auseinandersetzung mit der Zeit der deutschen Besatzung respektive ihrer Rolle in Hitlers Europa geriet für die europäischen Nationen in den folgenden Jahrzehnten zu einem veritablen Lackmustest. Der US-amerikanische Politikwissenschaftler Richard Ned Lebow unterscheidet dabei drei nationale Strategien einer Vergangenheitsbewältigung: erstens das so genannte „Quarantäne-Prinzip", das alle als beschämend empfundenen Ereignisse aus der Geschichte der eigenen glorreichen Nation schlicht ausblendete (wie etwa in Frankreich und Italien), zweitens die Verdrängung der eigenen Täterrolle in Bezug auf den Holocaust zugunsten des eigenen Opferstatus (wie insbesondere in Österreich, Polen und ebenfalls in Frankreich, aber lange Zeit über auch in Westdeutschland und der DDR) sowie drittens die Marginalisierung der Kollaboration bei gleichzeitiger Überdimensionierung des Widerstands (beispielsweise in Dänemark und den Niederlanden).[31] Neutrale Staaten wie Schweden und die Schweiz suchten ihre partielle Komplizenschaft mit Nazi-Deutschland (insbesondere auf ökonomischem Gebiet) herabzustufen zugunsten der ebenfalls erwiesenen Hilfe für die Opfer dieser Diktatur, wobei sie die politischen und militärischen Risiken betonten, denen sie im Verlauf des Krieges ausgesetzt waren. Wie immer bei derartigen Typisierungen gibt es hier Überzeichnungen und auch Einseitigkeiten, dennoch wird heute niemand mehr bestreiten wollen, dass Ausblendung, Marginalisierung oder Verdrängung der jeweiligen Verhaltensweisen wie der historischen Verantwortung die jahrzehntelange Tabuisierung von Kollaboration sowie politischer und ökonomischer Komplizenschaft in Hitlers Europa erst möglich machten.

Nur sehr allmählich – eigentlich erst im Verlauf der 1980er, teilweise auch erst der 1990er Jahre – kam es in den meisten europäischen Ländern zur Überprüfung und Revision überkommener Geschichtsbilder und historischer Mythenbildungen. An die Stelle eines bequemen und einvernehmlichen Konsenses der Nachkriegszeit, dass die Kollaboration mit den Deutschen während des Zweiten Weltkrieges das Werk

---

31 Richard Ned Lebow: The Memory of Politics in Postwar Europe, in: ders. u. a. (Hg.): The Politics of Memory in Postwar Europe, Durham NC/London 2006, S. 1–39.

einer fanatisierten, feigen und egoistischen Minderheit gewesen sei, die Mehrheit der Bevölkerungen sich hingegen einem mehr oder weniger heroischen Widerstand verschrieben habe, ist mittlerweile ein offener Dissens getreten. Das Verhältnis von Besatzern und Besetzten erscheint jetzt komplexer und damit auch komplizierter. Ursache und Ausmaß der Kollaboration werden ebenso neu bestimmt wie der Widerstand in all seinen Erscheinungsformen. Anstöße hierzu gingen sicherlich von Historikern und Publizisten aus, aber mehr noch von öffentlichen Debatten und auch politischen Skandalen im Zusammenhang mit strafrechtlichen Verfahren gegen frühere Nazi-Helfer und Kollaborateure – man denke an die Prozesse gegen hohe Beamte des Vichy-Regimes wie René Bousquet, Maurice Papon und Paul Touvier in Frankreich oder den Fall des niederländischen Kunstsammlers Pieter Menten.[32] Die Umstände, unter denen diese Prozesse stattfanden oder aber eingestellt werden mussten (etwa nach der Ermordung Bousquets), trugen ebenso zur Aktualisierung bei wie auch die teilweise entlarvenden Reaktionen von Politikern, beispielsweise das ausgesprochen ambivalente Verhalten des französischen Staatspräsidenten François Mitterand in der „Affaire Bousquet".[33] Der Zusammenbruch des real existierenden Kommunismus in Ost- und Ostmitteleuropa, aber auch die deutsche Wiedervereinigung mit den damit verbundenen politischen und gesellschaftlichen Umwälzungen und Nachforschungen lenkten ebenfalls den Blick zurück auf analoge historische Verhaltensweisen und Prozesse, insbesondere auch auf den lange Zeit verfehlten und tabuisierten Umgang mit diesem Kapitel der europäischen Geschichte nach 1945.[34]

Von einem festgefügten Bild des Zweiten Weltkriegs und der deutschen Besatzungszeit kann heute keine Rede mehr sein. Doch den Historikern scheint es zunehmend schwerer zu fallen, ihre immer komplexeren Erkenntnisse mit den vorherrschenden Erwartungen der Öffentlichkeit nach einfachen, gleichsam schwarz-weißen, Erklärungsmustern in Einklang zu bringen. Somit dürfte es auch künftig nicht nur ein, sondern stets mehrere, zudem konkurrierende Bilder jener Vergangenheit geben, die nicht vergehen wird: „un passé qui ne passe pas"[35]. Nicht nur die Historiker, sondern auch die Öffentlichkeit in Europa werden sich auf weitere Debatten einstellen müssen.

---

32 Zu diesen Prozessen siehe Richard Golsan (Hg.): Memory, the Holocaust, and French Justice: The Bousquet and Touvier Affairs, Hanover, NH 1996; Henry Rousso: Vichy. L'événement, la mémoire, l'histoire, Paris 2001, S. 678–710 (Juger le passé?); J. C. H. Blom/A. C. 't Hart/I. Schöffer: De affaire Menten 1945–1976, 2 Bde., [Den Haag 1979].

33 Vgl. Rousso, S. 469.

34 Pieter Lagrou: The Legacy of Nazi Occupation. Patriotic Memory and National Recovery in Western Europe, 1945–1965, Cambridge 2000; für die Niederlande siehe Chris van der Heijden: Grijs verleden. Nederland en de Tweede Wereldoorlog, Amsterdam/Antwerpen 2000; siehe hierzu den Aufsatz von Krijn Thijs in diesem Band; J. C. H. Blom: In de ban van goed en fout. Geschiedschrijving over de bezettingstijd in Nederland, Amsterdam 2007; ders.: Leiden als Warnung. Konstanten und Variablen im niederländischen Umgang mit der Besatzungszeit, in: Norbert Fasse (Hg.): Nationalsozialistische Herrschaft und Besatzungszeit, Münster u. a. 2000, S. 321–330.

35 Eric Conan/Henry Rousso: Vichy, un passé qui ne passe pas. Paris 1994.

LOTHAR KETTENACKER
Die deutsche Debatte über den alliierten Bombenkrieg – ein Tabubruch?[1]

I.

Als sich für die britische Regierung im Januar 1945 die Niederlage Deutschlands deutlich abzeichnete, bat Premierminister Winston Churchill das Foreign Office um eine Stellungnahme zu der Frage, welche Reaktionen der Betroffenen auf diese Katastrophe zu gewärtigen seien. Dazu muss man wissen: Dieser Generation britischer Politiker waren Deutschlands Nicht-Eingestehen-Wollen der Niederlage von 1918 und dessen politische Auswirkungen nur allzu bewusst. Con O'Neill, Deutschlandexperte des Außenamtes und mutmaßlicher Verfasser der Denkschrift, ging davon aus, dass nicht der Nationalsozialismus das eigentliche Übel sei, sozusagen der Defekt des nationalen Genoms, sondern Kollektivismus und Militarismus, jene gefährliche Verbindung von Disziplin und Idealismus. „Andere Formen des Totalitarismus", schrieb er, „ebenso unerfreulich wie effektiv, mögen sich in Zukunft manifestieren, denn diese Instinkte und Fähigkeiten bleiben das, was sie sind"[2]. Es schien damals noch ganz selbstverständlich, vor allem aus der britisch-imperialen Weltbetrachtung, den Nationalcharakter eines Volkes als Erklärungsansatz für politisches Handeln heranzuziehen. Bald, so die Prognose Con O'Neills im Januar 1945, würden sich die Deutschen nur noch an ihre siegreichen Schlachten und Kriegshelden erinnern und danach streben, ihre verlorenen Ostgebiete zurück zu gewinnen. Dieses Szenario entsprach genau der pathetischen Zukunftsvision der Nationalsozialisten. Vor dem Nürnberger Militärtribunal gab sich Hermann Göring, Chef der Luftwaffe und zweiter Mann im Staat, dem Glauben hin, dass in 50 oder 60 Jahren überall in Deutschland Statuen zu seinen Ehren errichtet würden.[3]

Ein halbes Jahrhundert später weiß die Welt, dass Deutschland mit seiner Vergangenheit ganz anders umgegangen ist. In den letzten 50 Jahren hat die Erinnerung an die Verbrechen des NS-Regimes, vor allem an den Holocaust, das kollektive Gedächtnis dermaßen dominiert, dass ausländische Beobachter einen noch so harmlosen Wandel der Einstellungen mit größter Besorgnis registrieren. Die deutschen Medien, bisher die Hauptvermittler der historischen Aufklärungsarbeit, haben inzwischen bemerkt, dass es allmählich an der Zeit ist, die Tatsache nicht länger zu verleugnen, dass auch die Deutschen Opfer des von ihnen angezettelten Krieges waren. Im Ausland hatte man zunächst den Eindruck, dass Günter Grass diesen

---

1 Dieser Artikel ist eine Kurzfassung des Beitrags: Lothar Kettenacker: The German Debate, in: Igor Primoratz (Hg.): Terror from the Sky. The Bombing of German Cities in World War II, New York/Oxford 2010, S. 203–222; vgl. auch Mark Connelly: The British Debate, in: ebd., S. 181–202.
2 German Reactions to Defeat, 10.1.1945, WP (45) 18, FO 371/46791/C150 (Public Record Office London – PRO).
3 Siehe Richard J. Overy: Goering: The „Iron Man", London 1984.

Bewusstseinswandel ausgelöst hat.[4] Seine 2002 veröffentlichte Novelle *Der Krebsgang* beschäftigte sich mit dem Untergang der Gustloff, jener Schiffskatastrophe im Januar 1945, der mehr als 9.000 Flüchtlinge zum Opfer fielen, die wie Millionen anderer ihr Heil in der Flucht nach Westen gesucht hatten. Der Schriftsteller räumte in diesem Roman ein, dass seine Generation dieses Trauma bisher ignoriert habe, und zwar, um sich nicht dem Vorwurf der Aufrechnung und damit der Relativierung der deutschen Verbrechen auszusetzen.[5] Grass war sich seiner Rolle als Protagonist des linksliberalen Gewissens durchaus bewusst, als er sich diesen vermeintlichen Tabubruch erlaubte. Ausländische Rezensenten schrieben dem Roman sogleich eine Signalwirkung zu, zumal die wenigsten unter ihnen den seit einiger Zeit vor sich gehenden Stimmungsumschwung in den deutschen Medien bemerkt hatten. Deutsche Kritiker zeigten sich weniger beeindruckt. Hubert Spiegel (*Frankfurter Allgemeine Zeitung*) verwies darauf, dass Grass mit der Behandlung dieses Themas kein besonderes Risiko auf sich nahm.[6] Schließlich hatte das deutsche Fernsehen ein Jahr zuvor an drei Abenden das Leid der Flüchtlinge und Vertriebenen in den letzten Kriegsmonaten eindringlich geschildert. Schon in den 1950er Jahren hatte die Bundesregierung eine historische Dokumentation über das Schicksal der Vertriebenen in Auftrag gegeben, die schließlich sechs Bände umfassen sollte.[7] Auch die deutsche Literatur hatte dieses Kapitel deutscher Geschichte keineswegs aus den Augen verloren.[8] Freilich trifft es zu, dass die Anerkennung der von den Alliierten in Potsdam festgelegten Oder-Neiße-Grenze politisch ein ‚heißes Eisen‘ blieb, ein Thema, das von der meinungsbildenden Presse weithin ausgeklammert und von den Vertriebenenverbänden umso öfter und leidenschaftlicher zur Sprache gebracht wurde. Als dieses Problem 1990 ein für alle Mal ad acta gelegt wurde – die Anerkennung der Grenzen war die Vorbedingung der Siegermächte für die Akzeptanz der deutschen Einheit[9] –, waren die persönlichen und politisch relevanten Erinnerungen an die deutschen Ostgebiete bereits weitgehend verblasst. Nach dem Untergang des zweiten deutschen Staates, der dieses Thema stets tabuisiert hatte (die Vertriebenen wurden mit Rücksicht auf die östlichen Nachbarn euphemistisch als „Aussiedler" bezeichnet), avancierte dieses Thema in den deutschen Medien zum legitimen Gegenstand historischer Rückbesinnung. Der einzige verbliebene Streitpunkt, der zeitweise die Beziehungen zwischen Berlin und Warschau stark belastet hatte, war die Frage, ob die geplante Gedenkstätte nur das Schicksal der deutschen Vertriebenen oder das *aller* Vertriebenen des Zweiten Weltkriegs dokumentieren sollte.[10]

4 Vgl. BBC News, 8.2.2002: „Grass breaks German taboos"; Tim Adams, in: The Observer, 10.2.2002.
5 Günter Grass: Im Krebsgang, München 2004, S. 99.
6 Hubert Spiegel, in: Frankfurter Allgemeine Zeitung, 9.2.2002.
7 Vgl. Theodor Schieder (Hg.): Dokumentation der Vertreibung der Deutschen aus Ost-Mitteleuropa, 5 Bde., München 1954–1961. Hierzu Mathias Beer: Im Spannungsfeld von Politik und Zeitgeschichte. Das Großforschungsprojekt „Dokumentation der Vertreibung der Deutschen aus Ost-Mitteleuropa", in: Vierteljahrshefte für Zeitgeschichte, 46 (1998), S. 345–389.
8 Frank-Lothar Kroll (Hg.): Flucht und Vertreibung in der Literatur nach 1945, Berlin 1997.
9 Zu dieser schwierigen Streitfrage siehe Horst Teltschik: 329 Tage. Berlin 1991, S. 147–210; Richard Kiessler/Frank Elbe: Ein runder Tisch mit scharfen Ecken. Der diplomatische Weg zur deutschen Einheit, Baden-Baden 1993, S. 113–118.
10 2006 wurden in Berlin zwei Ausstellungen gezeigt: Die eher ausgewogene „Flucht, Vertreibung, Integration" des DHM, die sich auf das Schicksal der Ostdeutschen konzentrierte, sowie die umstrittene „Erzwungene Wege. Flucht und Vertreibung im Europa des 20. Jahrhunderts", eine vom Bund der Vertriebenen als Nukleus eines künftigen Dokumentationszentrums geplante Schau.

Viele internationale Beobachter sahen in der Wahrnehmung auch der deutschen Kriegsopfer zwangsläufig einen Bewusstseinswandel. Tatsächlich verhält es sich so nicht: Man muss zwischen dem Schicksal der Vertriebenen und den zivilen Opfern des alliierten Bombenkrieges unterscheiden, ganz abgesehen davon, dass bei der Flucht im Winter 1944/45 dreimal mehr Menschen den Tod fanden als in dem sich über Jahre hinziehenden Luftkrieg. Erinnerungen an diese beiden Traumata haben sich in den beiden deutschen Teilstaaten auf je eigene Weise manifestiert, um erst mit der nationalen Einheit zu einer gemeinsamen Gedächtniskultur zu verschmelzen. Ein halbes Jahrhundert nach dem Zweiten Weltkrieg war den allermeisten Deutschen bewusst, vielleicht den Westdeutschen mehr als den Ostdeutschen, dass sich ihre Regierung der ethnischen „Säuberung" und des Luftkrieges gegen die feindliche Zivilbevölkerung schuldig gemacht hatte, bevor die eigene Bevölkerung Opfer dieser Formen der Kriegsführung wurde. Die Wiederherstellung der staatlichen Einheit sowie die Tatsache, dass die Deutschen unter 50, also die große Mehrzahl, den Krieg nicht mehr persönlich erlebt hatten, trugen entscheidend zu einer Historisierung des Dritten Reiches bei. Der Historiker Martin Broszat hatte schon Mitte der 1980er Jahre dafür plädiert, die Zeit von 1933 bis 1945 als integralen Bestandteil der deutschen Geschichte zu betrachten, nicht als exzeptionelles Intermezzo. Ihm lag daran, die Bundesrepublik aus dem düsteren Schatten des Dritten Reiches zu befreien.[11]

Nachdem die Siegermächte des Zweiten Weltkrieges im September 1990 mit Deutschland eine abschließende Einigung erzielt hatten,[12] die einem Friedensvertrag gleichkam, schien für die wiedervereinigten Deutschen der Zeitpunkt gekommen zu sein, Bilanz zu ziehen und eine gemeinsame Gedächtniskultur anzustreben. Mit Recht konnte man nun die Ostdeutschen als die eigentlichen Verlierer eines Krieges betrachten, der im Namen ganz Deutschlands begonnen und geführt worden war. Während die Ostdeutschen in erster Line unter dem Verlust der agrarischen Ostgebiete und unter einer mehr als 40 Jahre währenden sowjetischen Dominanz zu leiden hatten,[13] war es der alliierte Bombenkrieg, unter dem vor allem die Westdeutschen gelitten hatten. Sollte ein gemeinsames historisches Bewusstsein entstehen, so war es wichtig, beiden Aspekten Rechnung zu tragen. Es war für die Ostdeutschen schwer genug, nach 1990 mit den Schandtaten der deutschen Vergangenheit konfrontiert zu werden; schließlich hatten sich ihre Machthaber damit hervorgetan, sie im Namen des Antifaschismus von der historischen Verantwortung für die Verbrechen des NS-Regimes freizusprechen. In ihren Augen hatte bisher nur die Bundesrepublik die Nachfolge des Dritten Reiches angetreten und damit auch die Verantwortung für die deutsche Vergangenheit. Angesichts dieser neuen Belastung schien es umso mehr geboten, die durch Hitlers Krieg verursachte ungeheure Zerstörung erneut ins öffentliche Bewusstsein zu rücken. Mit anderen Worten, als Folge der nationalstaatlichen Einheit sollte die Wahrnehmung des Leids, das der Krieg auch unter Deutschen

---

11 Siehe Martin Broszat: Plädoyer für eine Historisierung des Nationalsozialismus, in: Merkur, 39 (1985), S. 373–385.

12 Deutsches Auswärtiges Amt (Hg.): 2plus4. Die Verhandlungen über die äußeren Aspekte der deutschen Einheit. Eine Dokumentation, Bonn 1991.

13 Die DDR kam für die gesamten 1945 von der Sowjetunion geforderten Reparationszahlungen auf. Siehe Alec Cairncross: The Price of War. British Policy on German Reparations 1941–1949, Oxford 1986.

verursacht hatte, als ein notwendiger Prozess im Rahmen einer wachsenden historischen Bewusstseinsbildung verstanden werden.

II.

Die deutschlandweite Debatte über den Bombenkrieg ist offenbar vor allem von zwei Büchern ausgelöst worden: einmal durch W. G. Sebalds *Luftkrieg und Literatur*, zum anderen durch Jörg Friedrichs *Der Brand*.[14] Beide Autoren sind 1944 geboren und haben folglich keine persönlichen Erinnerungen an den Krieg. Vielleicht waren sie deshalb umso mehr überrascht und schockiert, als sie begannen, Nachforschungen über die Auswirkungen der größten Katastrophe der deutschen Geschichte anzustellen. Warum, so fragten sie sich, hatte ihnen niemand bisher die Realitäten des Bombenkrieges vermittelt? Sebalds Analyse der Nachkriegsliteratur und ihrer unzureichenden Behandlung dieser fürchterlichen Ereignisse[15] wurde von deutschen Rezensenten und nach entsprechenden Übersetzungen auch von ausländischen Kritikern sehr gelobt. Dagegen erwies sich Friedrichs Buch als sehr viel kontroverser, die Kritik fiel höchst ambivalent aus. Doch seiner aus der Sicht der Opfer erzählten, sehr evokativen Schilderung der Heimsuchung deutscher Städte war ein Verkaufserfolg ohnegleichen beschieden: Das Buch erlebte im ersten Jahr zehn Druckauflagen, 200.000 Exemplare wurden abgesetzt, eine Sensation für eine historische Darstellung. Besprochen wurde es nicht nur von allen bedeutenden Zeitungen und Radiosendern, wegen der unerhört expliziten Schilderungen erschien das Werk sogar in einem Boulevardblatt, der *Bild*-Zeitung. Für manchen deutschen Historiker war das einfach zu viel. Nicht wenige der etablierten Zunfthistoriker machten aus ihrer Entrüstung keinen Hehl: Friedrich, der zuvor eher als politisch links galt, hatte es gewagt, sich eines Themas anzunehmen, das bis dahin eher in die Domäne der politischen Rechten fiel. Der Historiker Hans Mommsen hingegen verteidigte Friedrichs tadellosen Ruf als Historiker.[16] Andere Kritiker, wie Heribert Seifert, legten dagegen mehr Gelassenheit an den Tag. Gerade weil inzwischen, so sein plausibles Argument, Deutschlands einzigartige Schuld am Krieg allgemeine Anerkennung gefunden habe, sei es nunmehr möglich, auch das Grauen, das die meisten Deutschen durchgemacht hatten, näher zu beleuchten. Dies könne man nun mit weniger Hemmungen als in der Vergangenheit, als solche Themen dazu dienen mochten, die von Deutschen verübten Verbrechen zu relativieren.[17] Britische Kritiker, selbst solche, die das Buch eigenem Bekunden zufolge noch gar nicht gelesen hatten, zeigten sich in höchstem

14 Winfried G. Sebald: Luftkrieg und Literatur. Mit einem Essay zu Alfred Andersch, München u. a. 1999; Jörg Friedrich: Der Brand. Deutschland im Bombenkrieg 1940–1945, 10. Aufl., München 2002.

15 Nur wenige literarische Darstellungen vermitteln den Horror des Bombenkriegs wie z. B.: Gert Ledig: Vergeltung, Frankfurt a. M. 1956; Hans Erich Nossak: Der Untergang. Hamburg 1943, Hamburg 1948; Heinrich Böll: Der Engel schwieg, Köln 1992 (geschrieben unmittelbar nach dem Krieg, aber 1992 erstmals veröffentlicht). Sebald argumentiert allerdings, dass diese Werke keine Auswirkung auf das kollektive Gedächtnis der Nachkriegszeit hatten.

16 Vgl. Hans Mommsen: Moralisch, strategisch, zerstörerisch, in: Lothar Kettenacker (Hg.): Ein Volk von Opfern? Die neue Debatte um den Bombenkrieg 1940–45, Berlin 2003 (zit. Ein Volk von Opfern?), S. 145–151.

17 Seifert, Rekonstruktion statt Richtspruch, in: Ein Volk von Opfern?, S. 152–157.

Maße empört, als sie realisierten, dass der Autor vor allem Churchill und Air Marshal Sir Arthur Harris als Hauptübeltäter an den Pranger stellte.[18]

Tatsächlich hatte Friedrich nur das zustande gebracht, was Sebald bisher so sehr vermisst hatte: den emotionalen Durchbruch. Sebald war zu dem Schluss gekommen, „dass die Bilder dieses grauenvollen Kapitels unserer Geschichte nie richtig über die Schwelle des nationalen Bewußtseins getreten sind".[19] Seiner Meinung nach blieben „die finstersten Aspekte des von der weitaus überwiegenden Mehrheit der deutschen Bevölkerung miterlebten Schlußakts der Zerstörung […] ein schandbares, mit einer Art Tabu behaftetes Familiengeheimnis, das man vielleicht nicht einmal sich selber eingestehen konnte."[20] Er fragte sich, warum „die Zunft der deutschen Historiker, die ja bekanntlich zu den fleißigsten gehört, zu diesem Thema, soweit ich sehe, bisher keine umfassende oder auch nur grundlegende Studie hervorgebracht hat"[21] – mit einer Ausnahme. Jörg Friedrich hatte in einem Kapitel einer früheren Arbeit, die den Titel *Das Gesetz des Krieges* trug, diese Seite des Krieges berührt. Friedrichs Bemerkungen sei jedoch, schrieb Sebald, „bei weitem nicht das Interesse zuteil geworden, das sie verdient hätten". Seitdem hat sich dies geändert.

Als Friedrichs Buch im Jahre 2002 erschien, war Sebald gestorben und konnte ihm so nicht mehr beipflichten. Als Literaturkritiker und Schriftsteller wäre ihm nicht entgangen, dass Friedrichs Arbeit ebenso ein literarisches Werk darstellt, eine nichtfiktionale Erzählung, wie eine historische Forschungsleistung. Es ist daher auch nicht verwunderlich, dass Schriftsteller wie Martin Walser (*Epos*) und Cora Stephan (*Totengesang*) auf die Schilderung des Grauens und der Zerstörung mit mehr Verständnis reagierten als einige Universitätshistoriker, die sich eine ausgewogenere Darstellung gewünscht hätten.[22] Willi Winkler, einer der besten Feuilletonjournalisten Deutschlands, wies darauf hin, dass der deutschen Geschichtswissenschaft bei all ihrer Detailverliebtheit nie dieser emotionale Durchbruch gelungen wäre, wie ihn Friedrich auf seine ganz eigene Weise erzielt habe.[23] Journalisten haben schneller als Fachgelehrte begriffen, dass in unserer heutigen Gesellschaft mitunter ein auch die Sinne, nicht nur den Verstand ansprechendes Herangehen an die Geschichte notwendig ist. Verstanden haben das auch Publizisten wie der verstorbene Joachim Fest, die wissen, dass Geschichte, um heutzutage anzukommen, eben auch eine Geschichtserzählung sein muss: Fest hat hierfür den Begriff vom „Vergegenwärtigungsbedürfnis" der Gesellschaft geprägt.[24] Auch Friedrich hat offenbar das öffentliche Interesse erkannt, Geschichte wie ein Ereignis der Gegenwart präsentiert zu bekommen. Es war genau das, was der Schriftsteller und Filmemacher Alexander Kluge meinte, als er davon sprach, Friedrich habe die Geschichte in eine „Story" verwandelt: „history into story". Kein Zweifel, dieser Autor hatte verstanden, dass ein halbes Jahrhundert nach der Katastrophe der Zeitpunkt gekommen war, die jüngere Generation mit

---

18 Siehe Ein Volk von Opfern?, S. 171–187.
19 Sebald, S. 11.
20 Ebd., S. 10.
21 Ebd., S. 70.
22 Vgl. Cora Stephan: Wie man eine Stadt anzündet, in: Ein Volk von Opfern?, S. 95–102; Martin Walser: Bombenkrieg als Epos, in: ebd., S. 127–130.
23 Winkler, Nun singen sie wieder, in: ebd., S. 105.
24 Seifert, S. 154.

dem unfassbaren Grauen zu konfrontieren, das frühere Generationen erlebt hatten, ohne sich mitteilen zu können.

Freilich enthält Friedrichs Buch auch eine Erkenntnis, die leicht übersehen wird: Man kann Menschen durch Bombenteppiche gefügig machen, aber man kann sie auf diese Weise nicht zum Aufstand gegen ihre Führer aufstacheln, die ihnen die Katastrophe eingebrockt haben. Genau diese Erwartung aber diente den Verantwortlichen auf britischer Seite dazu, den Bombenkrieg zu rationalisieren und damit moralisch zu rechtfertigen: Sie bezeichneten diese Strategie als „moral bombing" und meinten damit, durch unablässiges Bombardement werde die Durchhaltemoral der Bevölkerung derart geschwächt, dass sie sich schließlich gegen das Regime erheben und so dem Krieg ein früheres Ende bereiten würde. Die Wirklichkeit sah jedoch ganz anders aus. Davon konnten sich alle überzeugen, die erlebt hatten, wie die Londoner Bevölkerung auf den „Blitz" reagiert hatte, nämlich jene monatelang andauernde Bombardierung der Metropole durch die Luftwaffe im Herbst 1940. Hans Mommsen betonte in seiner Besprechung des Buches, dass die wahllose Bombardierung in Wahrheit genau die umgekehrte Wirkung erzielt habe, jedenfalls zumindest bis zum Sommer 1944: Die Bevölkerung hatte das Empfinden, als wäre die Partei die einzige Institution, die willens und in der Lage war, ihr Leiden zu lindern.[25] So gelangt Mommsen zu dem Schluss, dass diese Form der Kriegführung insofern völlig fehlgeleitet war, als die Kosten, sowohl die Produktionskosten wie der Verlust an Leben, bei den Piloten ebenso wie bei ihren Opfern, in keinem Verhältnis zu dem erwarteten Resultat standen, dadurch den Krieg früher zu beenden. Die Sinnlosigkeit der Zerstörung ist in der Tat Friedrichs stärkstes argumentatives Geschütz. Freilich unterlässt es der Autor, ständig auf diese Erkenntnis zu verweisen. Die von ihm höchst eindringlich präsentierten, wahrlich vernichtenden Tatsachen sprechen für sich.

Worin also besteht das Geheimnis des Erfolges und was ist so ungewöhnlich an der Erzählweise Friedrichs? Der zeitgeschichtliche Kontext ist natürlich entscheidend, und zwar die bisherige Behandlung dieses Kapitels der deutschen Geschichte in der Vergangenheit und in der Gegenwart, d. h. die Situation der Zeitzeugen wie auch die der gegenwärtigen Leser. Friedrichs gänzlich unübliche Herangehensweise und seine außergewöhnliche Sprache spielen ebenfalls eine wichtige Rolle. Seine Perspektive ist die der Betroffenen vor Ort und er unterteilt seine Darstellung in sieben Hauptkapitel, die sich durch sehr eigenwillige Überschriften auszeichnen, jedenfalls im Vergleich zu anderen historischen Studien in deutscher Sprache. Der Autor ergreift nicht Partei, wenn er die Funktionen der Piloten oder ihre Ziele beschreibt oder auch die Bewohner der Städte; beide sind sie Opfer einer *force majeure*, der Furie des Krieges, die über die deutschen Stadtlandschaften herfällt. Die emotionale Intensität der Darstellung wird vor allem durch die geradezu extrem sachlich-nüchterne Beobachtungsweise des Autors erreicht, die jener eines Kriegsberichterstatters gleicht, dessen Aufgabe darin besteht, fürchterlichem menschlichen Leid und systematischer Zerstörung gleichsam wie ein Kameramann zu begegnen.

Manche Kritiker haben an Friedrichs Sichtweise, seiner „Kameraeinstellung", Anstoß genommen, an der Art, wie er die historischen Ereignisse einer Stadt oder ihre Baudenkmäler beschreibt, bis zu dem Augenblick, wo die „Heimsuchung"

---

25 Mommsen, S. 148–150.

naht und das Unheil der „Todesschwadronen" hereinbricht. Um nur ein Beispiel für das von Friedrich bevorzugte narrative Prinzip zu nennen: Bevor Air Marshal Harris seine Bomber auf die alte römische Stadt Mainz loslässt, berichtet der Autor sehr anschaulich über die vorausgehende preußische Bombardierung der Stadt, wie sie Goethe erlebt und beschrieben hat.[26] Mit wenigen Pinselstrichen wird auf diese Weise die Geschichte jeder Stadt skizziert, bevor sie angegriffen wird. So gelingt es Friedrich, ein Gefühl für das herannahende Unheil hervorzurufen wie auch das Panorama der mutwilligen Zerstörung aufzuzeigen, als sei es gerade die Absicht der westlichen Alliierten (nicht der Russen notabene) gewesen, nicht nur Deutschlands militärisches Potential zu treffen, sondern auch sein kulturelles Erbe auszulöschen. Bis auf Regensburg sind in der Tat fast alle mittelalterlichen, aus Fachwerkbauten bestehenden Stadtkerne durch Brandbomben eingeäschert worden. Eine weitere Methode, den Wahnsinn des Krieges, zumal des Luftkrieges, deutlich zu machen, ist Friedrichs geradezu einfühlsames Eingehen auf die Frage, welche die Royal Air Force ständig beschäftigte: Wie ließ sich die Wirkung der Bombenfracht am besten erhöhen, wie das Zerstörungspotential maximieren? Indem der Krieg seiner eigenen Logik folgt, lässt er allen gesunden Menschenverstand, allen Sinn für Humanität hinter sich zurück. Friedrichs Darstellung ist im Grunde eher ein brillantes Manifest gegen die moderne Kriegführung als eine Schuldzuweisung an die Briten und ihre Strategie des rücksichtslosen Flächenbombardements.

Mit Recht ist die erstaunliche Rezeption von *Der Brand* mit der Wirkung der amerikanischen Fernsehserie *Holocaust* verglichen worden, die 20 Jahre zuvor mit ihrer Fokussierung auf das Schicksal einer Familie jenen heilsamen emotionalen Durchbruch in der Bundesrepublik ausgelöst hatte, den eine jahrelange wissenschaftliche Aufarbeitung des Themas nicht hervorzubringen vermochte. Es ist auf diese publikumswirksame Serie zurückzuführen, dass der Begriff „Holocaust" Eingang ins deutsche Vokabular fand, das bis dahin für den Mord an den europäischen Juden nur das von den Nationalsozialisten eingeführte, auf Verschleierung abzielende Wort „Endlösung" kannte. Deutsche Universitätshistoriker waren damals über dieses Phänomen irritiert, angesichts der vielen vorliegenden Dokumentationen und gelehrten Studien zu diesem Thema.[27] Die gleiche Reaktion unter deutschen Historikern konnte man jetzt nach dem Erscheinen des Buchs *Der Brand* registrieren; sie verwiesen auf die zahlreichen, wenn auch eher lokalen und regionalen oder auch waffentechnischen Studien zum Bombenkrieg. Sie wollten nicht wahrhaben, dass, will man heute Aufmerksamkeit erzielen und dabei auch das Gewissen der Gesellschaft sensibilisieren, eine schriftstellerische, den Leser persönlich ansprechende Darstellung vonnöten ist. Jörg Friedrich, ein Privatgelehrter und Schriftsteller, wendet sich an die allgemeine Öffentlichkeit, also ein Lesepublikum, das von Wissenschaftlern, die für ihren Lebensunterhalt nicht auf Tantiemen angewiesen sind, oft übersehen wird.

Eine Reihe von Rezensenten hat die Sprache Friedrichs einer scharfen Kritik unterzogen. Zweifellos bedient sich der Autor, um das unvorstellbare Ausmaß des Leidens zu vermitteln, zuweilen einer provokativen Terminologie. Auch wenn es legi-

---

26 Friedrich, S. 269–273.
27 Susanne Brandt: ‚Wenig Anschauung'? Die Ausstrahlung des Films ‚Holocaust' im westdeutschen Fernsehen (1978/79), in: Christoph Cornelißen/Lutz Klinkhammer/Wolfgang Schwendtker (Hg.): Erinnerungskulturen. Deutschland, Italien und Japan seit 1945, Frankfurt a. M. 2003, S. 257–268.

tim erscheint, an die Reaktion der Deutschen auf den Holocaust-Film zu erinnern, so geht es doch entschieden zu weit, den Bombenkrieg mit dem Genozid an den Juden zu vergleichen. Friedrich tut dies wohlweislich nicht expressis verbis, aber vielleicht doch en passant? Jedenfalls verwendet er Begriffe und Ausdrücke, die bisher vorwiegend mit dem Mord an den Juden assoziiert werden. Da ist die Rede vom *Vernichtungskrieg* gegen Zivilisten, von *Einsatzgruppen*, wenn Bombergeschwader gemeint sind, oder von *Krematorien* für die Hölle brennender Keller.[28] Man könnte meinen, dass selbst der Titel des Buches eine Anspielung auf den Holocaust (ursprünglich Brandopfer) ist, auch wenn sich kein Beleg für eine entsprechende Andeutung durch den Autor findet. Sowohl die bewusste Zerstörung der deutschen Städte als auch die Vernichtung der europäischen Juden waren singuläre historische Ereignisse. Aber damit hört die Vergleichbarkeit auch schon auf. Das Flächenbombardement wurde schließlich als eine effektive Strategie in einem legitimen Krieg gegen ein verbrecherisches Regime angesehen, als Ersatz für die von Stalin geforderte Zweite Front im Westen.[29] Schließlich hatte sogar der Oberbefehlshaber der Luftwaffe, Hermann Göring, im Nürnberger Prozess zugegeben, dass die ununterbrochenen Luftangriffe am meisten zum Zusammenbruch der deutschen Kriegsanstrengungen beitrugen.[30] Es hätte gewiss keine Einwände gegeben, wenn der Autor erklärt hätte, dass viele Deutsche ihr Schicksal als eine Art ,Holocaust' im Sinne eines Sühneopfers empfunden haben. Es gibt in der Tat Belege, die zeigen, dass Deutsche im Bombenkrieg die Strafe für das sahen, was ihre Regierung den Juden angetan hatte. Die Propaganda eines Joseph Goebbels, der immer wieder das Schreckgespenst einer Verschwörung des allmächtigen Weltjudentums an die Wand gemalt hatte, richtete sich nun gegen ihn selbst und gegen das NS-Regime. Der britische Historiker Nicholas Stargardt fand heraus, dass 10 Prozent der im Jahre 1943 an Goebbels gerichteten Briefe an seiner Hetze gegen die Juden Anstoß nahmen; nicht wenige verwiesen darauf, dass die Deutschen nun für das zu leiden hätten, was man den Juden angetan hatte. Im September 1943 hielt es der *Stuttgarter NS-Kurier* für angezeigt, dem Argument entgegenzutreten, wonach das Weltjudentum Deutschland nicht den Krieg erklärt hätte, wenn dessen Regierung die „Judenfrage" nicht auf eine so radikale Weise gelöst hätte.[31]

Die jüngere Generation deutscher Historiker, die keine eigene Vorstellung mehr vom Zustand deutscher Städte bei Kriegsende hat, steht Friedrichs Horrorgemälde meist kritischer gegenüber als jene zumeist älteren Kollegen, die das Werk eher für die überregionalen Tageszeitungen besprachen als für wissenschaftliche Zeitschriften. Sie sind oftmals empört über den emotionalen, in ihren Augen sensationslüsternen

---

28 Hans-Ulrich Wehler: Wer Wind sät, wird Sturm ernten; Ralph Giordano: Ein Volk von Opfern?, in: Ein Volk von Opfern?, S. 166–170.

29 Vgl. Lothar Kettenacker: Churchills Dilemma, in: ebd., S. 48–55.

30 Göring bezog sich allerdings nicht auf die britischen Luftangriffe, sondern auf die US-amerikanischen Tagesangriffe. Richard J. Overy: Verhöre. Die NS-Elite in den Händen der Alliierten 1945, München 2002, S. 139; ders.: Barbarisch, aber sinnvoll, in: Ein Volk von Opfern?, S. 183–187, das so das Hauptargument gegen Friedrich. Zum Unterschied zwischen dem Flächenbombardement der Briten bei Nacht und dem precision bombing der 8. US Flotte bei Tage siehe Randall Hansen: Fire and Fury. The Allied Bombing of Germany, 1942–1945, London 2009.

31 Stargardt, Witnesses of War. Children's Lives under the Nazis, London 2005, S. 254. Vgl. hierzu auch Peter Longerich: „Davon haben wir nichts gewusst". Die Deutschen und die Judenverfolgung 1933–1945, München 2006, S. 304–311.

Ton, der auf das Lesepublikum wie ein Action-Film einwirkt, und über die Fokussierung auf die Opfer.[32] Ihre Kritik ist nicht immer unangebracht. Dietmar Süß zufolge unterschätzt Friedrich die strategische Dimension des Luftkrieges und den Einfluss, den er damals auf die Moral der Bevölkerung hatte.[33] Der Luftkriegshistoriker Horst Boog, einer der wenigen ausgewiesenen Experten zum Thema, bedauert, dass Friedrich den Eindruck erweckt, der Bombenkrieg sei von vornherein geplant und nicht eine strategische Notwendigkeit als Folge der Kriegsentwicklung gewesen. Er hätte es begrüßt, wenn der Autor einen Untertitel wie „Ein Drama" oder „Eine Tragödie" gewählt hätte. „Dann hätte man sagen können: Großartig!"[34] Gewiss, der Autor hat sich für eine ganz bestimmte Perspektive entschieden: „Geschichte von unten". Aber wie sollte er sonst den Leser erreichen, der sich natürlich mit den angsterfüllten Menschen in den Luftschutzkellern identifiziert, die nicht wissen können noch wissen wollen, welche Rechtfertigung es für die von ihnen erduldeten Qualen geben kann? Tatsächlich scheint es so, dass fast alle Kritiker vor zwei Fragen standen: Sollten sich die Deutschen inzwischen auch als Opfer fühlen dürfen? Und: Hat Friedrich wirklich ein Tabu gebrochen, und zwar in dem Sinne, dass sich die Wissenschaft bisher ganz bewusst nicht mit diesem leidvollen Kapitel der deutschen Geschichte befassen wollte?

III.

Wurde das sozialpsychologische Trauma, das sich mit der vollständigen Zerstörung deutscher Städte verband, nach dem Krieg in Deutschland bewusst verdrängt, wie Sebald und Friedrich behaupten, oder ist dies wieder nur ein Mythos, wie Volker Ulrich und einige jüngere Historiker vermuten?[35] Eine umfassende Untersuchung der kollektiven Erinnerung an den Bombenkrieg steht immer noch aus. Gewiss, es gibt eine lange Tradition öffentlichen Gedenkens auf lokaler Ebene, wie die Erhaltung von Ruinen (z. B. die Gedächtniskirche in Berlin), Ausstellungen sowie rückblickende Zeitungsartikel aus Anlass bestimmter Jahrestage. Der Katalog des Münchner Instituts für Zeitgeschichte umfasst mehr als 250 Titel. Bei einer genaueren Untersuchung stellt sich heraus, dass die meisten Bücher Luftangriffe auf bestimmte Städte zum Inhalt haben und erst ab Mitte der 1970er Jahre erschienen. Nur wenige Studien, die auch erst seit den späten 1980er Jahren publiziert wurden, basieren auf eingehender Forschungsarbeit und beschäftigen sich mit dem Luftkrieg an sich. Friedrich schreibt im ersten Satz des Nachworts: „Über den Bombenkrieg ist viel geschrieben worden,

---

32 Beispielhaft für diese Haltung Angelika Ebbinghaus: Deutschland im Bombenkrieg. Ein missglücktes Buch über ein wichtiges Thema, in: Sozialgeschichte, Neue Serie, 18 (2003), Nr. 2, S. 101–122.

33 Dietmar Süss: ‚Massaker und Mongolensturm'. Anmerkungen zu Jörg Friedrichs umstrittenem Buch ‚Der Brand. Deutschland im Bombenkrieg 1940–1945', in: Historisches Jahrbuch, 124 (2004), S. 521–543, ist die gründlichste Untersuchung dieses Werks.

34 Horst Boog: Ein Kolossalgemälde des Schreckens, in: Ein Volk von Opfern?, S. 135. Boog ist einer von zwei Experten, auf die sich Friedrich beruft (S. 543). Boogs Forschungen zum strategischen Bombenkrieg sind Teil des offiziellen Geschichtswerks zum Zweiten Weltkrieg: Das Deutsche Reich und der Zweite Weltkrieg, hg. vom Militärgeschichtlichen Forschungsamt, Bd. 6–7, Stuttgart 1990–2001. Bei dem zweiten Historiker handelt es sich um Olaf Groehler: Bombenkrieg gegen Deutschland, Berlin 1990.

35 Volker Ulrich: „Ach, wie wir gelitten haben", in: Die Zeit, 18.12.2002; siehe auch Malte Thießen: Gedenken an ‚Operation Gomorrha'. Zur Erinnerungskultur des Bombenkrieges von 1945 bis heute, in: Zeitschrift für Geschichtswissenschaft, 53 (2005), S. 46–61.

seit langem aber nichts über seine Leideform". Weiterhin würdigt er an dieser Stelle die Forschungsleistung einiger Experten, zumal die Arbeiten von Horst Boog und Olaf Groehler, einem ostdeutschen Historiker.[36] Er weiß sich auch Hartwig Beseler und Niels Gutschow verpflichtet, die den Schaden, den herausragende Baudenkmäler erlitten haben[37], dokumentiert haben, wenn auch nur für Westdeutschland. Diese Bilder erwecken den Eindruck, dass – selbst bis in die Antike zurück – keine Taten von Vandalismus größere Verwüstung angerichtet haben. In früheren Darstellungen des Luftkrieges waren das Schicksal der Opfer und das herausragender Gebäude nur ein Aspekt in einem breiten Panorama, wenn sie überhaupt Erwähnung fanden. Ein regionaler Fernsehsender produzierte eine Dokumentation über den Bombenkrieg, die anschließend veröffentlicht wurde, aber die Öffentlichkeit keineswegs so bewegte wie Friedrichs Schilderungen.[38]

Bis zur Veröffentlichung der von Friedrich geschilderten Apokalypse hatte die Öffentlichkeit also das ganze Grauen und das Ausmaß der Zerstörung nicht wirklich wahrgenommen, gewiss nicht ihre Auswirkungen auf die kollektive Psyche, so wie das für Großbritannien und die bewusste öffentliche Erinnerung an den deutschen Luftkrieg gegen London (The Blitz) gilt. Sebald hatte den Großteil seines akademischen Lebens in England verbracht und war deshalb über die offensichtliche Diskrepanz der Gedächtniskulturen in beiden Ländern verblüfft. Wenn die Erinnerung an den Zweiten Weltkrieg heute ein integraler Bestandteil des britischen Nationalbewusstseins ist, so ist der „Blitz" vielleicht die wichtigste Komponente.[39] Jedes britische Kind hat etwas von „The People's War" mitbekommen, davon, was die Bevölkerung Londons und anderer Städte im Herbst 1940 und im Sommer 1944 (Beschießung durch V1 und V2) durchmachen musste.[40] Verglichen mit Großbritannien war der Sachschaden in Deutschland um ein Vielfaches größer und die Zahl der Todesopfer zehnmal höher. Am Ende des 20. Jahrhunderts konnte Sebald mit einiger Berechtigung die Feststellung treffen: Wären die nach dem Krieg geborenen Generationen nur auf das Zeugnis der Schriftsteller angewiesen, so hätten sie sich „kaum ein Bild machen können vom Verlauf, von den Ausmaßen, von der Natur und den Folgen der durch den Bombenkrieg über Deutschland gebrachten Katastrophe."[41]

Gewiss, Zeugenaussagen wurden gesammelt, der Sachschaden aufgenommen, aber mehr für die Akten und für die Zwecke der finanziellen Wiedergutmachung. Wenn man aber Vergleiche mit anderen Ländern anstellt – und hier drängt sich der Vergleich mit dem 11. September 2001 in den USA auf –, so wurde die fürchterliche Realität des Bombenkriegs im Nachkriegsdeutschland aus dem öffentlichen Bewusstsein verbannt. Peter Schneider, ein Vertreter der Generation von 1968, räumt ein, das Tätervolk der Deutschen nun auch noch als Opfer eines von ihm zu verantworten-

---

36 Siehe Anm. 34.
37 Hartwig Beseler/Niels Gutschow: Kriegsschicksale deutscher Architektur, 2 Bde., Neumünster 1988.
38 Jochen von Lang: Krieg der Bomber. Dokumentation einer deutschen Katastrophe, Berlin 1986.
39 Vgl. Lothar Kettenacker: Der Zweite Weltkrieg als Bestandteil des britischen Nationalbewusstseins, in Holger Afflerbach/Christoph Cornelißen (Hg.): Sieger und Besiegte. Materielle und ideelle Neuorientierungen nach 1945, Tübingen 1997, S. 75–86.
40 Angus Calder: The People's War 1939–1945, London 1969; ders.: The Myth of the Blitz, London 1991.
41 Sebald, S. 75.

den Krieges hinzustellen, wäre damals als „eine moralische und ästhetische Unmöglichkeit" angesehen worden.[42]

Es gibt zahlreiche Erklärungen für dieses Phänomen und sie verweisen alle auf die politische und psychologische Situation, in der sich die Deutschen nach dem Krieg befanden. Als der Krieg vorbei war, herrschte bei der Bevölkerung in den Westzonen ein Gefühl der Erleichterung darüber vor, nicht von der Roten Armee erobert worden zu sein. Für viele Deutsche gab es genügend Anhaltspunkte, welche die antibolschewistische Propaganda des NS-Regimes in der letzten Kriegsphase zu bestätigen schienen, insbesondere durch Berichte von Flüchtlingen über weit verbreitete Vergewaltigungen und Plünderungen in der sowjetischen Besatzungszone.[43] Von Westen her hatten auch angloamerikanische Truppen deutschen Boden als Eroberer betreten und ihnen war befohlen worden, nicht mit der einheimischen Bevölkerung zu fraternisieren.

Freilich berührte die alliierten Soldaten auch das Schicksal der hungernden und ausgebombten Bevölkerung, für die sie nun die Verantwortung trugen.[44] Nicht nur der Anblick der deutschen Konzentrationslager war für sie eine schreckliche Erfahrung, sie zeigten sich auch betroffen über das Ausmaß der Zerstörung, das ihre Luftflotten angerichtet hatten, also über die Folgen der flächenmäßigen Bombardierung deutscher Städte. Alliierte Beobachter konnten sich des Eindrucks nicht erwehren, dass man Deutschland „overbombed" hatte, dass man das Land, mehr als dies nötig gewesen wäre, in Schutt und Asche verwandelt hatte.[45] In den größeren Städten waren bis zu 50 Prozent der Bausubstanz dem Luftkrieg zum Opfer gefallen, hingegen waren Industrieanlagen keineswegs in gleichem Maße beschädigt. Einige der 130 Städte, mehrfach angeflogen und mit Bombenteppichen („carpet bombing") eingedeckt, waren geradezu dem Erdboden gleichgemacht worden. Architektonische Schmuckstücke wie Dresden und Würzburg wurden noch im Februar und März 1945 zerstört, nur wenige Monate vor Kriegsende, das durch diesen modernen Vandalismus keineswegs beschleunigt wurde. Strategisch unwichtige Städte wie Donauwörth, Bayreuth und Freudenstadt im Schwarzwald waren noch im April 1945 Ziele von Luftangriffen. Berlin war natürlich besonders betroffen, sowohl durch unablässige Luftangriffe als auch durch den ‚Endkampf' um die Metropole. Harry Hopkins, der Sonderbotschafter des amerikanischen Präsidenten, musste beim Anblick der Stadt an Karthago denken, während sich Averell Harriman an „eine mit Steinen und Felsbrocken übersäte Wüste" erinnerte, „an Mietskasernen und Fabrikgebäude, die auf die Straße gekippt waren, als sei ein wütendes Kind über Sandburgen hergefallen".[46] Etwa eine halbe Million Menschen kam in dem Inferno der brennenden Städte ums Leben, darunter nahezu 100.000 Kinder.

In Anbetracht dessen, was sie zu erdulden hatten, sahen sich die meisten Deutschen in erster Line als Opfer des Krieges. Die alliierten Besatzungsoffiziere stellten,

---

42 Peter Schneider: Deutsche als Opfer? Über ein Tabu der Nachkriegsgeneration, in: Ein Volk von Opfern?, S. 159.
43 Siehe hierzu vor allem Anthony Beevor: Berlin. The Downfall 1945, London 2002.
44 Vgl. Victor Gollancz: In Darkest Germany. The Record of a Visit, London 1947; hierzu auch die Biographie des britischen Militärgouverneurs: David G. Williamson: A Most Diplomatic Soldier: The Life of General Lord Robertson, 1896–1974, London 1996.
45 Stephan, S. 99.
46 W. Averell Harriman/Elie Abel: Special Envoy to Churchill and Stalin, 1941–1946, London 1976, S. 484.

so wie sie es sahen, unter der Bevölkerung ein weit verbreitetes Gefühl von Selbstmitleid („self-pity") fest.[47] Dem konnte man ihrer Ansicht nach nur durch eine Aufklärungskampagne begegnen, die den generellen politischen Kontext sichtbar machte: den von einer allem Anschein nach populären Nazi-Regierung angezettelten Krieg, der ganz Europa in schreckliches Elend gestürzt hatte. Es war Aufgabe der öffentlichen Meinung, vor allem von Rundfunk und Presse, die Tatsachen sprechen und keine Missverständnisse aufkommen zu lassen.

Die Folgen des Luftkrieges waren jedermann vor Augen, die Ursachen aber nicht; sie mussten deutlich gemacht werden. Heute hat sich die Situation völlig verändert, und so erscheint auch eine neue Sichtweise gerechtfertigt: Die Ruinen sind verschwunden und nachfolgende Generationen sind über die Kriegsverbrechen sowie die politischen und moralischen Verfehlungen der Deutschen genau unterrichtet, nicht aber über das, was ihre Eltern und Großeltern durchmachen mussten, also über den Preis, den diese hierfür zahlten. Es geht nicht darum, das Urteil der Geschichte zu revidieren, vielmehr darum, allen Beteiligten, Siegern wie Besiegten, die entsetzlichen Kosten des Krieges zu verdeutlichen.

Freilich gibt es noch andere Gründe, warum an den Bombenkrieg zwar von Zeit zu Zeit pflichtgemäß erinnert wurde, aber warum er gleichwohl nicht den Status erhielt, den er eigentlich verdiente, nämlich den einer großen nationalen Katastrophe. Deutschland wurde zum Schlachtfeld des Kalten Krieges, wobei die Ostdeutschen mit der Zeit zu den Verlierern und die Westdeutschen zu den Gewinnern zählten. Für die Westdeutschen mutierten die Siegermächte bald zu „Schutzmächten", bedingt durch eine ganze Reihe von Erfahrungen: die Einschränkung der Demontagen, die Erweiterung der politischen Mitbestimmungsrechte, der Marshall-Plan, die Währungsreform, wodurch der Schwarzmarkt ein Ende fand, und nicht zuletzt die Überwindung der Berlin-Blockade durch die Luftbrücke.[48] Die gleichen Flugzeuge, die Deutschland im Krieg mit Brandbomben eingedeckt hatten, versorgten Berlin jetzt mit allem Lebensnotwendigen. Vor dem Hintergrund wachsender Abhängigkeit wäre es unklug gewesen, die neuen Schutzmächte daran zu erinnern, dass auch ihre Form der Kriegführung nicht ohne Makel gewesen war. Auf der Tagesordnung standen nun: Wiederaufbau und Versöhnung, nicht Schuldzuweisung.

Noch in anderer Hinsicht unterwarf der Kalte Krieg die Erinnerungskultur einer eigenen Dialektik. Kein westdeutscher Historiker wollte der kommunistischen Propaganda in die Hände spielen, die sich damit hervortat, die Zerstörung Dresdens als barbarischen Akt der angloamerikanischen Kriegführung gegen Kinder, Frauen und Alte hinzustellen, noch dazu in der Absicht, der Roten Armee möglichst keine intakte deutsche Großstadt zu überlassen. Die Ostdeutschen waren aufgefordert, sich als Opfer zu sehen und in ihren „renazifizierten" Verwandten im Westen die alten und neuen Täter zu erkennen. Die ostdeutsche Propaganda scheute nicht davor zurück, sich der Terminologie Goebbels' zu bedienen, indem sie die „angloamerikanischen Imperialisten" als moderne Vandalen bezeichnete, denen jeder Respekt für das architektonische Erbe des alten Europa fehle.

---

47 In einem Bericht vom 23.8.1945 konstatierte das Political Intelligence Department des Foreign Office: „a feeling of self-pity characteristic of many Germans when in distress" (FO 1049/267, PRO).
48 Siehe zur Nachkriegsgesellschaft Hans-Ulrich Wehler: Deutsche Gesellschaftsgeschichte, Bd. 4, München 2003, S. 941–972.

Vielleicht wichtiger noch als die Themen der politischen Agenda, über die man leicht Einverständnis erzielen kann, sind die viel schwerer zu bestimmenden psychologischen Nachwirkungen des Krieges. Während die plötzliche Niederlage von 1918 und der Waffenstillstand revolutionäre Umwälzungen zur Folge hatten, führte die lang erwartete Kapitulation im Mai 1945 zu einer völlig anderen Bewusstseinslage: allgemeine Benommenheit, verbunden mit dem individuellen Bedürfnis zu vergessen und zu überleben; man könnte, wenn man so will, von kollektiver Amnesie sprechen. Der Kampf ums Überleben inmitten des Chaos hatte seine eigenen Regeln, die womöglich für den Sozialpsychologen einleuchtender sind als für den Psychotherapeuten, der es mehr mit dem individuellen Trauma zu tun hat. In den Jahren 1945/46 kam es stärker auf die Bewältigung der Gegenwart und Zukunft an, als darauf, über die Vergangenheit Rechenschaft abzulegen. Gelegentlich ist die Verdrängung traumatischer Erlebnisse, nicht das Vergessen, sondern das Vergessenwollen, der einzige Weg, um mit dem Leben fertig zu werden. Wir wissen von den Überlebenden der Konzentrationslager, dass sie sich schämten, die Hölle erlebt und am Ende überlebt zu haben; allzu oft waren sie nicht bereit, über ihre traumatischen Verletzungen zu sprechen und mussten 30 oder 40 Jahre warten, bis sie sich mit ihrer Vergangenheit auseinandersetzen konnten. Die gleiche psychologische Bewusstseinslage herrschte nach dem Krieg in Deutschland vor, ob es sich nun um Soldaten als Täter oder um Überlebende des Bombenkrieges als Opfer handelte. Als junge deutsche Soldaten, die nach der Invasion im Sommer 1944 in Gefangenschaft geraten waren, über ihre Zukunftsvorstellungen verhört wurden, war ihre politische Naivität auffälliger als ihre ideologische Verbohrtheit. Sie dachten meist nur an ihr persönliches Leben und ihre Berufspläne; das Schicksal ihrer Nation schien sie nichts anzugehen, lag es doch fortan in den Händen der Siegermächte.[49] Im Mai 1945 verfiel die von der NS-Propaganda viel beschworene Volksgemeinschaft in Lethargie und löste sich in einer atomisierten Gesellschaft von Individuen auf, die alle nur noch den Kampf ums Überleben kannten.[50]

Diese Geisteshaltung manifestierte sich vor allem in zweifacher Hinsicht: kulturelle Zerstreuung und frenetischer Wiederaufbauwillen. Kulturhistoriker tendieren mitunter aus didaktischen Gründen dazu, die Vergangenheit verzerrt darzustellen. Das Augenmerk richtet sich einerseits auf die wenigen, ganz im Hinblick auf die Indoktrination der Zuschauer gedrehten Filme der alten Ufa und andererseits auf die wenigen ernsten, an das Gewissen der Deutschen appellierenden Nachkriegsfilme, während doch in Wirklichkeit 95 Prozent aller im und nach dem Krieg produzierten Filme der bloßen Unterhaltung dienten. Bis in die frühen 1960er Jahre hatten es dem Publikum vor allem die folkloristischen Heimatfilme angetan, die es für wenige Stunden in eine heile Welt entführten.[51] Die höllische Realität der unter Beschuss liegenden Luftschutzkeller erneut in Erinnerung zu rufen, versprach keinen kommerziellen Erfolg. Man mag Einwände gegen die rein funktionale Architektur haben, die

49 The Mind of the German Army, 21.9.1944 (FO 371/4066/U7549, PRO).
50 Vgl. Peter Hüttenbergers exzellenten Aufsatz: Deutschland unter britischer Besatzungsherrschaft. Gesellschaftliche Prozesse, in: Adolf M. Birke/Eva M. Mayring (Hg.): Britische Besatzung in Deutschland, London 1992, S. 61–80.
51 Vgl. Friedrich P. Kahlenberg: Film, in: Wolfgang Benz (Hg.): Geschichte der Bundesrepublik Deutschland, Bd. 4, Frankfurt a. M. 1989, S. 464–512.

dem Wiederaufbau Westdeutschlands zugrunde lag. Doch war das Tempo, mit dem sich die Trümmerfelder der Städte wieder in Wohnquartiere für Millionen von Ausgebombten und Flüchtlingen verwandelten, atemberaubend. Diese Art der Verdrängung dessen, was hinter einem liegt, entspricht der Natur des Menschen in Krisenzeiten, nicht seiner ethischen Konstitution, die mehr Zeit für Besinnung braucht.[52] Der hektischen Beseitigung der Ruinenlandschaft kommt eine geradezu symbolische Bedeutung zu, wie das Beschweigen eines unappetitlichen Familiengeheimnisses. Der generelle Wunsch nach Vergessen war eine notwendige, wenn vielleicht auch moralisch unbefriedigende Voraussetzung für den Neuanfang. Die erste Nachkriegsgeneration war zu traumatisiert, um die Öffentlichkeit mit dem zu konfrontieren, was jedermann ohnehin sehen konnte. Im Kalten Krieg erschien dies auch politisch keineswegs opportun. Es war etwas anderes, der Toten auf zeremonielle Weise zu gedenken. Ein halbes Jahrhundert später und angesichts des wachsenden Verlustes an Zeitzeugen ist es vollkommen gerechtfertigt, sich in allen schrecklichen Details vor Augen zu führen, wie vorausgehende Generationen für den Wahnsinn ihrer politischen Führer zu büßen hatten.

Bekanntlich hat die Zerstörung Dresdens am 13./14. Februar 1945 einen herausgehobenen Platz in der Gedächtniskultur des Luftkrieges. Dafür gibt es zahlreiche Gründe: die fragwürdige strategische Bedeutung der Stadt gegen Kriegsende; der unerwartete Angriff angesichts der architektonisch singulären Bedeutung der Stadt, die kaum verteidigt wurde; die hohe Zahl der Opfer, bedingt durch den Zustrom der Flüchtlinge aus dem Osten; die willkommene Gelegenheit, die Westmächte im Kalten Krieg als „Vandalen" zu brandmarken. Infolgedessen fehlt es nicht an Literatur über Dresden und seine symbolische Bedeutung für den Bombenkrieg an sich. 2005 veranstaltete das Hannah Arendt Institut (Dresden) hierzu eine Tagung.[53] Einer der Hauptreferenten auf dieser Tagung war Frederick Taylor, der so Gelegenheit erhielt, für die deutsche Ausgabe seines Buches über die Bombardierung Dresdens zu werben; *notabene*: eine Rechtfertigung des Angriffs aus militärischen Gründen.[54] Betont werden soll in diesem Zusammenhang, dass die Debatte über den schrecklichsten und fragwürdigsten Angriff ganz sachlich, d. h. ohne gegenseitige Schuldzuweisung, geführt würde. Unter den Zuhörern hätten gewiss nur wenige einer Verurteilung Churchills als „Massenmörder" zugestimmt. In der Tat würden heute nur wenige Deutsche Churchill und Truman mit Hitler und Stalin vergleichen wollen, nur weil sie alle für den Tod unschuldiger Zivilisten verantwortlich waren. Für die Opfer mögen die Motive der Entscheidungsträger irrelevant sein, für die Nachwelt jedoch keineswegs. Das Bemühen um Fairness, die Absicht, alles zu unterlassen, was nach einem Revisionismus aussehen könnte, kommt auf geradezu pathetische Weise in dem Melodrama über Dresden zum Ausdruck, der bisher teuersten Fernsehproduktion, die dann auch von einer Rekordzahl von Zuschauern gesehen wurde. Das Drehbuch

---

52 Siehe Alexander und Margarete Mitscherlich: Die Unfähigkeit zu trauern. Grundlagen kollektiven Verhaltens, München 1968.

53 Strategische und ethische Probleme des Bombenkrieges. Das Beispiel Dresden. Tagung zum 60. Jahrestag der Bombenangriffe auf Dresden. Dresden 20.1.2005. Hierzu auch: Abschlussbericht der Historikerkommission zu den Luftangriffen auf Dresden zwischen dem 13. und 15. Februar 1945. http://www.dresden.de/de/02/110/03/c_015.php?shortcut=historikerkommission.

54 Frederick Taylor: Dresden: Dienstag, 13. Februar 1945. Militärische Logik oder blanker Terror?, München 2004.

wurde von deutschen und britischen Historikern überprüft, britische Schauspieler fanden als Befehlshaber und Piloten Verwendung.[55] Die Botschaft war auf Frieden und Versöhnung gerichtet, personalisiert in der Liebesbeziehung zwischen einem britischen Piloten und einer deutschen Krankenschwester sowie in der abschließenden Wiedereinweihung der Frauenkirche. Der Film wurde bereits an zehn Länder verkauft, darunter Frankreich, Italien und Japan, nicht jedoch an Großbritannien, obwohl britische Korrespondenten das Privileg einer exklusiven Vorschau genossen. Während einige deutsche Kritiker an der unwahrscheinlichen Story und damit an der Trivialisierung eines ernstzunehmenden Ereignisses der deutschen Geschichte Anstoß nahmen,[56] behaupteten britische Kritiker, dass der Film den Holocaust ausklammere (was nicht zutrifft und insofern ein Fall bewusster Fehlinformation ist) und damit den „neuen Trend" demonstriere, wonach die Deutschen sich jetzt selbst als Opfer des Krieges darstellten.[57] Die Suche nach irgendwelchen Andeutungen eines deutschen Revisionismus ist eine Obsession der britischen Medien, die, das muss man auch sagen, von der Regierung und dem Lehrpersonal an Schulen und Universitäten nicht geteilt wird. Als ein gerechter Krieg, der auch gerecht geführt wurde, ist der Zweite Weltkrieg nach wie vor ein integraler Bestandteil des britischen Nationalbewusstseins, und zwar mehr als in anderen Ländern, die dieser Krieg zum Teil noch mehr in Mitleidenschaft gezogen hat.

Warum sollten aber spätere Generationen den Eindruck gewinnen, dass die Vergegenwärtigung des Bombenkriegs von der generellen Verantwortung Deutschlands für das Kriegsgeschehen ablenken würde? Um den ganzen Wahnsinn des Krieges in all seinen Dimensionen zu begreifen, ist die Erkenntnis vom Leid auf allen Seiten unumgänglich. Das Ende des Kalten Krieges kam einem Klima zustatten, in dem ein neues Nachdenken über die Vergangenheit, verbunden mit einer nationalen Selbstvergewisserung, einsetzte. Wenn deutsche Magazine wie *Der Spiegel* oder Schriftsteller wie Günter Grass den Zeitpunkt für gekommen hielten, auch der deutschen Opfer des Krieges zu gedenken, dann wollten sie nicht an dem seit langem feststehenden Urteil der Geschichte rütteln. Aber sie wollten dieses Thema, das Leid der eigenen Bevölkerung, auch nicht den Neonazis überlassen, gerade um zu verhindern, dass das Pendel von einseitiger Verurteilung nunmehr nach der anderen Seite ausschlägt, nämlich hin zu gegenseitiger Schuldzuweisung. Churchill berief sich auf Edmund Burke, als er im September 1944 gegenüber dem amerikanischen Finanzminister Morgenthau äußerte: „Man kann nicht über eine ganze Nation den Stab brechen!"[58] Nach dem Krieg enthielten sich die Alliierten wohlweislich einer öffentlichen Verlautbarung, die auf die Kollektivschuld der Deutschen Bezug nahm. Statt die Deutschen zu verurteilen, führten sie deren politische Führer vor den Richterstuhl und einer mehr oder minder gerechten Strafe zu.

Schließlich wäre noch die Frage zu beantworten, welche unmittelbaren Auswirkungen der Bombenkrieg auf die deutsche Bevölkerung hatte und wie er die poli-

55 Krieg und Frieden. Der ZDF-Zweiteiler „Dresden", in: Süddeutsche Zeitung, 4/5.3.2006.
56 Siehe z. B. Oliver Storz: Ärzte, Flammen, Sensationen. Nachbetrachtungen zu ‚Dresden' oder: Die Modeerscheinung des Event-Fernsehens, in: Süddeutsche Zeitung, 7.3.2006.
57 Vgl. Roger Boyes in: The Times, 6.3.2006. Zu den Reaktionen der britischen Presse auf die Fernsehproduktion ‚Dresden' siehe: Frankfurter Allgemeine Zeitung, 8.3.2006.
58 Lord Moran: Churchill. The Struggle for Survival 1940–65, London 1966, S. 177 (13.9.1944).

tische Kultur langfristig beeinflusst hat. Man kann mit einiger Gewissheit davon ausgehen, dass die Feuerstürme, die über alle größeren Städte hinwegfegten, als eine nationale Katastrophe empfunden wurden, die dem Dreißigjährigen Krieg in nichts nachstand, dem historisch anerkanntermaßen schlimmsten Unheil, das bis zum Zweiten Weltkrieg über die deutschen Lande hereingebrochen war.

Dabei erwiesen sich die letzten zwölf Monate des Krieges, als die Alliierten über die totale Lufthoheit geboten, als die schlimmsten: mehr als die Hälfte aller zivilen Opfer und mehr als die Hälfte aller zerstörten Gebäude fielen den Flammen zum Opfer. Spätestens nach der erfolgreichen Invasion im Westen war der Krieg im Grunde verloren. Gleichwohl haben weder die Wehrmacht noch die Partei um einen Waffenstillstand nachgesucht, um dem Leid ein Ende zu setzen. Die Alliierten wussten, dass die Art und Weise, wie der Krieg beendet würde, nachhaltigen Einfluss auf die Zukunft hatte. Sie bestanden deshalb auf bedingungsloser Kapitulation und flächenmäßiger Okkupation, gefolgt von einer Phase der Beruhigung ("cooling-off period"), bevor an einen Friedensvertrag zu denken war.

Die Erfahrungen von Versailles bildeten das Koordinatensystem für die Nachkriegsplanung der westlichen Alliierten, und nicht die Realität des Gestapo-Staates noch die der nächtlichen Bombenangriffe, allesamt Wirklichkeiten, die das Vorstellungsvermögen der meisten Planungsbeamten überstiegen. Die bedingungslose Kapitulation und die totale Besetzung sollten jedem Deutschen im noch so abgelegenen Winkel seines Landes deutlich machen, dass nunmehr das Reich ein für alle Mal besiegt war. Diese Tatsachen bildeten das Fundament, auf dem man ein demokratisches Deutschland zu errichten hoffte. Freilich, und das war den wenigsten im westlichen Ausland bewusst, waren zu dieser Zeit bereits die wesentlichen Voraussetzungen für einen Gesinnungswandel ("change of heart") gegeben: vor allem die Erleichterung der meisten Deutschen darüber, dass sie den Krieg allen Widrigkeiten zum Trotz überlebt hatten. Die deprimierende Realität der Ruinen- und Trichterlandschaften erwies sich als ein noch viel überzeugenderer Lehrmeister als alle von den alliierten Militärbehörden herausgegebenen Befehle oder Schulbücher. Nach dem Krieg gelangten amerikanische Nachrichtenoffiziere zu der Schlussfolgerung, dass die Wirkung des Luftkrieges noch mehr zur Diskreditierung des NS-Regimes beigetragen hatte als die militärische Niederlage. Der Historiker Friedrich scheint dieser Erkenntnis zuzustimmen.[59] Ich möchte noch einen Schritt weiter gehen. In den Augen der meisten Deutschen hatten die eigenen Erfahrungen, verbunden mit den Nachrichten über Hiroshima und Nagasaki, zur Folge, dass sie fortan den Krieg als legitimes Instrument der Politik grundsätzlich ablehnten. Der durch die Brände und einstürzenden Häuser ausgelöste Schock brachte, wenn auch nicht über Nacht, eine finale Katharsis zustande, nämlich eine geistige Neuorientierung angesichts der Fehlentwicklung der deutschen Geschichte seit der auf dem Schlachtfeld vollzogenen Reichsgründung von 1871. Man könnte sogar sagen, dass die Politik des "moral bombing", die sich im Hinblick auf ihre ursprüngliche Zweckbestimmung, eine durch Demoralisierung bewirkte schnellere Beendigung des Krieges, als Fehlschlag erwiesen hatte, erst nach dem Krieg ihre eigentliche Bedeutung erlangte. Mit dem Bewusst-

---

59 Friedrich, Der Brand, S. 403. Friedrich bezieht sich hier auf: The United States Strategic Bombing Survey, Bd. 4, New York 1976, S. 1.

sein, das die Kenntnis von den im Namen Deutschlands begangenen Menschheitsverbrechen hervorbrachte, nahm auch die Einsicht zu, dass der Bombenkrieg eine Art Strafgericht war: vielleicht keine moralisch gerechtfertigte Strafe, aber eine hinnehmbare Strafe gleichwohl. Seitdem haben die Deutschen das Hauptziel alliierter Umerziehungsbemühungen über alle Erwartungen hinaus verinnerlicht, nämlich die Lektion, dass Krieg keinen Gewinn verheißt („war does not pay"). Eine Nation, die unter dem Krieg derart gelitten hat, sowohl in physischer wie psychologischer Hinsicht, ist nur schwerlich davon zu überzeugen, dass Konflikte mit Gewalt zu lösen sind.

JOOST ROSENDAAL
Die Katastrophe von Nimwegen

Das zivile Opfer als historisches Tabu

Am 22. Februar 1944 kam es in Nimwegen zur Katastrophe. Amerikanische B-24 Bomber – „Liberators", Befreier, genannt – ließen ihre tödliche Fracht auf das Stadtzentrum fallen. Das Ergebnis war ein totales Desaster. Binnen weniger Minuten wurden mehr als 760 Menschen, in der Hauptsache Zivilisten sowie einige wenige deutsche Soldaten, getötet. Hunderte von Häusern, fünf Kirchen und der größte Teil des Geschäftszentrums wurden zerstört. Neben der Sturmflut von 1953 und der Bombardierung Rotterdams durch die Deutschen im Mai 1940 haben wir es mit der verheerendsten Katastrophe in der niederländischen Geschichte des 20. Jahrhunderts zu tun.

Trotz des einzigartigen und tödlichen Ausmaßes des Bombardements bekam die Katastrophe von Nimwegen jedoch keinen Platz im kollektiven Bewusstsein der Niederländer. Jahrelang war unklar, wie sie sich zugetragen hatte. Es kursierten zahlreiche Erzählungen über die „Täter" und ihre Motive; Loe de Jong widmet in seiner offiziellen Geschichte der Niederlande im Zweiten Weltkrieg dem Ereignis nur wenige Seiten.[1] Erst 1984 erschienen zwei Studien, die den Ablauf der Bombardierung genauer analysieren.[2] Sie sorgten für zahlreiche Reaktionen und auch Gefühlsausbrüche, riefen Einsicht, Entrüstung und Resignation hervor, warfen aber vor allem viele neue Fragen auf. Täter und Ursache schienen nun fest zu stehen: Amerikanische Bombenwerfer hatten sich geirrt und Nimwegen für eine deutsche Stadt gehalten.

Sechzig Jahre nach der Bombardierung wurde in der populären niederländischen Fernsehreihe *Andere Tijden* (2004) schließlich ein Dokumentarfilm über die Katastrophe gezeigt.[3] Darin konstatierte man, dass vierzig Jahre lang fast nichts für das Gedenken an das Bombardement getan worden war: „Ganz im Gegensatz zu Rotterdam hörte man nichts darüber. Der große Unterschied zu Rotterdam liegt natürlich darin, dass die Bombardierung ein Versehen war, obendrein von Verbündeten. Dies macht den Aufarbeitungsprozess viel schwieriger."[4]

Diese These steht im Mittelpunkt des vorliegenden Beitrags,[5] in dem ich auf zwei Aspekte näher eingehen werde: das (offensichtliche) Fehlen einer öffentlichen Erinnerung und die Erklärung hierfür. Dabei muss zunächst geklärt werden, warum der Bombardierung so lange nicht gedacht wurde. Oder, genauer gefragt: Trifft es überhaupt zu, dass ihrer nicht gedacht wurde? Darüber hinaus möchte ich der Frage

---

1 L. de Jong: Het Koninkrijk der Nederlanden in de Tweede Wereldoorlog, Bd. 7.2, Den Haag 1976, S. 1259–1262.
2 Alexander Korthals Altes: Luchtgevaar. Luchtanvallen op Nederland 1949–1945, Amsterdam 1984. Alfons Brinkhuis: De fatale aanval, 22 februari 1944. De waarheid over de mysterieuze Amerikaanse bombardementen op Nijmegen, Arnhem, Enschede en Deventer, Nijmegen 1984.
3 Instituut voor Beeld en Geluid, Sendung vom 20.1.2004.
4 Ebd.
5 Der vorliegende Text basiert auf einer Forschungsarbeit über das Katastrophenjahr 1944 in Nimwegen, publiziert in Joost Rosendaal: Nijmegen '44. Verwoesting, verdriet en verwerking, Nijmegen 2009.

nachgehen, ob die Erklärung für das Bombardement aus dem Jahr 1984, dass nämlich die Bombenwerfer eigentlich eine deutsche Stadt bombardieren wollten, tatsächlich stimmt. Oder ist dies nur eine tröstende Darstellung, um leichter mit der Tatsache fertig zu werden, dass so viele Menschen durch die alliierten Verbündeten zu Schaden gekommen sind? Schließlich kann der Fall Nimwegen auch zur Beantwortung einer eher allgemeinen Frage heran gezogen werden: Könnte es sein, dass Selbstzensur und Political Correctness die Bewältigung des Traumas einer Bombardierung durch einen Verbündeten behindern können?

Beginnen wir mit dem ersten Element, dem Gedenken an die Bombardierung. Bevor wir uns der Nachkriegszeit zuwenden, sollten wir der Frage nachgehen, wie die niederländische Exil-Regierung damals auf die Bombardierung niederländischer Städte durch die Alliierten und die Tötung von Zivilisten reagierte. Die Antwort ist ebenso einfach wie schockierend: Sie zeigte so gut wie keinerlei Reaktion. Nicht einmal ein formeller Protest wurde den Amerikanern unterbreitet.[6]

Was lässt sich aus dieser zurückhaltenden Reaktion schließen? Erst am 24. Februar erfuhren die niederländischen Funktionsträger in London von der Bombardierung. Entgegen dem Abkommen mit den Alliierten war dem ministeriellen Bombenausschuss der Niederländer vorher kein Einsatzplan, der die Bombardierung niederländischer Städte einschloss, vorgelegt worden. Von daher waren die Minister höchst erstaunt, als sie von dem Desaster erfuhren. Und dennoch wollte Königin Wilhelmina nicht, dass bei den Amerikanern offizieller Protest eingelegt würde. Nur wenige Tage zuvor war sie selber in der Nähe ihres damaligen Wohnortes, dem nördlich von London gelegenen South Mimms, Opfer eines Bombenangriffes geworden, bei dem zwei ihrer Wachleute ums Leben kamen. Es ist nicht auszuschließen, dass die Königin sich des vollen Ausmaßes der Katastrophe nicht bewusst war und ihre Entourage sie mit weiteren Einzelheiten verschonen wollte. Später wurde behauptet, der amerikanische Gesandte sei – in Anwesenheit der Königin – von Minister Michiels van Verduynen eindringlich dazu befragt worden. Aber diese Annahme ist falsch, denn das besagte Gespräch fand bereits sehr viel früher statt, nämlich nach dem Bombenangriff auf Enschede im Oktober 1943. Im Februar 1944 gab es bereits keinen amerikanischen diplomatischen Vertreter oder Gesandten mehr für die niederländische Exil-Regierung. Diese hoffte indes, dass ein Nachfolger entsandt würde, da dies wiederum ihre Legitimität bestärkt hätte. Auch aus diesem Grunde verhielten sich die Minister zurückhaltend. Rückblickend kann diese Reaktion sicherlich als eine Form der Selbstzensur angesehen werden: Die niederländische Exil-Regierung befürchtete, die Anerkennung durch die Amerikaner zu verlieren und verhielt sich deshalb ruhig. Angesichts der Selbstbezogenheit der Minister darf man sich allerdings die Frage stellen, ob diese entschieden Protest eingelegt hätten, wären nicht die diplomatischen Beziehungen auf dem Spiel gestanden. Allein drei von ihnen hatten gerade zu dieser Zeit mit ihrem Rücktritt gedroht, weil sie mit der autoritären Haltung der Königin nicht zurechtkamen.

Die Reaktion in den Niederlanden selbst war ähnlich verhalten. Zwar tauchten nach der Bombardierung Plakate auf, die gegen die „angloamerikanische Kriegsführung" protestierten, die deutschen Besatzer und die faschistische Partei NSB machten

6 Ebd., S. 66–69.

für ihre Propaganda aber nur begrenzt Gebrauch von der Katastrophe. Nimwegens NSB-Oberbürgermeister Van Lokhorst wollte oder konnte sein Amt nicht ausüben – aus gesundheitlichen Gründen, wie es offiziell hieß. In Wirklichkeit befürchtete er jedoch, man wolle ihn umbringen. Sein Stellvertreter (loco-burgemeester) Hondius, wie Van Lokhorst ein überzeugter Nationalsozialist, tat alles, um den Zusammenhalt innerhalb der Bevölkerung von Nimwegen nicht zu gefährden. Er versuchte sicherzustellen, dass die Hilfsmaßnahmen nach der Bombardierung nicht ausschließlich vom nationalsozialistischen „Nederlandse Volksdienst" durchgeführt und die Begräbnis- und Gedenkfeierlichkeiten nicht durch die NSB organisiert wurden. Die Erinnerung an den Bombenangriff nahm somit von Anfang an einen politisch eher neutralen Charakter an.[7]

Indes wäre es falsch zu behaupten, niemand habe in den Niederlanden versucht, das Bombardement politisch zu instrumentalisieren. Nur zwei Monate nach den Ereignissen, verglich Reichskommissar Seyss-Inquart während der Feierlichkeiten zu Hitlers Geburtstag in Nimwegen die Bombardierung der Stadt mit „terroristischen Angriffen" auf Deutschland und beschrieb sie als eine Art Kulturbarbarei, ausgeführt von mangelhaft informierten Amerikanern. Die Widerstandsbewegung wünschte die Bombardierung ihrerseits nicht ausführlich zu erörtern und bezeichnete die Katastrophe in geheimen Unterlagen stets als den unabsichtlichen Fehler eines Verbündeten.

Die Reaktionen auf das Bombardement nach dem Krieg lassen sich in vier Phasen einteilen: In der ersten Phase, von 1944–1959, unternahmen die Regierenden in der Stadt nichts, um des Ereignisses zu gedenken; stattdessen ergriffen verschiedene Organisationen und Einzelpersonen die Initiative. Die ersten, die dem Ruf nach Erinnerung an die Todesopfer folgten, waren die Kirchen, die seit 1947 jährlich Gedenkgottesdienste abhielten. Sie leiteten die Begründung für das stattgefundene Leiden aus der christlichen Überlieferung ab: Gott habe, so meinten sie, eine bestimmte Absicht verfolgt und deshalb die Bombardierung zugelassen. Die erste Erinnerungstafel wurde fünf Jahre nach der Bombardierung angebracht: für die Opfer, die in der Molenstraatkerk ums Leben kamen. Bemühungen um die Errichtung eines nationalen Denkmals für die Opfer blieben indes erfolglos. Erst zehn Jahre nach der Bombardierung organisierte die Stadt eine erste Gedenkveranstaltung, die allerdings nicht zu einer jährlichen Tradition wurde. So sollte es bis 1959 dauern bis endlich ein Denkmal für *alle* zivilen Opfer von Nimwegen errichtet wurde: Mari Andriessens Skulpur *De gevallen engel*.[8]

Zwischen 1959 und 1984 bestand deutlich weniger Interesse an einem öffentlichen Gedenken der Bombardierung. Zwar wurden anlässlich der „Jubiläumsjahre" 1964 und 1969 einige Gedenkgottesdienste abgehalten, insgesamt verschwand das Desaster jedoch zunehmend aus der kollektiven Erinnerung der Nimweger Bürger. Erst 1984, zum 40. Jahrestag der Katastrophe, lässt sich eine plötzliche Zunahme des Interesses feststellen. Es fanden einige größere Gedenkveranstaltungen statt, und zudem erschienen die beiden erwähnten Bücher von Korthals Altes und Brinkhuis. Auch die damalige Angst vor einem Krieg mit Atomwaffen gab erneut Anlass, sich des Bombardements als eines abschreckenden Beispiels für Kriegsgräuel zu erinnern.

---

7 Ebd., S. 87–105.
8 Ebd., S. 167–242.

In den darauf folgenden Jahren organisierte die Stiftung, die für den Friedhof verantwortlich war, auf dem zahlreiche Bombenopfer beerdigt lagen, eigene Gedenkveranstaltungen.[9]

Die letzte einschneidende Veränderung vollzog sich dann 1999, als die Stadt endlich die Organisation öffentlicher Gedenkfeiern und -veranstaltungen übernahm. Neue Denkmäler wurden im Rathaus und auf dem Friedhof am Graafseweg eingeweiht. Der Krieg und insbesondere die Bombardierung gehörten seither zu den wichtigsten Ereignissen in der Geschichte von Nimwegen.[10]

Zusammenfassend lässt sich festhalten, dass zwischen 1944 und 1984 durchaus zwar Gedenkveranstaltungen stattfanden, allerdings nicht regelmäßig. Ab 1954 gab es nur alle fünf Jahre eine Gedenkfeier und während der letzten 15 Jahre des genannten Zeitraumes, als der Bombardierung nicht mehr öffentlich gedacht wurde, veranstalteten nur die Familienangehörigen der Opfer individuelle Feiern.

Muss die passive Haltung des Gemeinderates von Nimwegen gegenüber dem Gedenken an die Bombardierung während dieser Zeit als eine Art Selbstzensur und als Ausdruck von „Political Correctness" eingestuft werden? Dies scheint keine zufriedenstellende Erklärung zu sein. So fanden offizielle Gedenkfeiern an den Krieg und die Befreiung über einen langen Zeitraum hinweg überhaupt nur alle fünf Jahre zu einem festgelegten Zeitpunkt statt. Zudem war man der Überzeugung, dass jede Form des Gedenkens sowie die Errichtung von Kriegsdenkmälern aus individuellen, zivilgesellschaftlichen Initiativen erwachsen müsse und nicht durch den Staat verordnet werden dürfe. Während der 1960er und, mehr noch, der 1970er Jahre nahm das Interesse am Kriegsgedenken ab. Das Fehlen eines offiziellen Gedenkens des Bombardements von Nimwegen in diesen Jahren allein der politischen „Korrektheit" zuschreiben zu wollen, wäre daher verkürzt.

Wenden wir uns nun kurz den Erklärungen zu, die für das Bombardement gefunden wurden. Nach 1984 wurde der Bombenangriff allgemein zu einem Irrtum erklärt: Die amerikanischen Bomber hätten Nimwegen für eine deutsche Stadt gehalten. Berechneten die Navigatoren tatsächlich ihre Flugroute so falsch? Was geschah wirklich? Viele Überlebende und Angehörige von Opfern fragen sich zudem auch heute noch, warum die Amerikaner Arnheim und Enschede am selben Tag bombardierten. Wollten die Flugzeuge wirklich deutsche Städte treffen?

In der Tat sollten die vereinten amerikanischen und britischen Luftwaffenverbände am 22. Februar 1944 als Teil der „Operation Argument" verschiedene Ziele in Nazi-Deutschland bombardieren. Durch einen konzentrierten Angriff auf Flugzeugfabriken und Flugfelder hofften die Alliierten die Herrschaft über den Luftraum zu gewinnen – ein Ziel, dessen Erreichung ihrer Ansicht nach entscheidende Konsequenzen für den Fortgang des Krieges haben würde. An diesem Tag starteten hunderte von Kampffliegern von englischen Kampfbasen. Während der Nacht und am Morgen griffen Bomber der Royal Air Force und der taktischen amerikanischen 9. Air Force niederländische Flugfelder an, um deutsche Kampfflugzeuge am Start zu hindern und bereiteten auf diese Weise einen sicheren Flugkorridor für die Bomber der 8. Air Force vor. Kurz nachdem diese Bomber jedoch abgehoben hatten, kamen

9 Ebd., S. 245–285.
10 Ebd., S. 287–305.

sie vor der englischen Küste in Schnee- und Windstürme, was enorme Probleme mit sich brachte. Die Flugformation gestaltete sich chaotisch. Während die meisten Bomber der ersten Division weiterflogen und Ziele in Norddeutschland ansteuerten, musste die dritte Division nahezu unmittelbar zurück beordert werden. Beide Divisionen bestanden hauptsächlich aus B-17-Bombern, „fliegende Festungen" genannt.

Der Flugkommandant der zweiten Division zögerte eine Weile, ehe er schließlich doch den Rückruf seiner Flugzeuge beschloss; es handelte sich um B-24-Liberators, die auf dem Weg nach Gotha waren. Da es die Idee der „Operation Argument" war, die deutsche Flugabwehr mit einem Bombenhagel anzugreifen, machte ein teilweiser Abzug der Flugzeuge die verbleibenden verwundbarer. Zwei der drei beteiligten Kampfgeschwader erhielten die Nachricht vom Rückruf rechtzeitig. Den kommandierenden Offizier des 20. Bombergeschwaders, Capitain William Schmidt, erreichte der Rückruf jedoch zunächst nicht. Erst eine halbe Stunde später erhielt er die Information und befahl daraufhin den drei Bombergruppen seines Flügels zurückzukehren. Zu diesem Zeitpunkt hatten die „Liberators" bereits die deutsche Grenze überquert, der Offizier ordnete deshalb an, ein Gelegenheitsziel aufzuspüren und dies zu bombardieren. Der Flugzeugkommandant der 448. Bombergruppe wählte einen städtischen Bereich mit vielen Fabriken als geeignetes Ziel für die Brandbomben seiner Bombergruppe. Glücklicherweise erkannten seine Kollegen der 93. Bombergruppe rechtzeitig, dass sie in den Niederlanden waren und stellten den Angriff ein. Einige der Flugzeuge luden ihre Bomben in der Nähe von Deventer ab, ohne ein spezielles Ziel ausgewählt zu haben.

Der kommandierende Offizier des 20. Bombergeschwaders war zugleich selbst Kommandant der 446. Bombergruppe. Die erste Sektion dieser Gruppe wählte das Gelände eines großen Güterbahnhofs als Gelegenheitsziel, die dritte Sektion einen Rangierbahnhof mit einigen Fabriken in einer anderen Stadt. Die zweite, in der Mitte fliegende Staffel aber konnte keine Bomben abwerfen. Es lässt sich wohl niemals mit Sicherheit feststellen, ob die Piloten den genauen Namen und die Lage ihrer Ziele kannten, als sie diese bombardierten. Bei dem Fabrikgelände, das von der 448. Bombergruppe angegriffen wurde, scheint es sich um Enschede gehandelt zu haben, die erste Staffel bombardierte Nimwegen, die letzte Staffel Arnheim.

Die später angefertigten Berichte der Flugzeugbesatzungen über ihre Missionen erlauben uns, deren Absichten bis zu einem gewissen Grade nachzuvollziehen. Es gilt als sicher, dass die meisten Besatzungen die Namen der Orte, die sie bombardierten, kannten. Einige von ihnen verwechselten jedoch Nimwegen und Arnheim bzw. waren sich nicht sicher, welche Stadt sie bombardiert hatten.

Alle Piloten bombten „on the lead", d. h. sie folgten bei der Zielbestimmung ihren jeweiligen Kommandanten. Diese legten später Erklärungen ab, in denen sie beteuerten, sie hätten geglaubt, bei den Zielen handle es sich um deutsche Städte. Aber damals wussten sie bereits, dass sie Örtlichkeiten auf niederländischem Gebiet angegriffen hatten, die eigentlich nur auf ausdrücklichen Befehl hin bombardiert werden durften – was allerdings nicht allen Piloten klar war, als sie damals mit ihren Flugzeugen abhoben. Zudem stimmte die Behauptung von Geschwaderkommandant William Schmidt, man hätte Nimwegen und Arnheim mit Goch und Kleve verwechselt, nicht mit seinen früheren Aussagen sowie denen anderer Piloten überein. Wissentlich oder unwissentlich gab er einen falschen Bericht ab. Wahrscheinlich ist indes, dass die präzise Lokalisierung des Bombenabwurfortes erst *nach* dem Befehl „Bomben abwerfen" erfolgte. Die unerwartete plötzliche Umkehr und die Notwendigkeit, ein Gelegenheitsziel zu finden, schufen ein solches Chaos, dass die Flugzeugcrews nicht wirklich die Orte bestimmen konnten, die sie bombardierten.[11]

Es wäre daher verfehlt, dieses Verhalten als „Fehler" oder „Verwechslung" zu bezeichnen. Obwohl die Bombardierung von Nimwegen, Arnheim und Enschede auf keinem vorher gefassten Entschluss beruhte, gab es schließlich einen Befehl zur Bombardierung von Gelegenheitszielen. Die Crews wählten selbst ihre Ziele aus und warfen die Bomben keinesfalls versehentlich. Allerdings wurde ihnen erst nachher bewusst, welche Städte sie getroffen hatten und dass dies ein Fehler gewesen war.

Die Todesrate in Nimwegen überschritt bei weitem die der anderen an diesem Tag bombardierten Städte und war tatsächlich eine der höchsten in den Niederlanden während des ganzen Zweiten Weltkrieges – verursacht von nur 14 Flugzeugen. Dafür gab es verschiedene Gründe. Zum einen nahm der Bombardierer des 1. Flugzeuges, obwohl er die Rangierbahnhöfe treffen wollte, Gebäude in der Innenstadt zum Ziel, weil er annahm, dass die folgenden Flugzeuge ihre eigene Grundgeschwindigkeit beim Abwurf nicht einrechnen würden. Die meisten Bomben verfehlten so den Güterbahnhof und trafen stattdessen die Innenstadt. Streubomben töteten hunderte Menschen vor dem Bahnhof. Zudem hatten die Sirenen gerade Entwarnung gegeben und niemand bemerkte, dass die Bomber zurückkamen. Deshalb befanden sich viele Menschen auf den Straßen, als die Bomben fielen. Auch brach nach dem Bombenangriff ein Feuer aus, das wegen des mangelnden Wasserdrucks nicht gelöscht werden konnte. Viele Menschen verbrannten bei lebendigem Leib.[12]

Begriffe wie „irrtümliches Bombardement" wurden gebraucht, um in gewisser Weise das Ausmaß der Katastrophe zu beschönigen. Das Bombardement als Irrtum zu beschreiben, bei dem Nimwegen und Arnheim mit Kleve und Goch verwechselt wurden, diente offensichtlich dazu, die Schuld der Amerikaner zu relativieren. Die Opfer, so suggerierte der Begriff des Irrtums, hätten eigentlich Deutsche sein sollen (wiewohl man sich heutzutage fragen darf, ob es „besser" gewesen wäre, wenn es den Kindergarten in Kleve anstatt der Montessori-Schule in Nimwegen getroffen hätte). Die Amerikaner ihrerseits verschwendeten wenig Gedanken an die Bombardierung. Sie betrachteten diese als Kollateralschaden. Letztendlich hatten sie nur ein Gelegenheitsziel getroffen, auch wenn es außerhalb Deutschlands auf besetztem Gebiet lag und daher eigentlich nicht hätte in Betracht kommen sollen.

Einer der prominentesten Autoren, die über die Bombardierung von Nimwegen schrieben, betonte öffentlich zu Beginn seiner Studie, noch bevor er irgendwelche Nachforschungen angestellt hatte, dass er von einem Irrtum überzeugt sei und dies auch beweisen werde.[13] Erneut können wir uns angesichts dieses selbstgesteckten Ziels und seiner Verwendung des Begriffs „Verwechslungsbombardement" die Frage stellen, ob es sich hierbei nicht auch um einen Fall von Political Correctness handelt. Mitten im Kalten Krieg zu Beginn der achtziger Jahre wäre es gewiss nicht angemessen erschienen, dass ein Autor eine mit den Niederlanden verbündete Schutzmacht

---

11 Ebd., S. 47–61.
12 Ebd., S. 23–44.
13 Brinkhuis: De fataale aanval.

eines Massakers bezichtigt. Aber ist das wirklich der Grund? Wir sollten uns fragen, ob es nicht einen weiteren Anlass zur Selbstzensur gab. Oder stoßen wir hier an die Grenzen der Durchdringbarkeit eines kulturellen Kontextes? Aber selbst in diesem Fall sollten wir uns fragen, ob wir hier nicht ein Tabu konstruieren, das eigentlich gar nicht der Grund für die Fehlinterpretation gewesen ist.

Wir sollten deshalb einen weiteren Aspekt berücksichtigen. Bis jetzt haben wir nur ein einziges geschichtliches Ereignis, einen präzisen historischen Moment diskutiert. Schauen wir auf das Jahr 1944 in Nimwegen als Ganzes. Gab es dort aber vielleicht noch andere Ereignisse, die Teil der kollektiven Erinnerung geworden sind oder hätten werden sollen?

Eines dieser Ereignisse war die bekannte Militäraktion der Alliierten „Operation Market Garden", die am 17. September 1944 lanciert wurde. Sie erreichte nicht ihr eigentliches Ziel – Arnheim und seine Brücke waren zu weit entfernt –, stattdessen wurde Nimwegen nach vier Tagen heftiger Kämpfe befreit.[14] Ironie der Geschichte: Dieselben Flugzeuge, welche die Stadt im Februar noch bombardiert hatten, setzten nun Nachschub für die amerikanischen Befreier ab. Aber auch die Befreiung forderte ihren Zoll. Bei der Verteidigung ihres Brückenkopfes brandschatzten die Deutschen den östlichen Teil des Stadtzentrums. Viele Zivilisten kamen bei Straßenkämpfen ums Leben und selbst nach dem Rückzug griffen die Deutschen die Alliierten Truppen in der Stadt noch weitere fünf Monate lang an. Am 2. Oktober wurde die Stadt bombardiert und unter heftigen Beschuss genommen. Über hundert Menschen kamen in einem Keller einer Fabrik ums Leben, in dem sie Schutz vor den Bomben gesucht hatten. Am Ende schrieb ein Bewohner ins Tagebuch: „Unsere Stadt scheint dem Untergang geweiht."[15] Zusammengerechnet überschritt die Anzahl der Toten in diesem Zeitraum die des Februarbombardements und auch der materielle Schaden war weitaus größer als der, den die amerikanischen Bomber seinerzeit angerichtet hatten.

Die Erinnerung an diese Zeit des Krieges scheint völlig ausgelöscht, viel weitgehender als die an das Bombardement vom Februar 1944. Obwohl die Kämpfe also mehr Menschenleben forderten und mehr Schäden in der Stadt hinterließen und zudem vom Feind, den Deutschen, ausgingen, wurde ihrer nie explizit gedacht. Tatsächlich wurde und wird die Zerstörung der Innenstadt einzig den Amerikanern zugeschrieben. Political Correctness hat also offenbar *nichts* mit der Politik des Gedenkens zu tun – oder doch?

Alliierte Bombardierungen auf Ziele außerhalb Deutschlands waren nichts Außergewöhnliches. In den Niederlanden wurden zum Beispiel die südlichen Viertel des Hafengebietes von Rotterdam bombardiert, wobei über 400 Menschen umkamen. Zwei Jahre später wurden 550 Zivilisten in Den Haag getötet, als die Royal Air Force ihre tödliche Fracht auf Bezuidenhout anstatt auf eine nahe gelegene V2-Einrichtung abwarf. Insgesamt fielen 2 Prozent sämtlicher Bomben, welche die Alliierten 1944 abwarfen, auf niederländisches Gebiet,[16] auf Frankreich hingegen beinahe 30 Pro-

---

14 Rosendaal: Nijmegen '44, S. 44.
15 „Het schijnt dat onze stad ten onder moet", Ab Uijen: Tagebuch, Januar-Dezember 1944 (Regionaal Archief Nijmegen, Collectie Oorlogsdocumentatie, 6341 Va).
16 Gerrit J. Zwanenburg: En nooit was het stil … Kroniek van een luchtoorlog, Den Haag 1990–1992; Johannes Leonard van der Pauw: De bombardementen op Amsterdam-Noord, juli 1943, Amsterdam 2009.

zent. Obwohl die Ziele in der Hauptsache Güterbahnhöfe, Flugfelder, Verbindungsstraßen, Militärtruppen, Industrieanlagen und Gleise waren, wurde bei der intensiven Bombardierung Frankreichs durch die Alliierten die Zerstörung von Wohngebieten und der Tod von Zivilisten durchaus in Kauf genommen. Exakte Angaben fehlen, aber nach Schätzungen kamen mehr als 67.000 Franzosen dabei ums Leben.[17] Und trotzdem sind Gedenkfeierlichkeiten und wissenschaftliche Studien über dieses Thema rar. Ein Tabu? Selbstzensur? In Belgien wurde die Stadt Mortsel, in der durch alliierte Bomber irrtümlich beinahe 1.000 Menschen getötet wurden, erst 2004 von König Albert zur „Stadt der Martyrien" erklärt.[18]

Lange Zeit galten zivile Todesopfer als reiner Kollateralschaden – selbst wenn die Deutschen diese verschuldet hatten. Natürlich gibt es Ausnahmen: Die Bombardierung Rotterdams durch die Deutschen im Mai 1940 wurde als Kriegsverbrechen eingestuft und bestimmte Einzelpersonen wurden für das Verbrechen verantwortlich gemacht. Den Opfern wurde hingegen niemals viel Aufmerksamkeit zuteil. Die genaue Anzahl der Opfer ist unbekannt und es gibt nicht einmal eine verlässliche Liste ihrer Namen.[19]

Kommen wir auf den Fall des Bombardements von Nimwegen zurück, so liegt die Schlussfolgerung nahe, dass das offenbar selbst verordnete Schweigen über die Opfer nicht das Ergebnis eines Wunsches nach Political Correctness war, um die amerikanischen Freunde nicht zu beleidigen. Auch die deutschen Feinde wurden für die sehr viel größere Zerstörung nur einige Monate später niemals verantwortlich gemacht. Vielleicht schreckte die niederländische Exil-Regierung in der Tat aus diplomatischen und politischen Gründen vor einem deutlicheren Protest zurück, aber können wir dies deshalb als Selbstzensur bezeichnen? Der Verwendung von Begriffen wie „Verwechslungsbombardierung" oder „Irrtum" kann indes als Versuch bezeichnet werden, in gewisser Weise politisch korrekt zu agieren. Aber wollte man damit einen veritablen Fehler entschuldigen oder war man wirklich davon überzeugt, dass die Amerikaner sich tatsächlich geirrt hatten?

Das Tabu gründet sich nicht auf unserem Verhältnis zu den Amerikanern. Das eigentliche Tabu bzw. der Wunsch nach politischer Korrektheit, der die Erinnerung auf das Bombardement verstellt hat, basiert auf einem anderen Phänomen: Es war nämlich immer extrem schwierig, den Tod ziviler Opfer im offiziellen Gedenken an den Zweiten Weltkrieg zu berücksichtigen. Da dieser Tod keinen unmittelbaren Nutzen hatte, konnte man ihn nur als Kollateralschaden akzeptieren. Die offensichtliche Sinnlosigkeit der zivilen Opfer machte es besonders schwierig, mit ihnen angemessen umzugehen und einen moralischen Anspruch auf ein offizielles Gedenken zu benennen. Soldaten, die fielen, taten dies für das Vaterland und die Freiheit. Die Opfer des Holocaust standen für die Unmenschlichkeit und die Grausamkeit eines perfiden, rassistischen Regimes. Was also kann uns der Tod von Zivilisten lehren? Wahrschein-

---

17 Eddy Florentin: Quand les Alliés bombardaient la France, Paris 1997, 2008; Ch. Beaudufe: Sacrifice des normands. L'été 1944, Paris 1994.
18 Achille Rely: Bommen op Mortsel: mission n°50, luchtaanval op de ERLA-fabrieken 5 april 1943, Antwerpen 1988; ders.: Green oorlogskruis voor Mortsel. De ramp van 5 april 1943, Deurne 1993; vgl. auch Charles Debruyne: Het gebeurde in Mortsel: gedenkboek, opgdragen aan de slachtoffers van het bombardement op Mortsel van 5 april 1943, en hun familie, Sint-Niklaas 1995.
19 Johannes Leonard van der Pauw: Rotterdam in de Tweede Wereldoorlog, Rotterdam 2006, S. 848–852.

lich ist das einzige, das sie uns vor Augen halten, der Irrsinn des Krieges. Aus diesem Grund bedrohten die Zivilopfer gewissermaßen die Hegemonie der Militärdoktrin, die den Zweiten Weltkrieg dominierte, und wurden entsprechend tabuisiert. Wenn wir uns mit dem Phänomen der politischen Korrektheit im historischen Kontext beschäftigen, geht es vor allem darum, solche Mythen und Tabus aufzudecken und mit ihnen aufzuräumen. Der Fall Nimwegen zeigt, dass dies für den Historiker eine noch stets gegenwärtige Aufgabe ist.

Übersetzung aus dem Niederländischen von Joachim Umlauf.

Oliver Lubrich

Fremder Blick, blinder Fleck

Debatte und Historiographie am Beispiel des Bombenkrieges

Sind die Leiden der Täter tabu? Seit gut zehn Jahren diskutieren Deutsche öffentlich die Zerstörung ihres Landes durch die alliierten Bombardements.[1] Deutsches Leid im Zweiten Weltkrieg ist zum Gegenstand polemischer Auseinandersetzungen und historischer Forschung geworden.[2] Eine Gruppe von Zeitzeugen jedoch bleibt noch zu entdecken und sowohl für erinnerungspolitische Debatten wie auch für die Geschichts- und die Literaturwissenschaft zu erschließen: Ausländer, die den Krieg im „Dritten Reich" erlebt haben. Das mag überraschen, denn ihre Zeugnisse sind zahlreich, historisch bedeutsam und ästhetisch innovativ. Warum also wurden sie vernachlässigt?

Der Romancier und Essayist W. G. Sebald hat die deutsche Debatte über den Luftkrieg durch eine Vorlesung im Jahr 1997 ausgelöst. Sebald erhob damals den Vorwurf, deutsche Autoren hätten vor der Aufgabe versagt, von der Zerstörung ihrer Städte Zeugnis abzulegen, indem sie die Bombardierungen entweder verdrängten oder verfälschten. Die meisten hätten die Bombenangriffe wie „ein schandbares, mit einer Art Tabu behaftetes Familiengeheimnis" vom literarischen Gedächtnis ferngehalten. Und die wenigen, die sich mit dem tabuierten Thema doch auseinandersetzten, hätten es überwiegend „auf fragwürdige Weise" behandelt und ihrerseits aus der Geschichte verbannt.[3]

Während Sebald den Deutschen vorhielt, sie würden sowohl ihre Schuld wie auch ihre Bestrafung missachten, zog der Historiker Jörg Friedrich[4] den Verdacht des Revisionismus auf sich, da er die Verbrechen seiner Landsleute mit deren Leiden gleichzusetzen schien.[5] Dabei hätte eine einfache Frage Sebald und Friedrich (und weitere Literaturwissenschaftler und Historiker, die sich auf ihre Arbeiten bezogen) zu einer reichhaltigen und vielfältigten, vor allem aber unverdächtigen Quelle von Material

1 Der vorliegende Beitrag wurde vorgestellt an der University of Leeds am 26.9.2008 und im Goethe-Institut Amsterdam am 11.12.2008. Das englische Original erschien in: German Life and Letters, 62 (2009), H. 4 (Oktober), S. 415–429. (Ich danke Hamish Ritchie für die freundliche Erlaubnis, die deutsche Fassung zu veröffentlichen.) Die Arbeit beruht auf meinen Dokumentationen: Berichte aus der Abwurfzone. Ausländer erleben den Bombenkrieg in Deutschland 1939 bis 1945, Frankfurt a. M. 2007 (31 Quellen); und Reisen ins Reich, 1933 bis 1945. Ausländische Autoren berichten aus Deutschland, Frankfurt a. M. 2004 (33 Quellen).
2 Auch britische Wissenschaftler haben ihren Beitrag geleistet, indem sie Darstellungen der früheren Feinde als Opfer untersuchten. Aus dem AHRC Forschungsprojekt „From Victims to Perpetrators: Discourses of German Wartime Suffering" an der University of Leeds (2005 bis 2008) gingen u. a. folgende Publikationen hervor: Bill Niven (Hg.): Germans as Victims. Remembering the Past in Contemporary Germany, New York 2006; Helmut Schmitz (Hg.): A Nation of Victims. Representations of German Wartime Suffering from 1945 to the Present, Amsterdam/New York 2007.
3 W. G. Sebald: Luftkrieg und Literatur. Züricher Vorlesungen, in: ders.: Luftkrieg und Literatur. Mit einem Essay zu Alfred Andersch, Frankfurt a. M. 2001, S. 9–110, hier S. 17–19.
4 Jörg Friedrich: Der Brand. Deutschland im Bombenkrieg 1940–1945, Berlin 2002. Ein Photo-Band folgte: Jörg Friedrich, Brandstätten. Der Anblick des Bombenkriegs, München 2003.
5 Eine Sammlung von Positionen zur Debatte erschien unter dem Titel: Lothar Kettenacker (Hg.): Ein Volk von Opfern? Die neue Debatte um den Bombenkrieg 1940–45, Berlin 2003.

führen können: nämlich zu den Aufzeichnungen von *Nicht*-Deutschen. Was haben *sie* erlebt? Wie haben *sie* den Luftkrieg dokumentiert? Wie haben *sie* die Zerstörung beurteilt?[6]

Aus unterschiedlichen Gründen hielten sich zwischen 1939 und 1945 zahlreiche Menschen verschiedener Herkunft in Deutschland auf. Sie kamen als Reiseschriftsteller oder Autoren auf Leserreise (Karen Blixen, Sven Hedin, Meinrad Inglin), Sympathisanten und Kollaborateure (József Nyírő, André Thérive, Marc Augier), Künstler auf Propaganda-Fahrten und internationalen Kongressen (Marcel Jouhandeau, Jacques Chardonne, Lőrinc Szabó), Zeitungs-Korrespondenten oder Rundfunk-Reporter (William Shirer, Howard Smith, Harry Flannery, Louis Lochner, Theo Findahl),[7] „embedded journalists" in alliierten Bombern (Edward R. Murrow, Beirne Lay), Kriegsberichterstatter der „Achsenmächte" (Curzio Malaparte) oder der Alliierten, mit deren Truppen sie 1944/1945 das Reichsgebiet betreten konnten (Janet Flanner, Martha Gellhorn, Virginia Irwin); sie arbeiteten in deutschen Unternehmen oder Einrichtungen (Gösta Block), unternahmen Geschäftsreisen (René Juvet) oder besuchten Verwandte (René Schindler); sie lebten in Deutschland oder in den besetzten Gebieten, als der Krieg ausbrach, und wurden durch ihn dort festgehalten (P. G. Wodehouse, Georges Chatterton-Hill); sie kamen als Politiker und Diplomaten (Galeazzo Ciano) oder als humanitäre Helfer (Folke Bernadotte); sie flohen vor der Sowjetarmee (Marie Wassiltschikow [Vassiltchikov], Jānis Jaunsudrabins) oder vor den Befreiern Frankreichs (Louis-Ferdinand Céline). Viele – in Jorge Semprúns Sinn unfreiwillig „Reisende"[8] – gerieten in Kriegsgefangenschaft (Kurt Vonnegut, Ray Matheny), wurden als politische Häftlinge in Gefängnissen gefoltert (Paul Stämpfli) oder als Juden in Konzentrationslager verschleppt (Mirjam Levie), wo die meisten von ihnen ermordet wurden. – Alle diese Zeugen erlebten den Luftkrieg in Deutschland. Einige schufen bedeutende literarische Texte und viel sagende historische Dokumente.

Internationale Berichte aus dem kriegführenden Dritten Reich sollen in fünf Hinsichten betrachtet werden: (I) Was ist *theoretisch* das Besondere an ausländischen Aufzeichnungen aus Nazi-Deutschland? Worin unterscheiden sie sich regelmäßig von deutschen? (II) Welche *historischen* Einsichten über die alliierte Bombenkampagne können wir ihnen entnehmen? (III) Mit welchen *literarischen* Mitteln haben internationale Autoren die Angriffe beschrieben? Fanden sie zu einer eigenen Poetik historischer Gewalt? (IV) Wie gingen Ausländer mit der *Ästhetik* der Luftangriffe um? Welche charakteristischen Merkmale treten zutage, wenn wir deutsche und nichtdeutsche Dokumente schrecklicher Faszination miteinander vergleichen? (V) Wie verhalten sich die Zeugnisse nichtdeutscher Autoren zu den gegenwärtigen Debatten über Deutsche als Opfer? Warum wurden sie übersehen?

---

6 Die einzigen Ausländer, deren Zeugnisse Friedrich in seine ausführliche Studie einbezieht, könnten beinahe als Deutsche gelten: ein Deutsch-Schweizer, Konrad Warner, und ein Deutsch-Däne, Jacob Kronika, die seit vielen Jahren im Land lebten. Bei Friedrich kommen diese beiden zusammen lediglich dreimal vor. Sebald erwähnt drei Nichtdeutsche, die lediglich indirekte Beobachter waren, weil sie sich während des Krieges nicht auf deutschem Gebiet aufhielten.

7 Immerhin konnten US-amerikanische Korrespondenten bis Dezember 1941 Berichte aus Berlin senden.

8 Jorge Semprún: Le grand voyage, Paris 1963.

I. Fremde Blicke

Den Berichten von Reisenden misstrauen wir. Wir gehen davon aus, dass sie von Vorurteilen geleitet sind und mehr über die Beobachter verraten als über die Beobachteten. Wir haben uns angewöhnt, unlautere Interessen zwischen ihren Zeilen aufzuspüren. Borniert durch Stereotype und bedingt von Ideologien, so die herkömmliche Annahme, verfehlen Reisende die bereiste Wirklichkeit.[9]

Aber wie verhält es sich mit dem Dritten Reich? Werden internationale Dokumente unsere ästhetischen und politischen Erwartungen herausfordern? Sollten wir Reiseliteratur, Ethnographie und Journalismus im Licht dieses historischen Materials theoretisch neu denken? Sind die Aussagen von Ausländern nicht in vielem zuverlässiger, aussagekräftiger oder angemessener als die deutscher Zeitzeugen?

Die Berichte von Ausländern bestimmen mindestens sechs Faktoren:

(1.) Fremderfahrung ist *plötzlich*. Während die Einheimischen den Nationalsozialismus, das totalitäre Regime und den Krieg als allmähliche Entwicklung und graduelle Eskalation erlebten, war die Erfahrung von Besuchern abrupt und schockartig. Ausländer waren daher imstande, das Auffällige und Unerhörte präziser zu erfassen, schärfer zu sehen und prägnanter zu beschreiben. Bisweilen sind Fremde die besseren Beobachter.

(2.) Reisende beobachten *kontrastiv*. Vor dem Hintergrund dessen, was ihnen vertraut war oder was sie erwarteten, haben Besucher in Deutschland als sonderbar registriert, was viele Einheimische nicht sehen konnten oder sehen wollten. Ihre Berichte sind wie *Kontrast*aufnahmen, deren Qualität in einer besonderen Kontrast*schärfe* liegt. Reiseliteratur ist ein privilegiertes Medium. Die Tatsache, dass der fremde Blick genauer sein kann und unter Umständen mehr sieht, widerspricht indes der Praxis „postkolonialer Studien" (in der Tradition Edward Saids), *sämtliche* auswärtigen Darstellungen *als solche* zu kritisieren. Reisen in Diktaturen stellen das orientalistische Paradigma in Frage. Selbst „koloniale" Motive, die wir aus gutem Grund zu durchschauen gelernt haben, etwa solche, welche die „Andersheit" des bereisten Landes übertreiben, haben hier ihre Berechtigung. Die „Barbarei" von Nazi-Deutschland war keine Phantasie verblendeter Fremder.

(3.) Ethnographische Wahrnehmung ist *dynamisch*. Die Eindrücke einer Reise verändern das Verständnis der bereisten Wirklichkeit und sie fordern die Haltung des Reisenden heraus. Sie können Entwicklungen auslösen oder beschleunigen, welche die Autoren unverzüglich in Tagebüchern oder Briefen festhalten oder zusammenhängend in Berichten oder Erzählungen nachvollziehen. Geschichte wird zu einer Sequenz schwieriger Vor-Ort-Erfahrungen, anstatt zu nachträglichem Wissen zu gerinnen und sich als rückblickender Konsens herauszubilden. Viele Besucher vollziehen während ihres Aufenthaltes bzw. seiner Beschreibung eine dramatische Wende, in der Regel vom naiven oder neutralen Beobachter oder sogar vom ausgesprochenen Sympathisanten zum Kritiker. Andere gestehen vorübergehende Versuchungen, Anfechtungen und Schwankungen, häufig eine gewisse Faszination für bestimmte

---

9 Edward Saids bahnbrechende Studie „Orientalism" (New York 1978) inspirierte Generationen von Forschern zu der Aufgabe, einen kolonialen Diskurs zu kritisieren, der in *allen* westlichen Darstellungen nicht westlicher Kulturen wirksam sei.

Elemente faschistischer Selbstdarstellung, die sie später durchschauen. Wie irritierend ein Aufenthalt in Nazi-Deutschland gewesen sein muss, lässt sich an partiellen Wandlungen und komplizierten Verläufen erkennen, die nicht selten überraschend ungelöste Widersprüche enthalten (zum Beispiel das Fortdauern ästhetischer oder erotischer Faszination, die mit einer im übrigen gewonnenen hellsichtigen Stellungnahme einhergehen kann).[10] Während reiseliterarische und autobiographische Formate es eigentlich nahe legen, Bewegungen, Begegnungen und Veränderungen in den Blick zu nehmen, ist es um so erstaunlicher, wenn Spezialisten der Reiseliteratur und der Interkulturalität oft eher daran interessiert sind, statische Muster auszumachen und kohärente Diskurse über ‚das Andere' aufzudecken (wie beispielsweise Susanne Zantop oder Mary Louise Pratt).[11]

(4.) Viele Reiseberichte sind *offen*. Sie enthalten selbstreflexive und selbstkritische Elemente. Als sie ihre Texte über Nazi-Deutschland verfassten, waren Ausländer für Desinformation und Propaganda, Zensur und Selbstzensur weniger anfällig als ihre deutschen Zeitgenossen. Sie hatten seltener Anlass, mit der NS-Führung übereinzustimmen oder sich mit den Deutschen als Opfern des Luftkrieges zu identifizieren. Mit größerer Unbefangenheit konnten sie eigene Missverständnisse, Fehleinschätzungen oder falsche Parteinahmen offen legen. So gaben sie recht unverhohlen darüber Auskunft, „was man wissen konnte", d. h. welche Informationen über die nationalsozialistischen Verbrechen zum gegebenen Zeitpunkt auf welchem Weg verfügbar waren. Und sie beschrieben schonungsloser, wie sie sich persönlich zu diesem Wissen verhalten haben.[12]

(5.) Reiseliteratur kann *vielfältig* sein – sprachlich, rhetorisch und poetisch formenreich. Internationale Besucher (vor allem Europäer und Amerikaner) verfügten über ein breites Repertoire. Sie konnten aus den literarischen Traditionen ihrer Heimatkulturen schöpfen und mit zeitgenössischen Neuerungen experimentieren, während deutsche Autoren unter den Bedingungen der „Gleichschaltung" lebten und arbeiteten. Deutsche waren von internationalen Entwicklungen zwölf Jahre lang sogar noch vollständiger abgeschnitten als ihre Kollegen in Italien oder Spanien. Während viele der bedeutendsten Schriftsteller im Exil lebten, kamen ausländische Berichterstatter als erfahrene Beobachter und professionelle Schreiber, deren Texte von Überlegtheit, Sorgfalt und Genauigkeit zeugen. Sogar faschismusnahe Intellektuelle (wie Céline, Jouhandeau oder Malaparte) waren wesentlich innovationsfreudiger und nicht auf eine künstlerische „Blut und Boden"-Doktrin verwiesen. Einige Texte europäischer Sympathisanten (zum Beispiel József Nyírö) können einem heutigen Leser nicht nur facettenreich, sondern zuweilen sogar subversiv vorkommen – im Vergleich mit dem, was deutsche Autoren zur selben Zeit verfasst haben.

---

10 Der Bericht der US-Amerikanerin Martha Dodd ist das Paradigma einer komplexen Verwandlung: My Years in Germany, London 1939; vgl. Oliver Lubrich: Formen historischer Erfahrung: Die Metamorphosen der Martha Dodd, in: Oxford German Studies, 34 (2005), H. 1, S. 79–102.
11 Mary Louise Pratt: Imperial Eyes. Travel Writing and Transculturation, London, New York 1992; Susanne Zantop: Colonial Fantasies. Conquest, Family, and Nation in Precolonial Germany, 1770–1870, Durham/ London 1997.
12 Die Offenheit ihrer Darstellungen entspricht dem, was Homi Bhabha, eher abstrakt, als den „hybridisierenden" Effekt der Fremderfahrung beschrieben hat: Homi Bahbha: The Location of Culture, London/ New York 1994.

(6.) Die Position von Ausländern in einer totalitären Gesellschaft ist *ambivalent*. Sie sind zugleich mittendrin und distanziert. Besonders deutlich wird dies bei einem Luftangriff, der Fremde und Einheimische gleichermaßen bedroht. In den Begriffen der Ethnologie handelt es sich um einen Extremfall „teilnehmender Beobachtung".

II. Teilnehmende Beobachter

Wie also haben Ausländer die *air raids* in Deutschland erlebt? Welchen Beitrag können ihre Aufzeichnungen zu unserem Verständnis der Geschichte des Luftkrieges leisten? Mit ihrem fremden Blick erfassten die teilnehmenden Beobachter nicht nur ihre eigenen Emotionen in Augenblicken lebensbedrohlicher Gefahr, sondern auch das Verhalten der Deutschen: wann und inwiefern diese Hass oder Verzweiflung zeigten; ob sie die alliierten Operationen als gerechte Vergeltung verstanden. Sie notierten, wie die Deutschen die Propaganda ihrer Regierung aufnahmen, die den „Terror" feindlicher „Luftpiraten" geißelte, während sie die eigenen tödlichen Schläge feierte – gegen Warschau, Rotterdam, London, Coventry, Stalingrad. Die Frage, wie sich die Zivilbevölkerung im Bunker verhielt, hängt zusammen mit einer grundsätzlichen: Was wussten die Deutschen über ihre Verbrechen – über Kriegsschuld, Vernichtungskrieg und Völkermord? „Hier kann man das wahre deutsche Volk kennenlernen", bemerkte der Schwede Arvid Fredborg im Luftschutzkeller. „Wenn die Bomben fallen, fällt auch seine Maske."[13] Das Leben im Schutzraum, so heißt es mit schöner Prägnanz in der englischen Ausgabe seines Erlebnisberichts, „is both an equalizer and an unmasker of men."[14]

Zeitgenössische Berichte dokumentieren, wie der Luftkrieg *damals* eingeschätzt wurde; und wie sich seine Beurteilung allmählich veränderte. Texte aus den ersten Kriegsjahren, als die Folgen zunächst nur sporadisch sichtbar waren, beschreiben eine anfänglich durchaus fortdauernde „Normalität" des Alltagslebens, die ausländische Berichterstatter ebenso wie viele Einheimische dazu verleitete, die entsetzlichen Möglichkeiten eines entfesselten Luftkrieges zu unterschätzen. Die Hoffnungen demokratischer und neutraler Beobachter richteten sich auf England, dessen einzige Möglichkeit in gezielten „Nadelstichen" aus der Luft zu bestehen schien. So teilten William Shirer (1940)[15], Howard Smith (1941)[16] und Louis Lochner (1942)[17] zunächst nicht nur den Wunsch, Großbritannien und möglichst auch die Vereinigten Staaten von Amerika sollten den Kampf nach Deutschland bringen, sondern auch die optimistische Einschätzung, dass aus der Luft mit vergleichsweise geringem Aufwand und wenigen Opfern eine entscheidende Wirkung zu erzielen sei. Während eines Angriffs lief Smith auf die Straße und rief zu den Bombern hinauf: „More! bigger!"[18]

---

13 Arvid Fredborg: Bakom Stålvallen. Som svensk korrespondent i Berlin 1941–43, Stockholm 1943, S. 288–301 (engl.: Behind the Steel Wall. A Swedish Journalist in Berlin 1941–43, diverse Übersetzer, New York 1944, S. 201–209).
14 Fredborg, Behind the Steel Wall, S. 208.
15 William Shirer: Berlin Diary. The Journal of a Foreign Correspondent, 1934–1941, New York 1941.
16 Howard Smith: Last Train from Berlin, New York 1942.
17 Louis Lochner: What About Germany?, New York 1942.
18 Howard Smith: Events Leading up to My Death. The Life of a Twentieth-Century Reporter, New York 1996, S. 77–115, hier S. 97.

Als sich die Luftangriffe zusehends verschärften, begannen ausländische Beobachter, ihre ethische Rechtfertigung in Frage zu stellen. Je länger der Krieg dauerte und je effektiver die Bombardements wurden, desto kritischer betrachtete man sie. Die Angriffe auf die zivile Bevölkerung erwiesen sich als kontraproduktiv. Sie lenkten die Deutschen von politischen Erwägungen ab und zwangen sie, sich um ihr unmittelbares Überleben zu kümmern. Allenfalls beförderten sie eine zwischenmenschliche Solidarisierung. Vor allem aber versorgten sie die NS-Propaganda mit einem „Gottesgeschenk" („godsend"), wie ein schwedischer Korrespondent im April 1944 im US-amerikanischen Magazin *Collier's* warnte.[19] Joseph Goebbels konnte sie sich zunutze machen, um die Deutschen erst recht zum Durchhalten aufzuhetzen. Unter keinen Umständen dürften sie einem Feind unterliegen, der sie als Volk vernichten zu wollen schien. Viele Autoren stimmten schon früh darin überein, dass die Deutschen, obwohl sie zu keiner Zeit vom Krieg begeistert waren, diesen mit großem Einsatz führten – aus blanker Furcht vor Rache und Strafe. Hat paradoxerweise die Zerstörung der Städte die Kampfbereitschaft ihrer Bewohner angefeuert? Haben die Deutschen durchgehalten aus schlechtem Gewissen?

Internationale Berichte, die während des Luftkrieges erschienen, geben Aufschluss zum Stand der Information in den beteiligten Ländern sowie zur zeitgenössischen Diskussion über die Wirkung und die Rechtfertigung dessen, was Edward Murrow seinen amerikanischen Zuhörern im Dezember 1943 als „calculated, remorseless campaign of destruction" beschrieb.[20] In ihrer kritischen Auseinandersetzung stießen ausländische Zeugen zu einer Überlegung vor, die den Sinn von Luftangriffen auf zivile Ziele erheblich in Frage stellt. In dem halb-dokumentarischen Spielfilm *Germania anno zero* (1947), der kurz nach dem Krieg an Originalschauplätzen im trostlosen Berlin gedreht wurde, wird ein deutscher Junge zuerst zum Mörder und in der Folge zum Selbstmörder.[21] Der italienische Regisseur Roberto Rossellini stellt in dieser Geschichte, die in einer Ruinenlandschaft spielt, eine schwierige Frage: Sind die Trümmer Ausdruck oder Voraussetzung, Ergebnis oder Beschleuniger der moralischen Verwahrlosung? Dieser Gedanke kommt in mehreren Dokumenten auf: Hat der Luftkrieg Hemmschwellen gesenkt? Hatten verstörte Obdachlose, die in verkohlten Schuttbergen hausten, es weniger leicht, in einer mörderischen Umwelt ihre Menschlichkeit zu bewahren? Haben die Bomben die Grundlagen bürgerlichen Lebens zusätzlich erschüttert? Haben sie hergebrachte Moralvorstellungen und noch vorhandene Widerstände weiter geschwächt? Haben sie dazu beigetragen, Tätern, Mitläufern und Zuschauern manche Verbrechen entschuldbar oder gar gerechtfertigt erscheinen zu lassen? Ein Satz des Kommandanten in Bergen-Belsen, den Mirjam Levie nach einem Luftangriff hörte, mag der zynischste Ausdruck dafür gewesen sein: „Laß sie kaputt gehen, bei uns gehen so viele kaputt."[22]

---

19 Oscar Jacobi: Report from Germany, in: Collier's, 1.4.1944, S. 11, S. 67–69; weitere Artikel erschienen in: The New York Times Magazine: Berlin Inferno – An Eyewitness Story, 30.1.1944, S. 6, S. 35; Berlin Today: A First-Hand Report, 24.9.1944, S. 5, S. 40–41.

20 Edward R. Murrow: December 3, 1943, in: ders.: In Search of Light. The Broadcasts of Edward R. Murrow 1938–1961, hg. von Edward Bliss, New York 1967, S. 70–76, hier S. 76.

21 Roberto Rossellini: Germania anno zero, Italien 1947.

22 Mirjam Bolle [geborene Levie]: Ik zal je beschrijven hoe een dag er hier uitziet. Dagboekbrieven uit Amsterdam, Westerbork en Bergen-Belsen, Amsterdam/Antwerpen 2003, S. 213 (dt.: „Ich weiß, dieser Brief wird

Als Mirjam Levie nach Bergen-Belsen deportiert wurde, trösteten sie andererseits die Schäden, die sie aus dem Zug heraus an einer deutschen Stadt betrachten konnte: „Bremen heeft de hele reis goedgemaakt" („Bremen hat die ganze Reise
wettgemacht").[23] Anders als viele deutsche Autoren, die Sebald kritisiert hat, sahen
Ausländer die Bombardements keineswegs losgelöst von Deutschlands Verbrechen.
Viele wussten um Hitlers Angriffskrieg, um die Massaker der Luftwaffe, um die Verfolgung und Ermordung der Juden. So bezeichnete Edward Murrow die Maschine,
an deren tödlicher Mission er 1943 teilnahm, nicht von ungefähr als eine „world in
exile". Auf dem Rückweg dachte er daran, dass er auf derselben Route fünf Jahre
zuvor mit Flüchtlingen nach England geflogen war, für deren Vertreibung man nun
„Vergeltung" geübt hatte („retribution").[24] Als er 1945 nach Deutschland zurück-
kehrte, wollte der Reporter von der schrecklichen Zerstörung sprechen – bis es ihm
in Buchenwald die Sprache verschlug.[25]

Der Schweizer Kaufmann Paul Stämpfli fürchtete und erwartete die Bomben im
Gefängnis Plötzensee, nachdem ihn die Gestapo verhaftet hatte. In seinem Bericht
eines Überlebenden, der 1945 erschien, machte Stämpfli einen radikalen erinnerungspolitischen Vorschlag: Die Ruinen sollten für lange Zeit stehen bleiben. Als flächen-
deckendes Denkmal verstanden, als landesweiter *lieu de mémoire*, wäre die deutsche
Städtelandschaft mit ihren Brachen und Neubauten ein bleibendes und nicht zu
übersehendes Symbol, bedeutungsreicher als jedes künstliche Holocaust-Mahnmal.
Unübersehbar würden die Ruinen nicht so sehr vordergründig für die Zerstörung
stehen, sondern vielmehr für die Verbrechen, die sie heraufbeschworen hatten.[26]

III. Andere Stimmen

„[T]here is nothing intelligent to say about a massacre", bemerkte Kurt Vonnegut
zur Zerstörung von Dresden.[27] Dennoch haben viele internationale Schriftsteller,
Vonnegut eingeschlossen, den Versuch unternommen, das Furchtbare zur Darstellung zu bringen. Welcher Techniken haben sie sich bedient, um die Schrecken zu
beschreiben, die sie erlebt hatten? Viele Autoren bezweifelten, dass es überhaupt
möglich sei, die Erfahrung, bombardiert zu werden, gedanklich rekonstruieren und
sprachlich vermitteln zu können. Einige machten die Probleme der Erinnerbarkeit,
der Darstellbarkeit und der Angemessenheitsskepsis literarisch produktiv, besonders
Curzio Malaparte in *Kaputt* (1944), Louis-Ferdinand Céline in *Rigodon* (1961) und
Kurt Vonnegut in *Slaughterhouse-Five* (1969).

Céline schreibt wie in mündlichem Redefluss, in fortgesetzter Zwiesprache mit
einem vorgestellten Zuhörer, dem er mitteilt, was er „in Fetzen" („par bribes") sich
ins Gedächtnis zu rufen vermag. Wir folgen seinem Erzähler, wie er seine Gedanken
zu ordnen versucht, immer wieder den Faden verliert und Erinnerungslücken andeu-

Dich nie erreichen". Tagebuchbriefe aus Amsterdam, Westerbork und Bergen-Belsen, übersetzt von Stefan
Häring/Verena Kiefer, Berlin 2006, S. 250 (Bergen Belsen, 12.2.1944).
23 Bolle, Ik zal, S. 193; deutsche Ausgabe, S. 227 (Bergen Belsen, 18.1.1944).
24 Murrow, December 3, S. 71, S. 75.
25 Edward R. Murrow: April 15, 1945, in: ders., In Search of Light, S. 90–95.
26 Paul Stämpfli: In Deutschland zum Tode verurteilt. Tatsachenbericht eines Schweizers, Zürich/New York
1945.
27 Kurt Vonnegut: Slaughterhouse-Five or The Children's Crusade [1969], New York 1991.

tet. Die Leerstellen, die er mit den berühmten Célineschen drei Punkten markiert, durchsetzen seinen gesamten Diskurs. Er weicht ab, wiederholt sich und beteuert seine Glaubwürdigkeit. Immer wieder macht er seinen imaginären Gesprächspartner darauf aufmerksam, wie schwer es ihm fällt, sich an die Erlebnisse zu erinnern und diese darzustellen: „ma chronique est un peu hachée, moi-même là qui a vécu ce que je vous raconte, je m'y retrouve avec peine …“, „moi j'ai du mal à ne pas vous perdre …“[28]

Bei Kurt Vonnegut sind viele Jahre vergangen, als sein Erzähler endlich in der Lage zu sein scheint, von dem verheerenden Luftangriff, den er überlebt hatte, einen Bericht zu geben. Dennoch bleibt die Zerstörung Dresdens, von der das Buch handeln soll, die es aber nur höchst umwegig umkreisen kann, ein *void*. Lediglich in einer sehr kurzen Szene wird der eigentliche *raid* eher vermittelt dargestellt als direkt beschrieben. „He remembered it shimmeringly“, heißt es dort, „as follows:“ Im Keller eines Schlachthofes hört der Protagonist die Einschläge und Explosionen; eine Nebenfigur berichtet, was draußen vor sich geht; und erst nach dem Angriff öffnet die Kellertür den Blick auf eine Mondlandschaft, zu der die barocke Stadt zerbombt worden ist. Diese Nichtbeschreibung des verstörenden Ereignisses ist das Zentrum des Werkes. Kurt Vonnegut bildet keine kohärente Erinnerung ab, sondern die erschütternden Folgen einer Traumatisierung.[29]

Curzio Malaparte erfand ein Motiv, das durch Roberto Benignis Film *La vita è bella* Berühmtheit erlangte: die Umdeutung des Schrecklichen in ein vermeintliches Spiel.[30] Im Roman *Kaputt* (1944) erzählt Malapartes Figur im kriegsverdunkelten Potsdam folgende Geschichte: Ein Vater muss mit seinem Sohn jedes Mal in den Keller flüchten, wenn alliierte Flugzeuge ihren süditalienischen Heimatort anfliegen. Er versucht, das Kind zu beruhigen, indem er vorgibt, das sei alles nur ein Spiel. Im Garten versteckt er Geschenke, die der Junge dann suchen muss. Sobald die Flieger wieder verschwunden sind, sagt er ihm, sie hätten Spielzeug für ihn abgeworfen.[31] – Fiktionen müssen katastrophale Gewalt keineswegs verschleiern. Ein einfaches literarisches Motiv kann sie umso begreiflicher und ergreifender machen.

Im Unterschied zu den genannten Schriftstellern, die das Format des Romans wählten, führte die zum Flüchtling gewordene russische Prinzessin Marie Wassiltschikow ein Tagebuch, ihr *Berlin Diary* (von 1940 bis 1945, in englischer Sprache).[32] Bisweilen macht sie sich Gedanken über ihren besonderen Standpunkt und ihren fremden Blick: „there is a fundamental difference in outlook between all of *them* and me.“[33] Ihre Aufzeichnungen schildern die Wandlung einer naiven, unpolitischen

---

28 Louis-Ferdinand Céline: Rigodon, Paris 1969, S. 174, S. 169, S. 228. – Die weiteren Teile von Célines Deutschland-Trilogie sind „D'un château l'autre“ (Paris 1957) und „Nord“ (Paris 1960).

29 Vonnegut, S. 181.

30 Roberto Benigni: La vita è bella, Italien 1997.

31 Curzio Malaparte: L'occhio di vetro, in: ders.: Kaputt, Neapel 1944, S. 415–444.

32 Marie Vassiltchikow, Berlin Diaries, 1940–1945, hg. von George H. Vassiltchikow, New York 1988.

33 Vassiltchikow, S. 189 (19.7.1944). Als sich die deutschen Freunde der russischen Autorin gegen Adolf Hitler verschworen, hemmten sie patriotische Skrupel. Für die Russin dagegen war der Zweck, den Krieg zu beenden, hinreichender Grund, den Diktator zu töten. Die „Konspiration“, welche zum berühmten Stauffenberg-Coup vom 20. Juli 1944 führte, wird im Tagebuch zum ersten Mal am 2. August 1943 erwähnt (S. 85).

Aristokratin, die während des Krieges Partys besucht, zur Mitwisserin eines Putsch-versuchs und zur engagierten Krankenpflegerin in einem beschädigten Hospital.

Marie Wassiltschikow fand einen Ton, der für viele ausländische Beobachter cha-rakteristisch ist. Ihre Prosa nähert sich einer Poetik, die zur selben Zeit von einem Schriftsteller in einem ganz anderen Zusammenhang entwickelt wurde: „A fines del año 1943", so beginnt ein bekanntes Werk der Weltliteratur, „gegen Ende des Jahres 1943" war es, als sich die Geschichte in „Ruinen" verdichtete. Sie besaßen politische Bedeutung, die den Reisenden berührte. Zugleich ging von ihnen eine ästhetische Faszination aus. Wer sie betrachtete, sah sich herausgefordert, die eigene Wahrneh-mung der Wirklichkeit zu überdenken und deren Darstellung in der Literatur neu zu konzipieren. Von dieser Szenerie geht das Manifest einer Poetik aus, die zu den wirkungsmächtigsten der zweiten Hälfte des zwanzigsten Jahrhunderts werden sollte. Sie spielt, als Berlin zu Trümmern gebombt wurde, bei den Resten des Schlosses „Sans-Souci" – auf Haiti. Ihr Autor ist der kubanische Romancier Alejo Carpentier, die Trümmer, die ihn in den Bann zogen, „las ruinas, tan poéticas", betrachtete er auf einer Reise in die karibische Nachbarinsel. Carpentier nimmt Haitis „keineswegs erfundene Magie" („nada mentido sortilegio") zum Ausgangspunkt des programma-tischen Vorwortes seines Romans „El reino de este mundo" (1949).[34]

Carpentiers Theorie des „Wunderbar-Wirklichen" („lo real-maravilloso") – eine Inspiration für den populären *realismo mágico* – beruht auf dem Gedanken, dass Realismus sich selbst transzendiert. Schriftsteller haben sich nur an die Wirklichkeit zu halten. Bedeutungen und Vorstellungen, die über sie hinausweisen, finden sich im Alltagsleben als tatsächliche Gegebenheiten in ganz und gar diesseitiger Außer-gewöhnlichkeit. Gewalt muss nicht erfunden werden; sie ist eine geschichtliche Tat-sache. Literatur, die diesem Grundsatz folgt, ist detailgenau wirklichkeitstreu; ihre Methode dokumentarisch; ihr Anliegen entspricht dem der Historiographie. Die gesamte Geschichte (Lateinamerikas) wird unter diesem Gesichtspunkt zu einer Chronik wahrer *und* unglaublicher Ereignisse. Carpentiers Konzept einer „maravil-losa realidad" ist nur auf den ersten Blick paradox. Der Schriftsteller verortet seine Poetik zwischen zwei Gegensätzen: einerseits einem künstlichen Surrealismus, der die Wirklichkeit hinter sich lässt; und andererseits einer prosaischen Buchstäblichkeit, die an die Stelle phantastischer Tricks schlichte Gemeinplätze setzt.

Carpentiers Ruinen von 1943 sind andere als Sebalds. Der Kontext ist für den einen post-kolonial und für den anderen post-nazistisch. Die Fragen jedoch, die dieser stellte, sind mit denen, die jener erörterte, durchaus vergleichbar. (Und als heuristisches Modell eröffnet Carpentiers Entwurf eine interkulturelle Perspektive.) Wie sollten Schriftsteller mit Gewalt umgehen? Wie lässt sich die eigene Geschichte zur Darstellung bringen? Wie kann man Katastrophen beschreiben, die (in Sebalds Worten) „der tradierten Ästhetik inkommensurab[el]" sind? Wie ist fabelhafte Über-höhung ebenso zu vermeiden wie leichtfertige Profanierung?

Einige Autoren haben Formen der Darstellung gefunden, die Carpentiers Pro-gramm entsprechen – und die zugleich, wenn auch auf eigene Weise, den Anfor-derungen Sebalds genügen, der sich für einen sachlichen und dokumentarischen

---

34 Alejo Carpentier: El reino de este mundo [1949], Santiago de Chile 1973, S. 9–16.

(oder auch fingiert dokumentarischen) Ansatz ausgesprochen hat.[35] So hat Marie Wassiltschikow eine Reihe höchst ungewöhnlicher und beinahe surreal wirkender Szenen skizziert, ohne doch jemals ins Übernatürliche zu geraten: Wasserschlangen drohen aus dem Aquarium zu entweichen; Tiger könnten dem Zoo entlaufen; Krokodile in den Kanal gelangen. – Die Straßen im Einkaufszentrum sind mit glitzernden Glassplittern bedeckt. – Welt und Unterwelt scheinen vertauscht zu sein. – Aus der blitzsauberen Untergrundbahn steigen Großstädter in eine Ödnis hinauf, die an die Schlachtfelder des Ersten Weltkrieges erinnert. – Die Nacht wird zum Tag. – Die Erde bebt. – Ein Expresszug voller Leichen fährt in den Bahnhof ein und brennt wie eine Fackel. – Ein wahnsinniges Mädchen hockt auf einem Trümmerberg, unter dem die Leichen seiner Eltern verschüttet sind, und putzt sorgsam die Steine ab, um sie einzeln wieder fortzuwerfen. – Eine Prinzessin probiert einen Hut an, während rings um das Geschäft alles in Flammen steht. – Menschen schieben ihre Habseligkeiten in einem Kinderwagen durch die Stadt. – Ein Park hat sich in einen Dschungel verwandelt. – Asphaltierte Boulevards werden zu zähflüssigen Strömen von Lava. – Am Kurfürstendamm führen Treppen ins Nichts. – Mitteleuropäer zelten wie Beduinen. – Teile Berlins stehen unter Wasser; Menschen schwimmen durch riesige Krater. – In der Reichshauptstadt breitet sich der Geruch von Gas aus: ebenso realistisch wie allegorisch.

Im Sinne von Alejo Carpentiers Konzept des *real-maravilloso* gelang es Autoren wie Marie Wassiltschikow, das Erlebte weder zu verleugnen noch zu verschieben, zu verharmlosen oder zu verschönern. Ohne sich in Verklärungen zu flüchten oder ins Triviale abzuleiten, beschrieben ausländische Autoren den Vorgang der Zerstörung, die sie erlebt hatten, in genauen Einzelheiten. Durch Techniken der Selektion und Kombination konnten sie sprachlich das Unbegreifliche fassen. Vieles wirkte „unreal" und bedurfte keiner künstlichen Übertreibung. Während es Alejo Carpentier darum ging, der Wirklichkeit unangemessene Gemeinplätze, die er in der europäischen Literatur fand, bei der Erzählung seiner eigenen Geschichte abzuwehren, vermochte Marie Wassiltschikow, Klischees zu vermeiden, die der Beschreibung ihrer Erfahrung ebenso unrecht tun würden. Mit fremdem Blick sahen ausländische Zeugen das Befremdliche der deutschen Wirklichkeit. Deren verwirrende Absurdität konnten sie aufzeichnen, ohne Stilisierungen einzusetzen, die aus ihr hinausführen.

IV. Ästhetik und Ästhetisierung

Walter Benjamin bezeichnete die „Ästhetisierung des politischen Lebens" als zentrale Strategie des Faschismus. Er sah sie „gipfeln", schrieb er im Nachwort zum berühmten Aufsatz über *Das Kunstwerk im Zeitalter seiner technischen Reproduzierbarkeit* (1936–1939), in einer Ästhetisierung des Krieges.[36] Wenn aber die Ästhetisierung des Krieges als ideologisches Verfahren abzulehnen ist, dann muss die Ästhetisierung eines gegen Zivilisten gerichteten Luftangriffs erst recht skandalös sein. Und dennoch haben

---

35 Sebalds Muster ist Alexander Kluges literarische Montage „Der Luftangriff auf Halberstadt am 8. April 1945" (Kluge: Neue Geschichten. Hefte 1–18. Unheimlichkeit der Zeit, Frankfurt a. M. 1978, S. 33–106).
36 Walter Benjamin: Das Kunstwerk im Zeitalter seiner technischen Reproduzierbarkeit (3. Fassung [1936–1939]), in: ders.: Gesammelte Schriften, 7 Bde., Bd. 1.2, hg. von Rolf Tiedemann/Hermann Schweppen-häuser, Frankfurt a. M. 1991, S. 471–508, Nachwort: S. 506–508, hier S. 506.

zahlreiche Autoren, ob deutsch, russisch oder amerikanisch, die Bombardements als ästhetische Erfahrung erlebt bzw. dargestellt. Sie boten ihnen die seltene Gelegenheit, den Krieg mit seinen überwältigenden visuellen und akustischen Effekten unmittelbar wahrzunehmen, aber idealerweise aus halbwegs sicherem Abstand. Jānis Jaunsudrabins, ein lettischer Schriftsteller, der vor der Roten Armee geflohen war, erreichte im Oktober 1944 Bielefeld, als die Stadt gerade in Schutt und Asche gelegt worden war. Er habe bedauert, schreibt er, nicht eher eingetroffen zu sein: „Schade. Wir hätten dann gesehen, wie so was vor sich geht."[37] Louis-Ferdinand Céline inszeniert die Geräusche der Explosionen als Konzert, die Feuer als Farbenspiel und die Formen der Flammen über den Trümmern als Tanz, als „Rigodon". Aber selbst unverdächtige Zeugen scheinen sich ähnlich verhalten zu haben. Edward Murrow spricht von einer „orchestrated hell, a terrible symphony of light and flame".[38] Warum haben sie der Versuchung nachgegeben, die Zerstörung als Kunstwerk darzustellen? Kann ein Luftangriff schön sein? Ist seine ästhetische Erfahrung nicht immer ein Indiz faschistischer Ideologie? Wann wird Ästhetisierung zum Problem?

Den vielleicht provozierendsten und jedenfalls umstrittensten Fall der genüsslichen Gestaltung eines Bombardements hat Ernst Jünger geschaffen, dem Walter Benjamin bereits 1930 eine „hemmungslose Übertragung der Thesen des L'Art pour l'Art auf den Krieg" attestiert hatte.[39] Ausgerechnet der als Beispiel für die zynische Ästhetisierung von Gewalt womöglich meistzitierte Eintrag in Jüngers „Zweitem Pariser Tagebuch" (vom 27. Mai 1944) hat jedoch eine verblüffende Entsprechung im Journal einer nichtdeutschen Autorin, der er unheimlich nahe kommt und dennoch entscheidend fernbleibt. (In beiden Zitaten werden die gemeinsamen Elemente mit einer durchgezogenen Linie, die unterschiedlichen mit einer unterbrochenen markiert.) Bei Ernst Jüngers Text handelt es sich um die berüchtigte „Erdbeeren im Burgunder"-Szene:

> *Alarme, Überfliegungen. Vom Dache des ,Raphael' sah ich zweimal in Richtung von Saint-Germain gewaltige Sprengwolken aufsteigen, während Geschwader in großer Höhe davonflogen. Ihr Angriffsziel waren die Flußbrücken. Art und Aufeinanderfolge der gegen den Nachschub gerichteten Maßnahmen deuten auf einen feinen Kopf. Beim zweiten Mal, bei Sonnenuntergang, hielt ich ein Glas Burgunder, in dem Erdbeeren schwammen, in der Hand. Die Stadt mit ihren roten Türmen und Kuppeln lag in gewaltiger Schönheit, gleich einem Kelche, der zu tödlicher Befruchtung überflogen wird. Alles war Schauspiel, war reine, von Schmerz bejahte und erhöhte Macht.*[40]

---

37 Jānis Jaunsudrabins: Es stastu savai sievai, Stockholm 1951, S. 79; ders.: Ich erzähle meiner Frau von der Flucht aus Lettland und dem Exil in Westfalen, aus dem Lett. übersetzt von Ojars J. Rozitis, Münster 2006, S. 75.
38 Murrow, December 3, S. 76.
39 Walter Benjamin: Theorien des deutschen Faschismus. Zu der Sammelschrift Krieg und Krieger. Hg. von Ernst Jünger [1930], in: ders., Gesammelte Schriften, Bd. 3, hg. von Hella Tiedemann-Bartels, Frankfurt a. M. 1991, S. 238–250, hier S. 240.
40 Ernst Jünger: Das zweite Pariser Tagebuch, in: ders.: Werke, Bd. 3, Stuttgart 1979, S. 271.

Eine auf den ersten Blick ganz ähnliche Szene findet sich in Marie Wassiltschikows Tagebuch (im Eintrag vom 27. August 1942):

> *That night, after dinner, I lay reading in bed, when there was suddenly the sound of many planes overhead, the flak of the neighbouring town opened fire and all hell broke loose. A full moon lit up the moats while searchlights swept the sky, and as I leaned out of the window I was for a brief instant caught up by the rather scary beauty of it all. Then, remembering what had just happened to Johannisberg, I ran out into the corridor, where I barged into the whole family, who were on their way to fetch me. We trooped down into the main courtyard, where we sat on the cellar steps eating peaches and drinking milk* [...][41]

In beiden Fällen geht eine Faszination, die aus einer erhöhten Zuschauer-Position erlebt wird (auf dem Dach, am Fenster), in einen kulinarischen Genuss über. Die Luftangriffe werden mit einem Getränk (Wein, Milch) und mit Früchten (Erdbeeren, Pfirsiche) in Verbindung gebracht. Die Form lässt an die der Bomben denken, während die Farben denen des Panoramas entsprechen (bei Jünger das Rot des „Sonnenuntergangs" und der „roten Türme und Kuppeln"; bei Wassiltschikow das Weiß und Gelb des „Vollmondes" und des Lichts der „Scheinwerfer"). Die Verfasser haben ihre Texte, in denen Gefahr und Schönheit auf heikle Weise verschmelzen, literarisch angelegt und sorgfältig ausgearbeitet; Jüngers Motive (Kelch, Wein, Wolken) sind andeutungsreich; Wassiltschikow führt ihre Szene ein, indem sie als Lesende auftritt, so dass die Wirklichkeit des Krieges gleichsam in die Literatur einbricht – und, da sie im Bett liegt, beinahe in ihre Träume.

Aber auch die Unterschiede sind bedeutsam. Wassiltschikows Begeisterung endet abrupt. Während die „Schönheit" des Luftangriffs für den Soldaten „gewaltig" ist, wirkt sie auf die Exilantin „beängstigend" („rather scary"). Wo er zweimal und für längere Zeit in Ruhe beobachten kann, bis zum „Sonnenuntergang", währt ihre Faszination nur vorübergehend, „for a brief instant". Wenn der Kriegsveteran souverän eine Aussicht genießt, folgt die junge Frau einem Reflex, sie ist „gebannt" („caught up"). Es gelingt ihr, sich von dem Anblick loszureißen, indem sie vernünftigerweise an die Folgen vorheriger Bombardierungen denkt (die Zerstörung von Schloss Johannisberg). Sie gibt die Rolle der Zuschauerin auf und begreift sich als mögliches Opfer. Sie wird sich der Tatsache bewusst, dass die Flugzeuge direkt über ihr sind, „overhead". Sie sieht ein, dass sie unmittelbar betroffen ist und geht in Sicherheit. Während Jünger auf dem Dach bleibt, steigt sie hinab. Der Verfasser von *In Stahlgewittern* nimmt die Pose eines Dandys ein, der den Luftangriff als ‚erhabenes' Ereignis überschauen kann und sich an der eigenen Überlegenheit zu erfreuen scheint. Die Tagebuchschreiberin nimmt dagegen eine weniger elegante Haltung ein: sie kauert auf der Kellertreppe („on the cellar steps").

Die Verführung scheint in bestimmten Situationen, bei unmittelbarer Betroffenheit auszusetzen. Ästhetische Erfahrung braucht eine gewisse Distanz. Wer durch ein brennendes Haus rennt, hat dazu keine Gelegenheit. Aber vor allem: Während der Deutsche zynisch von „tödlicher Befruchtung" spricht und metaphysisch eine

---

41 Vassiltchikov, S. 66.

„reine, von Schmerz bejahte und erhöhte Macht" feiert, fehlt bei der Russin jede Rechtfertigung und jegliche Transzendenz. Ihr Text ist nüchtern. Die ausländische Zeugin berauscht sich nicht – weder am Zauber der Vernichtung noch an einem alkoholischen Getränk.

Das Problem ist nicht, *dass* ein Ereignis des Krieges ästhetisch erlebt werden kann, sondern *wie* dies in Worte gefasst wird. Und hierin unterscheiden sich deutsche und nichtdeutsche Zeugnisse in aller Regel entscheidend. Marie Wassiltschikow bekennt eine gewisse Faszination, die fast magisch ist, und doch sehr real – aber sie löst sich von ihr. Sie bezeugt die ästhetische Wirkung, die der Luftangriff auf sie ausübte; aber sie ästhetisiert ihn nicht.

V. Deutsche Debatten

W. G. Sebald beklagte nicht nur, dass die meisten deutschen Autoren es unterlassen hätten, vom Luftkrieg Zeugnis abzulegen; sondern auch, dass die meisten, die es versucht haben, gescheitert seien, nämlich auf zwei komplementäre Weisen: An einigen Zeugnissen kritisierte er, dass sie *zu konventionell* seien, sich gewöhnlicher Bilder bedienten und auf die alltägliche Sprache zurückgriffen („Weiterfunktionieren der Normalsprache").[42] An anderen kritisierte er, dass sie zu *unkonventionell* seien, sprachlich experimentierten und eine künstlerische Ästhetisierung betrieben. Ihre Bemühungen, die Erfahrung des Krieges in die Ort- und Zeitlosigkeit zu entrücken, ins Symbolische zu verschieben oder in Metaphysik zu erhöhen, einen übergeordneten Sinn zu stiften, mythische Ausflüchte zu erfinden oder in andere Abstraktionen auszuweichen, verraten für ihn alle eines: den Versuch, aus der tatsächlichen Geschichte zu entkommen. Bereits manche Titel deuten in der Tat auf diese Tendenz: Hermann Kasacks *Die Stadt hinter dem Strom*[43] oder Hans Erich Nossacks *Nekyia*[44]. Besonders polemisch beklagt Sebald, was er als avantgardistisch manieriertes Sprachspiel versteht, zum Beispiel Arno Schmidts *Aus dem Leben eines Fauns*[45]. (Auch Ernst Jünger, der in Sebalds Argumentation nicht vorkommt, zumal er von Luftangriffen im besetzten Frankreich spricht, würde idealtypisch in diese zweite Kategorie fallen.)

Wenn Sebalds Beobachtung zutrifft, dass deutsche Schriftsteller sich schwer getan haben, die Schrecken des Bombenkrieges zu schildern, muss dies für ausländische Zeugen noch lange nicht gelten (wie Marie Wassiltschikows Beispiel, im Gegensatz zu Ernst Jüngers, anschaulich macht). Ausländer haben die beiden Verfehlungen, die Sebald bei Deutschen diagnostiziert hat, häufiger und entschiedener vermieden. Sie verdrängen nicht, und sie verfehlen nicht. Nur selten abstrahieren oder banalisieren sie. Sie bedienen sich weniger Gemeinplätze. Sie überschreiten seltener die Grenze zum Kitsch. Sie widerstehen der Versuchung, die historische Situation zu verlassen und den Vorgang in ein Irgendwann und Irgendwo zu entsorgen. Wo dann doch einmal (pseudo-) magische Elemente auftauchen, sind sie in der Regel durchdacht und wirklichkeitsbezogen – wie Alejo Carpentier es forderte. Auch neigen Ausländer weniger zum Revisionismus, zu einer Entschuldigung der Deutschen oder zu ideolo-

---

42 Sebald, S. 32.
43 Hermann Kasack: Die Stadt hinter dem Strom, Berlin 1947.
44 Hans Erich Nossack: Nekyia. Bericht eines Überlebenden, Hamburg 1947.
45 Arno Schmidt: Aus dem Leben eines Fauns, Hamburg 1953.

gischer Aufrechnung: kaum ein Dokument, das nicht den Zusammenhang herstellen würde zwischen alliierten Abwürfen und deutschen Verbrechen.

Auch wenn es Sebald, dem Germanisten, ausdrücklich um deutsche Literatur geht, hätte es im Zusammenhang seines Themas nahe gelegen, internationale Stimmen zur Kenntnis zu nehmen. Denn ein Vergleich der Quellen hätte seine *spezifische* Kritik der deutschen Literatur verifizieren und präzisieren können. Er würde ihn nämlich in die Lage versetzt haben, an zahlreichen Beispielen vorführen zu können, welche *anderen* literarischen Formen die historische Erinnerung durchaus annehmen kann.

Warum also tat er es nicht? Warum beschränkte sich Sebald darauf, sein Thema nur aus einer germanistischen, nicht aber komparatistischen Perspektive zu betrachten? Weshalb hat er, dem es doch darum ging, ein vermeintliches Tabu bloßzulegen und einen Mangel an Zeugnissen zu beklagen, so viel Material außer Acht gelassen? Und warum hat nicht nur Sebald, sondern die deutsche Auseinandersetzung mit dem Luftkrieg insgesamt ausländische Zeugnisse vernachlässigt? Verschiedene Erklärungen bieten sich an. Sie führen in die deutsche Erinnerungspolitik.

Zunächst mag es nicht unbedingt nahe gelegen haben, überhaupt davon auszugehen, dass sich eine beträchtliche Anzahl von Ausländern, Deportierte und Zwangsarbeiter ausgenommen, während des Krieges in Deutschland aufgehalten hat. Schriftsteller, Historiker und Literaturwissenschaftler mussten nicht zwangsläufig in Rechnung stellen, dass so viele internationale Autoren Nazi-Deutschland *von innen* dokumentiert haben, weil es schwer vorstellbar war, dass jemand freiwillig diese Art von Erfahrung auf sich nehmen würde, die wir heute als eine Art Reise in das „Herz der Finsternis" begreifen.

Des Weiteren dürfte nicht selbstverständlich gewesen sein, dass für die Beschreibung existentieller Erfahrungen die Herkunft der Zeugen maßgeblich sein soll. Den Nationalsozialismus und die Shoah, aber auch einen Feuersturm als geradezu metaphysisch „Böses" zu betrachten, vernebelt historische Umstände und verdunkelt die Vielzahl komplizierter Erfahrungen.

Zahlreiche deutsche Zeitzeugen und deren Nachgeborene wiederum mochten es lange Zeit aus Scham vermieden haben, ihre eigene Geschichte fremden Blicken ausgesetzt zu sehen. Ausländische Berichte hätten sie mit einer Aufrichtigkeit konfrontieren können, zu der viele von ihnen nicht willens oder fähig waren: im Eingeständnis anfänglicher Anfälligkeiten und in der Korrektur eigener Fehleinschätzungen. Zudem belegen selbst die Berichte wenig aufmerksamer Besucher, dass von der Verfolgung und Ermordung der Juden wissen konnte, wer wissen wollte. Dass internationale Zeugnisse erst jetzt, in der dritten Nachkriegsgeneration in Deutschland systematisch erforscht zu werden beginnen, ist wahrscheinlich kein Zufall.

Aber es gibt noch einen weiteren Grund: Deutsche Beiträge zur Debatte um den Luftkrieg beziehen sich selten nur auf ihren historischen Gegenstand. Fast immer dienen sie einer politischen Agenda. Sie betreffen die moralische Haltung anderer in Vergangenheit und Gegenwart. In ihren regelmäßigen erinnerungspolitischen Debatten verhandeln Deutsche in erster Linie *untereinander*, wie sie, *als Deutsche*, mit der Geschichte des Dritten Reiches umgehen sollten.[46] Fremde Stimmen, in der

---

46 Vgl. Torben Fischer/Matthias N. Lorenz (Hg.): Lexikon der „Vergangenheitsbewältigung" in Deutschland. Debatten- und Diskursgeschichte des Nationalsozialismus nach 1945, Bielefeld 2007.

Regel nüchterner, nuancierter und weniger ideologisch, schienen keinen Platz zu haben in einer Kontroverse, die sich eher um die Deutschen selbst drehte als um eine Erforschung der Vergangenheit.

Jenseits von Scham und Debatte jedoch kann das Studium der Literatur und der Geschichte gewinnen, wenn der Blick erweitert, eine neue Perspektive eingenommen und unerschlossenes Material einbezogen wird. Im Krieg bombardiert und danach zum Schweigen gebracht, haben internationale Autoren ihre Berichte hinterlassen. In ihren Zeugnissen sind auch die Leiden der Täter keineswegs tabu.

Anat Feinberg

Von der Leidenschaft, Tabus zu brechen

Das Theater von George Tabori

Was hat er nicht alles gesagt und seine Zuhörer zutiefst schockiert, ja, gar verletzt, der Mann mit der sanften Stimme! Dass die Schauspielerei wie Sex ist, denn man kann sie nicht lernen und „Technik ist für die Katz";[1] dass Israel, das er als Jude ja bewundern müsste, ihm „wie absurdes Theater" vorkomme;[2] dass er die deutsche Sprache – die Sprache derjenigen, die seinen Vater in Auschwitz umbrachten – liebe;[3] dass der kürzeste Witz – Auschwitz heißt;[4] dass man „einen Hitler nur bewältigen [kann], wenn man dessen Züge in sich erkennen lässt".[5] Political Correctness war ihm fremd; misstrauisch stand der Theatermann George Tabori diesem gesellschaftlichen Code gegenüber. Was er schrieb, was er im Theater vollbrachte, war nicht zuletzt der dezidierte Versuch, gegen die normative Korrektheit anzugehen. Sein Tun verstand der Mensch und Künstler Tabori als das Abreißen des Feigenblatts, der ersten aller Masken, aller Tabus. Mein Beitrag ist ein Versuch, den Weg Taboris als Gegner jeglicher politischen Korrektheit aufzuzeigen und nicht zuletzt die Frage nach der Rezeption seines Oeuvres aufzugreifen.[6] Denn das Werk Taboris muss in Wechselwirkung zwischen Bühne und (geschichts-)politischen Diskursen verstanden werden.

Längst bevor der unbekannte Jude aus New York 1969 mit seinem Theaterdebüt *Kannibalen* die Gemüter des Berliner Publikums in Wallung versetzte, war Tabori für seine eigenwillige Auseinandersetzung mit gesellschaftspolitischen Themen zumin-

---

1 George Tabori: Tode am Nachmittag, in: ders.: Unterammergau oder Die guten Deutschen, Frankfurt a. M. 1981, S. 189.

2 George Tabori: Unterammergau oder Die guten Juden, in: ders., Unterammergau, S. 26. Für Taboris Beziehung zu Israel s. Anat Feinberg: Das israelische Kapitel: Über zwei unveröffentlichte Manuskripte von George Tabori, in: Yagdil Tora we-Ya'adir, hg. von Hanna Liss in Zusammenarbeit mit Ursula Beitz, Heidelberg 2003, (Schriften der Hochschule für jüdische Studien, Heidelberg, Bd. 5), S. 159–168.

3 George Tabori: Dieses peinliche Wort: Liebe. Rede zum Georg-Büchner-Preis 1992, in: ders.: Dem Gedächtnis, der Trauer und dem Lachen gewidmet, hg. von Andrea Welker, Weitra 1994, S. 319.

4 Georges [sic!] Tabori, in: Herlinde Koelbl (Hg.): Jüdische Portraits. Photographien und Interviews, Frankfurt a. M. 1989, S. 238.

5 Konrad Paul Liessmann: Die Tragödie als Farce. Anmerkungen zu George Taboris „Mein Kampf", in: Heinz Ludwig Arnold (Hg.): George Tabori, in: Text + Kritik, 133, 1/1997, S. 88.

6 Die Zahl der Publikationen über Tabori und sein Theater ist mittlerweile in unüberschaubarer Weise angewachsen. Deshalb können hier nur einige Bücher erwähnt werden: Hans-Peter Bayerdörfer/Jörg Schönert (Hg.): Theater gegen das Vergessen: Bühnenarbeit und Drama bei George Tabori, Tübingen 1997; Anat Feinberg: Embodied Memory. The Theatre of George Tabori, Iowa City 1999; dies.: George Tabori. Portrait. München 2003; Barbara Fischer: Nathans Ende? Von Lessing bis Tabori, Göttingen 2000; Chantal Guerrero: George Tabori im Spiegel der deutschsprachigen Kritik, Köln 1999; Birgit Haas: Das Theater des George Tabori: Vom Verfremdungseffekt zur Postmoderne, Frankfurt a. M. 2000; Peter Höyng (Hg.), Verkörperte Geschichtsentwürfe: George Taboris Theaterarbeit, Tübingen 1998; Alice Huth: In meiner Geisterstunde. Intertextualität und Gedächtnis in Werken von George Tabori, Marburg 2008; Peter W. Marx: Theater und kulturelle Erinnerung. Kultursemiotische Untersuchungen zu George Tabori, Tadeusz Kantor und Rina Yerushalmu, Tübingen 2003; Gundula Ohngemach: George Tabori, Frankfurt a. M. 1989; Stefan Scholz: Von der humanisierenden Kraft des Scheiterns: George Tabori – Ein Fremdprophet in postmoderner Zeit, Stuttgart 2002; Jan Strümpel: Vorstellungen vom Holocaust. George Taboris Erinnerungsspiele, Göttingen 2000.

dest unter Connaisseurs bekannt. Bereits in seinem 1945 veröffentlichten ersten Roman *Beneath the Stone the Scorpion*, deutsch: *Das Opfer* (1996), der Geschichte der Begegnung zwischen einem deutschen Major und einem in Gefangenschaft geratenen englischen Hauptmann, erweist sich Tabori als der Tabubrecher, als den man ihn später kennen wird. Der Deutsche von Borst ist kein „typischer" Nazi, eher ein sensibler, zur Selbstanalyse neigender Preuße. Wie unkonventionell, fast ketzerisch sich Tabori verhält, zeigt sich in der Wahl der Erzählperspektive: Mitten im Zweiten Weltkrieg verfasst, erzählt Tabori die Geschichte samt Rückblenden und Selbstreflexion aus der Warte des Deutschen und behauptet, das eigentlich Thema dieses politischen Thrillers sei „die perverse und frustrierte Liebe der Deutschen zu den Engländern".[7] Kein Wunder, dass unter den Kritikern auch der Vorwurf einer „taktlosen Objektivität" zu hören war, zumal der Deutsche dem englischen Feind noch zur Flucht verhilft.

Als viel versprechender Autor wurde der englisch schreibende Romancier ungarischer Abstammung nach Hollywood geholt, dort stellte er alsbald ernüchtert fest, dass die Glamourwelt der Filmindustrie – Traum und Endziel vieler – „ein großer Puff [sei] und ich war keine gute Hure".[8] Von entscheidender Bedeutung für den 33-jährigen Tabori in Kalifornien war das Treffen 1947 mit Bertolt Brecht. „Er veränderte mein Leben, ließ mich die verhältnismäßige Geschlossenheit und Freiheit des Romans aufgeben, verführte mich zu den Forderungen des Theaters".[9] Es war die McCarthy-Ära in den Vereinigten Staaten, die Zeit der Verfolgung kommunistischer und liberaler Intellektueller. Die „Hexenjagd" traf auch Brecht sowie mehrere Kollegen und Bekannte Taboris. Er selbst wurde als so genannter „Fellow Traveller" auf die Schwarze Liste gesetzt, da er sich bereits unmittelbar nach seiner Ankunft in Hollywood in „liberalen Kreisen" bewegte und sogar eine „kleine Rede über Europa" auf der ersten „Anti-Thought Control"-Tagung gehalten hatte.[10] Dem Theater Brechts ist er dennoch treu geblieben, übersetzte im Schatten des McCarthy Terrors zusammen mit seiner damaligen Ehefrau Hanna Freund Brechts Stücke ins Englische und trat seinen eigenen Weg als Theatermann an. Taboris Theaterdebüt *Flight into Egypt* (Premiere: 18.3.1952) unter der Regie von Elia Kazan thematisiert das tragische Schicksal der Flüchtlinge und Exilanten. Vergebens wartet das Ehepaar Engel mit seinem Sohn auf ein Einreisevisum. Das amerikanische Konsulat lehnt ab. Die Kritiken fielen negativ aus. Doch bemerkenswert ist Taboris Kommentar nach der Premiere: „Ich hatte nicht vor zu gefallen. Ich wollte irritieren, stören und schockieren; die Zuschauer in Spannung halten, sie nach Hause zu schicken, ungeläutert, mit der Erinnerung an den Schmerz."[11] Dieses bereits 1952 formulierte künstlerische Credo prägt Taboris spätere Stücke und sein Erinnerungstheater. Ungeachtet ihrer künstlerischen Qualität zeichnen sich die ersten, auf amerikanischen Bühnen aufgeführten Stücke Taboris durch die Integrität und Kompromisslosigkeit eines Autors aus, der

---

7 Brief von George Tabori an seinen Bruder Paul Tabori, 1.2.1943 (Sammlung George Tabori, Archiv der Akademie der Künste, Berlin – SAdK).

8 Franz Wille: Jeder wirkliche Humor ist schwarz. George Taboris Filmarbeit, in: Jörg W. Gronius/Wend Kässens (Hg.): Tabori, Frankfurt a. M. 1989, S. 55.

9 George Tabori: Bemerkungen über Brecht, in: Studien zur Theorie und Praxis des sozialistischen Theaters, Beilage zu Theater der Zeit, 23 (1968), S. 14.

10 Brief von George Tabori an Paul Tabori, 1.7.1947 (SAdK).

11 Saturday Review, in: New York Herald Tribune, 1.5.1952.

bewusst gegen den Strich arbeitet oder wie man auf Englisch sagt: goes against the grain. Die bedrückende Atmosphäre eines Polizeistaats im Vorkriegs-Budapest in dem 1953 uraufgeführten *The Emperor's Clothes* weist unverkennbare Ähnlichkeit auf mit den USA zur Zeit der McCarthy-Hysterie. Überaus wagemutig war Taboris *Jealousy Play*. 1954 in einem Amerika, in dem noch immer Apartheid und Rassendiskriminierung herrschten, legte er ein Bühnenstück über eine verheiratete weiße Frau vor, die sich einen Dunkelhäutigen zum Liebhaber nimmt. Inspiriert wurde Tabori vom Afroamerikaner Sidney Poitier, dessen Hintergrund, Lebensgeschichte und Sprache in die Rolle einflossen. Das Stück wurde prompt abgelehnt. Die Schauspielerin Viveca Lindfors, damals Taboris Ehefrau, erinnert sich an die Worte des Produzenten, der ursprünglich begeistert von Tabori war und vorhatte, ihn als Bühnenautor zu fördern: „Don't you dare tell us Americans what's wrong with this country."[12] Das Stück wurde nie aufgeführt, die Liebesszene wurde jedoch von Lindfors und Poitier in dem berühmten Actors Studio geprobt. Doch auch in Lee Strasbergs experimentierfreudigem Studio, in dem die persönliche Erfahrung und das stetige Ausprobieren Programm waren, stieß das Stück auf Unverständnis. „Ein Unbehagen" war unter den Männern (!) zu spüren angesichts der Tatsache, dass ein schwarzer Mann sich im Schlafzimmer einer weißen Frau befand, erinnert sich Lindfors.[13]

Dennoch ließ sich Tabori nicht entmutigen. Angeregt durch seine Beobachtungen in Strasbergs Studio wie auch durch die Erfahrungen, die er bei den Aufführungen seiner und anderer Stücke machen durfte, entschied er sich, selbstständig Regie zu führen. „Das war Anfang der 60er Jahre, als die Studentenbewegung im Süden der USA anfing", wird er sich später erinnern und erzählen, wie er zusammen mit Schwarzamerikanern und Weißen in Kirchen und Kneipen vor einem überwiegend schwarzen Publikum spielte. Nicht minder gewagt war seine provokante Kontextualisierung von Shakespeares *Kaufmann von Venedig* (1966), den er als eine Aufführung von Insassen in Theresienstadt inszenierte. Lange bevor er in der Bundesrepublik als Tabubrecher bekannt werden sollte, suchte Tabori sein amerikanisches Publikum aufzurütteln und den unbekümmerten Zuschauer weit weg von Europa mit dem so genannten „univers concentrationnaire" zu konfrontieren.

Und noch ein Stück aus der amerikanischen Periode Taboris soll hier nicht unerwähnt bleiben. Gemeint ist das 1971 uraufgeführte *Pinkville*, eine der ersten künstlerischen Auseinandersetzungen mit dem Vietnamkrieg. Das Lehrstück à la Brecht – die Geschichte des gutmütigen Jerry, der sich in einen Killer verwandelt – ist ein antimilitaristisches, episodisches Stück mit Song-Einlagen, das die Entmenschlichung und Brutalisierung durch den Krieg anklagt. Die Proben fanden während des Prozesses gegen Leutnant William Calley statt, der das Massaker in My Lai angeführt hatte. Taboris unverkennbare Kritik an der amerikanischen Politik hat viele Leute abgestoßen, bezeugt Stanley Walden, der die Songs komponierte. Auch in diesem Fall diagnostizierte Tabori die Malaise Amerikas mutig zu einem Zeitpunkt, als der Viet-

---

12 Viveca Lindfors: Viveca … Viveka. An actress … A woman, Stockholm 1978, New York 1981, S. 214.
13 Ebd., S. 214. Nicht minder mutig war Taboris „The Niggerlovers" unter der Regie von Gene Frankel (1.10.1967). Hier ging es Tabori um die Spannungen zwischen Opfer und Täter vor dem Hintergrund eines multiethnischen, multikulturellen New York, vgl. Feinberg, Embodied Memory, S. 32–33.

namkrieg von den Amerikanern noch nicht als Desaster begriffen wurde: „Amerika war damals nicht bereit dafür", wird Walden später behaupten.[14]

Wie wäre Taboris Karriere verlaufen, wenn er in den USA geblieben wäre? Zwar handelt es sich um eine rein hypothetische Frage, doch ist es kaum vorstellbar, dass Tabori auf dem Broadway oder an Off-Broadway-Theatern einen so großen Erfolg erlebt hätte wie auf deutschen Bühnen. Deutschland war sein Unglück, aber auch sein Glück. Erst hier konnte er sich ohne Einschränkungen der Bühnenkunst widmen, die Theaterpraxis voll und ganz ausloten, die kühnsten Versuche unternehmen. Und hier zeigte sich auch alsbald, dass der nicht mehr so junge Theatermann – er war bereits 55 Jahre alt, als er in die Bundesrepublik kam – ein unbändiger Freigeist war, ein Nonkonformist par excellence. Vehement kritisierte er das etablierte Theatersystem, sprach sich für ein „gefährliches Theater" aus und suchte den dynamischen, nie endenden Prozess des Experimentierens in seinem „Katakomben"-Theater, weit weg von den „Kathedralen". In seinem Bremer Theaterlabor, in einem Zirkuszelt, danach in einem Münchener Keller und schließlich in seinem Wiener „Kreis"-Theater suchte er Theater als „work in progress" zu gestalten, ganz anders als die allgegenwärtige Praxis in der deutschen Theaterlandschaft, die noch heute vorherrscht. Anstelle des konsensträchtigen Regietheaters, in dem die Position des Regisseurs, eines übermächtigen Theater-Gottvaters, unangefochten ist, setzte sich Tabori für ein Schauspielertheater ein, plädierte für ein antiautoritäres Ensemble, in dem der Regisseur nur primus inter pares sein soll, bestenfalls ein Spielleiter oder Animateur. Kaum ein anderer Regisseur der deutschen Theaterszene schenkte den Schauspielern so viel Vertrauen, gestand ihnen so viel Freiheit, Initiative und Verantwortung zu. Und ähnlich wie in alternativen Theatergruppen, die in der Nachkriegszeit weltweit entstanden sind, pries Tabori den nackten Schauspieler, suchte die Zuschauer in die Aufführung mit einzubeziehen und erkundete Grenzsituationen.

Unvergesslich ist beispielsweise Taboris *Hungerkünstler* nach Kafkas bekanntem Prosastück (Premiere: 10.6.1977). Die ungewöhnliche Produktion wurde zu einer dramatischen Studie der Beziehungen zwischen Kunst und Wirklichkeit. Da sie die Selbsterfahrung als Vorbedingung für eine authentische Darstellung betrachteten, beschlossen Schauspieler und Spielleiter, sich an Kafkas Erzählung zu orientieren und vierzig Tage lang zu fasten. Zwar besorgte man sich die behördliche Genehmigung, auch für ärztliche Aufsicht war gesorgt, dennoch galt das Experiment als Verstoß gegen die Regel dessen, was im deutschen Theater erlaubt und erwünscht, sozusagen politisch korrekt war. Das Fasten sorgte für einen politischen Skandal in Bremen, zumal es an den Hungerstreik von Angehörigen der Baader-Meinhof-Gruppe erinnerte. Von dieser „Seelenkotze" wollte Kultursenator Horst Werner Franke die Bremer Kulturszene befreien. So wurden Ende der Spielzeit 1978 die Verträge der Laborschauspieler nicht verlängert. Auf der Mitarbeitertoilette fand sich eines Tages die Parole „Juden raus".

Taboris Leidenschaft, Grenzen zu überschreiten, Normen zu hinterfragen, Tabus zu brechen, markiert viele seiner Inszenierungen. In seiner eigensinnigen und umstrittenen Version von Medea nach Euripides, *M.* (Premiere: 3.1.1985) spielte der durch eine Glasknochenkrankheit schwer behinderte Peter Radtke die Rolle eines Kin-

---

14 Siehe Gespräch mit Stanley Walden, in: Ohngemach, S. 38.

des – „Opfer und Kristallisationspunkt des Dramas"[15] zwischen Jason und Medea. Nicht wenige Kritiker fanden diese Besetzung Taboris fragwürdig, problematisch, gar geschmacklos – ein Vorwurf, den er übrigens mehrmals im Verlauf seiner Karriere zu hören bekam. Diesen kritischen Stimmen zum Trotz ließ Tabori in seiner Aufführung von Becketts *Glückliche Tage* (Premiere: 13.4.1986) Radtke an der Seite von Ursula Höpfner spielen. „Kein glücklicher Tag für stramme Beckettianer", urteilte ein Kritiker. Im gleichen Jahr folgte seine dezidiert provozierende Auseinandersetzung mit dem Schicksal der Baader-Meinhof Gruppe. Taboris *Stammheim-Epilog* (Premiere: 31.1.1986), der in der Kampnagelfabrik in Hamburg im Anschluss an Reinhard Hauffs gleichnamigen Film gezeigt wurde, kam einem Requiem für die Angeklagten gleich. Endete der Film mit einem der letzten Tage des Gerichtsprozesses, so folgte unter Taboris Leitung eine dreißigminütige Improvisation der beteiligten Schauspieler über die letzte Nacht der umstrittenen Häftlinge. An der Mordtheorie der RAF-Angeklagten zweifelnd, ließ Tabori die Schauspieler die Grenze zwischen Mord und Selbstmord ohne jeglichen Text erkunden. Während Andreas Baader mit seiner Pistole spielte, verwandelte Gudrun Ensslin ein Tötungskabel zum Puppenspiel. Der Stammheim-Abend (Filmausstrahlung, Theateraufführung und anschließende Diskussion) konnte erst im zweiten Anlauf und unter außergewöhnlich strengen Sicherheitsmaßnahmen stattfinden. In der Kritik war zu lesen, Tabori bilde „verhängnisvoll Tabuiertes ab".[16]

Ein Jahr später kam es nach der Premiere von Franz Schmidts Oratorium *Das Buch mit sieben Siegeln* in der Salzburger Universitätskirche (Premiere: 28.7.1987) wieder einmal zum kulturpolitischen Skandal. Taboris Inszenierung setzte auf mimische Kontrapunkte. Seine Gegenbilder und Alptraumvisionen suchten keineswegs Schmidts Offenbarungsoratorium nach Johannes zu illustrieren oder zu interpretieren. Vielmehr waren es freie Assoziationen, die apokalyptische Bilder vom angekündigten Tag des Zorns entstehen ließen. Auf einem Weltgerüst im Kirchenraum entfaltete sich zwischen den Schauspielern in Abendkleidern oder Jeans und vierzig verhüllten Puppenleibern ein von Angst, Einsamkeit und Verlangen handelndes Beziehungsspiel. Es kulminierte in einer Orgie der Leidenschaft: Die Spieler schlüpften in die weiße Vermummung der Puppen während ein nackter Adam zur Kirchenkuppel kletterte, gleichsam zum Himmel empor. Der sensationsträchtige Eklat war vorprogrammiert. „Der ÖVP-Generalsekretär bot den Artisten in der Kirchenkuppel den Umzug in eine ‚öffentliche Bedürfnisanstalt' an; der Chefredakteur der Wiener ‚Presse', Österreichs angesehenster Tageszeitung, wusste aus der Ferne ‚Blut- und Kot-Aktionen' auszumachen; während der Kolumnist der ‚Kronenzeitung' [...] Blut und Sperma roch und mitzuteilen hatte, daß der einschlägige Kirchen-,Verhunzer' nur ‚ein gewisser Herr Tabori, ein reichlich unappetitlich anmutender Mensch' gewesen sei."[17] Nach heftigen Protesten seitens der katholischen Kirche, des Salzburger Erzbischofs und konservativer Kreise wurden weitere Aufführungen untersagt, zumal sich Tabori (damals bereits 63 Jahre alt) weigerte, irgendeine Änderung vorzuneh-

15 Peter Radtke: M. – wie Tabori. Erfahrungen eines behinderten Schauspielers, Zürich 1987, S. 14.
16 Klaus Wagner: Ein Requiem für Baader-Meinhof, in: Frankfurter Allgemeine Zeitung, 21.2.1986.
17 Peter von Becker, Skandal in Salzburg, in: Theater Heute, 9 (1987), S. 9.

men. „Eine kastrierte Kunst ist auch obszön", erklärte er und fügte hinzu: „Natürlich darf die Kunst nicht alles, und doch tut sie es. Künstler sind von Beruf Hexen."[18]

Skandalträchtige Inszenierungen, Empörung und Nörgelei in den Medien begleiteten Taboris Aufstieg im deutschsprachigen Theater. Der Mann, der später als „Magier", „Theaterzauberer", gar „Theater-Guru" bezeichnet werden sollte, der „Altmeister", mit dem im hohen Alter die Kritik sanft und schonend umging, begann seine Karriere in der Bundesrepublik mit einem tabubrechenden Theaterstück. *Eine schwarze Messe* nannte der hierzulande Unbekannte aus New York sein Stück, in dem eine Gruppe von KZ-Insassen bei einem Handgemenge ihren Kameraden Puffi umbringt, weil dieser ein Stück Brot ergattert hatte. Während die Leiche als kannibalisches Abendmahl auf dem Feuer gart, erzählen die Hungrigen Geschichten aus ihrem Alltag, durchleben ihre Hoffnungen, Ängste und Konflikte als selbstinszenierte Episoden und Momente aus der Vergangenheit. In Begleitung eines Kapos tritt schließlich SS-Scherge Schrekinger, „der Engel des Todes", herein, blickt in den Kochtopf und fordert alle zum Essen auf. Zwei gehorchen und überleben. Die Verweigerer verurteilt Schrekinger zum Tode im „Duschraum".

„Vierzehn Tage habe ich überlegt und mich gefragt: Darf man, soll man, muß man dieses Stück in Deutschland zeigen?",[19] erinnert sich Taboris Theaterverlegerin Maria Sommer, die der Uraufführung in New York (17.10.1968) beiwohnte. Ihre Überlegungen drücken in Quintessenz die noch Jahre danach herrschende öffentliche Meinung aus, die von Achtsamkeit in Umgang mit den Opfern der Shoah, von Scham und Befangenheit geprägt war. „Ist es denkbar, daß man all diese schrecklichen Dinge ‚nachspielt', die da unter KZ-Häftlingen passierten? Kann man Auschwitz ‚spielen'?", fragte sie sich und setzte sich für eine deutsche Erstaufführung ein.

Man schrieb das Jahr 1969. Auf deutschen Bühnen waren vereinzelt Stücke zu sehen, in denen ein Nazi seinen Irrtum erkennt oder sich gar in einem Akt der späten Sühne zur Wiedergutmachung verpflichtet fühlt, wie Carl Zuckmayers *Des Teufels General* (1946) oder *Alle Tore waren bewacht* (1955) der jungen Ingeborg Drewitz. Hie und da wurden auch gut gemeinte Melodramen über jüdische Einzelschicksale im Dritten Reich aufgeführt. Besonders erfolgreich war das Bühnenstück *Das Tagebuch der Anne Frank* (1956). Im Nachlass Taboris befindet sich ein undatierter Brief an seinen Bruder Paul: Darin erzählt George, wie er seinerzeit das Angebot abgelehnt hatte, Anne Franks Tagebuch für die Bühne zu bearbeiten, eine Aufgabe, die schließlich Frances Goodrich und Albert Hackett ausführten und dafür beachtliche Tantiemen kassierten.[20] Im Laufe der 1960er Jahre waren dokumentarische Stücke zu sehen, die sich mit dem faschistischen System auseinandersetzten, dabei das jüdische Leiden freilich eher nebensächlich erscheinen ließen, wie beispielsweise Peter Weiss' *Die Ermittlung* (1965).

Mit seiner Aussage „Es gibt Tabus, die zerstört werden müssen, wenn wir nicht ewig daran würgen sollen"[21] irritierte der jüdische Theatermann, der einen Großteil seiner Familie im Holocaust verloren hatte, Zuschauer und Kritiker zugleich. Von Schuld, Anklage oder gar Rachegefühlen war nicht die Rede. Weder beabsichtigte

---

18 George Tabori: Künstler sind Hexen, in: Betrachtungen über das Feigenblatt, Frankfurt a. M. 1993, S. 78.
19 Gespräch mit Maria Sommer. Das ist mein Autor, in: Ohngemach, S. 49.
20 Brief von George Tabori an Paul Tabori, 1.10.[o. J.] (SAdK).
21 George Tabori: Die Kannibalen. Zur europäischen Erstaufführung, in: Tabori, Unterammergau, S. 37.

Tabori, Mitleid bei seinen Zuschauern zu wecken, noch glorifizierte er die Ermordeten oder erhob sie zu Märtyrern. Mehr noch: Mit der Bezeichnung „wir" in der von ihm so eindrücklich formulierten Maxime waren – horribile dictum – Deutsche und Juden, Täter und Opfer und deren jeweilige Nachkommen in einem Atemzug angesprochen.

Freilich war *Kannibalen* Taboris erster Angriff auf die Holocaust-Larmoyanz und den „guten Geschmack". Zelebriert wurde in dieser „schwarzen Messe"[22] ein makabres Ritual, die ikonoklastische Wiederholung der Totenmahlzeit. Am Premierenabend wartete ein Fluchtauto vor dem Berliner Schillertheater. Für den Fall der Fälle. Es sollte Tabori und seinen Co-Regisseur Martin Fried zum Flughafen bringen. „Die Premiere balancierte überm Abgrund des Skandals", wird sich Tabori später erinnern. „Einige junge Leute lachten, wie beabsichtigt, über die Witze, die ältern Leute hielten das Lachen für geschmacklos."[23] Manche Zuschauer waren entsetzt, andere verblüfft. Der Kritiker Rolf Michaelis empfand Unbehagen bei dem donnernden Applaus: „Nur schlechtes Gewissen kann sich die Hände so wund klatschen", schrieb er in seiner Theaterkritik.[24] Auch auf jüdischer Seite gab es unterschiedliche Meinungen: Die beiden jüdischen Schauspieler Michael Degen und Herbert Grünbaum taten sich schwer mit dem Stück, „versuchten mehrmals aufzugeben; das Stück zerbrach unaufhörlich ihre Mythologie".[25] Erbost zeigte sich Heinz Galinski, selbst Holocaust-Überlebender und damals Vorsitzender der kleinen jüdischen Gemeinde in Berlin. Er rief führende Kritiker an und setzte alles daran, die Produktion abzusetzen. Das Stück samt den saloppen Redewendungen fand er degoutant und meinte seine harsche Kritik durch die Tatsache zu rechtfertigen, dass er selber in Auschwitz gewesen war.[26] In Briefen an seinen Bruder Paul in London berichtete Tabori über den „fantastic success" von *Kannibalen*, erwähnte 20 Ovationen und meinte: „It is ironic, isn't it, to have one's first real success in Berlin of all places."[27]

Erwähnenswert ist ein bislang unbekannter Brief des Zuschauers Günter Grass an Tabori vom 31. Januar 1970. Grass spendet Tabori und Fried Lob für die Art und Weise, wie sie „das menschliche Verhalten in diesen Zuständen mit teils klinischer, teils dialektischer Methode durchsichtig zu machen" wussten. Und er gibt zu bedenken: „Nur, so fürchte ich, dürfte es auch dem besten deutschen Regisseur nicht gelingen, ähnlich unmittelbar und ungehemmt dieses Stück und seine Anforderungen zu bewältigen."[28] Damit wird jüdischen Künstlern, zumal Überlebenden der Shoah, eine besondere Kompetenz zugesprochen, ja gar eine besondere Rolle zugewiesen, genau die Rolle, die Tabori im nachkriegsdeutschen Theater gespielt hat.

Denn *Kannibalen* bildete den Auftakt zu weiteren gewagten Experimenten in Taboris „Theater der Peinlichkeit", einem Theater, das verletzen, verstören, aufzurütteln suchte.[29] 1978 ließ Tabori dreizehn Shylocks – Männer in Kaftan und schwarzen

---

22 Ebd.
23 Ebd., S. 23–24.
24 Rolf Michaelis: Ein Alptraumspiel, in: Frankfurter Allgemeine Zeitung, 15.12.1969.
25 Tabori, Unterammergau, S. 23.
26 Vgl. ebd.
27 Briefe von George Tabori an Paul Tabori, 29.12.1969 und 10.1.1970 (SAdK).
28 Brief von Günter Grass an George Tabori, 30.1.1970 (SAdK).
29 Siehe George Tabori: Es geht schon wieder los, in: Tabori, Unterammergau, S. 200. Vgl. auch Jörg W. Gronius: Bitte zu Tisch, in: Gronius/Kässens (Hg.), Tabori, S. 17 f.

Samthüten, einige von ihnen mit umgebundenen Krummnasen – „lauter Monster, Fagins, Süß-Juden"[30] auftreten. Seine *Improvisationen über Shakespeares Shylock* – die ursprünglich auf dem Gelände des ehemaligen Konzentrationslagers Dachau hätten stattfinden sollen – greifen auf judenfeindliche Vorurteile und Klischees zurück und erzeugen eine Polyphonie des Leidens, Variationen über eine Chronik jüdischer Diaspora-Existenz. Verblüfft waren die Schauspieler, als Tabori ihnen sagte: „Wir zeigen, was ein jeder von uns in sich hat, wir sind die Henker und die Opfer."[31] Die Proben sowie die Aufführung zielten darauf ab, Zuschauer wie auch Schauspieler zu schockieren und zu verletzen, kurzum, eine Erfahrung zu vermitteln, die allen Beteiligten unter die Haut gehen sollte. Und dieses Ziel wurde fraglos erreicht: Weinende Zuschauer mussten von den Schauspielern getröstet werden, andere brachten Verstörung, Wut oder Betroffenheit zum Ausdruck. Seichte Sympathie und unechte Pietät waren fehl am Platz in Taboris „Theater der Peinlichkeit".

Unkonventionell war auch Taboris Erinnerungsspiel *Jubiläum*, das anlässlich des 50. Jahrestages die Machtübernahme durch die Nationalsozialisten ins Gedächtnis rufen sollte. Folgt man der These Aleida Assmanns von den drei Phasen in der deutschen Erinnerungsgeschichte der Nachkriegszeit, so fand die Uraufführung kurz vor der dritten Phase statt, die von einer deutlichen Zunahme an „offizieller Kommemoration und ihrer Symbole" geprägt war.[32] Und auch diesmal überraschte Tabori mit einer Inszenierung, die wider Erwarten und entgegen dem politisch-kulturellen Diskurs des Tages, keine Feierstunde sein sollte, ganz anders als jene institutionalisierten Gedenkzeremonien, von denen es in der Bundesrepublik bald jede Menge geben sollte. Diese Form des kollektiven Erinnerns, diese ritualisierte und organisierte Gedächtnisfeier für die Opfer des Dritten Reiches führen – laut Tabori – höchstens zu einer reflexbedingten Reaktion, zu jener fragwürdigen Betroffenheit, deren Hauptsymptome Melancholie und Pietät sind, nicht aber tief empfundene Trauer. Kein Wunder, dass sich Tabori gegen das monumentale Denkmal für die ermordeten Juden in Berlin aussprach, dass ihm beim Besuch des KZ Auschwitz das Gelände wie „ein Museum" vorkam, bei dem es „nichts Lebendiges, nichts, an dem sich Gefühle entzünden könnten" gibt.[33]

Taboris Erinnerungsspiel *Jubiläum* ähnelt nicht von ungefähr Freuds therapeutischem Ansatz, dem, was der Begründer der Psychoanalyse mit dem Begriff der „Erinnerungsarbeit" als Dreischritt aus „Erinnern, Wiederholen und Durcharbeiten"[34] definierte. Taboris Theater wird zu einer Stätte des Erinnerns, zu einem Gedächtnisort. Doch ist seine Erinnerungsarbeit, auch wenn sie gegen die kollektive Amnesie gerichtet ist, weit von jeglichem konventionellen Ritual entfernt, das keine persönliche Teilnahme erfordert. Die Theatererfahrung, die Tabori bietet, ist durch ihre konkreten und sinnlichen Manifestationen gekennzeichnet: „Unmöglich ist es, die

---

30 Peter von Becker: Von Juden und Christen – von Vätern und Kindern, in: George Tabori: Ich wollte meine Tochter läge tot zu meinen Füßen und hätte die Juwelen in den Ohren. Improvisationen über Shakespeares Shylock, hg. von Andrea Welker/Tina Berger, München 1979, S. 102.
31 Tabori, Ich wollte meine Tochter läge tot zu meinen Füßen, S. 70.
32 Siehe Aleida Assmann/Ute Frevert: Geschichtsvergessenheit, Geschichtsversessenheit. Vom Umgang mit deutschen Vergangenheiten nach 1945, Stuttgart 1999, S. 143–144.
33 George Tabori/Claus Peymann: Gipfeltreffen der Provokateure, in: Stern, 26.5.1994.
34 Sigmund Freud: Erinnern, Wiederholen und Durcharbeiten, in: ders., Gesammelte Werke, Bd. 10, Frankfurt a. M. 1973, S. 126–136.

Vergangenheit zu bewältigen, ohne daß man sie mit Haut, Nase, Zunge, Hintern, Füßen und Bauch wiedererlebt hat",[35] argumentiert Tabori und bekräftigt damit die These: „What is remembered in the body is well remembered."[36] Die Theaterstunde des aktiven Erinnerns, das Aufreißen der Wunden und die Wiederbelebung des Schmerzes bezieht so Schauspieler wie Zuschauer physisch, intellektuell und emotional mit ein. Damit wird die Trennungslinie zwischen Vergangenheit und Gegenwart, zwischen Leben und Tod, zwischen Wirklichkeit und (Alp-)Traum verwischt.

Ort des Geschehens ist „ein Friedhof am Rhein". Die Toten, Opfer des nationalsozialistischen Terrorregimes, finden keine Ruhe, da sie immer wieder durch Provokationen und Schmierereien von Neo-Nazis gestört werden. Die Toten tauchen aus ihren Gräbern auf. Neben dem jüdischen Ehepaar nehmen auch die Spastikerin Mitzi, Helmut, ein Homosexueller und sein Geliebter Otto, ein Friseur, am schaurigen Totentanz teil. Wohlgemerkt: Bewusst vereinigt Tabori als Opfer Juden und Nicht-Juden; Juden haben seiner Meinung nach kein Monopol auf das Leiden.[37] Vor den Augen der Zuschauer begeht jedes der Opfer sein privates „Jubiläum" oder seinen „Stichtag", erlebt erneut Leid und (unnatürlichen!) Tod. Keine Produktion, die nach der Uraufführung unter Taboris Regie zu sehen war, hatte auch nur annährend so eine erschütternde Wirkung. Dies lag nicht allein an der unkonventionellen Inszenierung, sondern auch an der Tatsache, dass Tabori selber daran teilnahm und seine eigene Biographie den Subtext der Aufführung ausmachte. Spielstätte war das Foyer des Schauspielhauses in Bochum, das mit Erde, Torf und Efeu hergerichtet war, ebenfalls fanden sich dort schief stehende Grabsteine. Durch die großen Fensterscheiben blickten die im Foyer sitzenden Zuschauer auf den vorbeirauschenden Autoverkehr und auf die Fußgänger in der Königsallee sowie auf einen Grabhügel, der als Fortsetzung des Innenraums gedacht war. Im Überschreiten der Schwelle zwischen Leben und Theater, der kaleidoskopischen Mehrdimensionalität (der Zuschauer, der die Aufführung sieht; der sich selber oder die anderen Zuschauer betrachtet; der selber von den anderen, auch außerhalb des Theaters, betrachtet wird) verschmolzen Wirklichkeit und Fiktion. Der Neonazi Jürgen stieg aus einem Taxi aus, das vor dem Theater hielt, und beschmierte das großflächige Fensterglas mit dem antisemitischen Aufruf „Juda verreke" (mit einem orthographischen Fehler) zwischen einem Davidstern und einem Hakenkreuz. Der Totengräber-Clown warf draußen ein paar Bücher oder Papier ins Feuer und ließ so die Erinnerung an die Bücherverbrennung 1933 wach werden. Am Premierenabend schlenderte Tabori auf dem Bürgersteig vor dem Theater. Unter seinem Wollmantel trug er eine KZ-Uniform mit dem Gelben Stern. Draußen fiel sanft der Schnee. Tabori klopfte an die Glasscheibe. Später teilte er mit den Schauspielern eine Chalah, das süße jüdische Sabbatbrot, das mit einem weißen Tuch verhüllt war – als Zeichen der Hoffnung.

„Wie kriegt man zwanzig Juden in einen VW?" fragt Otto in *Jubiläum* und antwortet prompt: „Zwei vorne, drei hinten, den Rest in den Aschenbecher."[38] Und als ob das nicht reicht, singt die Spastikerin Mitzi einen makabren, ja geschmacklosen

---

35 George Tabori: Es geht schon wieder los, in: Tabori, Unterammergau, S. 202.
36 Elaine Scarry: The Body in Pain. The Making and Unmaking of the World, Oxford 1985, S. 4.
37 So auch in anderen Theaterstücken Taboris, beispielsweise „Der Voyeur" und „Weisman und Rotgesicht".
38 George Tabori: Jubiläum, in: ders.: Theaterstücke, aus dem Engl. von Ursula Grützmacher-Tabori, München 1994, Bd. 2, S. 59.

Text zur Melodie des bekannten Vogelhochzeitslieds: „In Buchenwald, in Buchen-wald/Da machen wir die Juden kalt,/Fiderallalla, fiderallalla, fiderallallalla [usw.]."[39] Freilich ist Taboris Humor nicht jedermanns Sache. Darf man über die Vernichtung der europäischen Juden lachen? Darf man Witze über Juden, zumal über die Opfer machen?, war die Frage, die viele sich stellten, als sie – längst bevor Roberto Benignis Film *La vita è bella* (1997) in den Kinos lief – mit Taboris Humor konfrontiert wurden.

Tatsache ist, dass kein Bühnenstück Taboris so erfolgreich war wie *Mein Kampf*, „A Great Love Story – Hitler and his Jew"[40], das im Mai 1987 im Wiener Akademie-Theater uraufgeführt wurde. Der Erfolg war riesig, kritische Rezensionen im Namen des guten Geschmacks und der politischen Korrektheit – wie so zahlreich in der Vergangenheit – gab es kaum. *Mein Kampf* wurde zum „Stück des Jahres" gekürt und war im Nachhinein betrachtet Taboris Eintrittskarte in das etablierte Theater, jene „Kathedralen", die ihm einst so unlieb gewesen waren. Haben sich die Zeiten geändert? Hat der Jude Tabori den Deutschen eine Lanze gebrochen, ihnen in die Hände gespielt, in dem er für sie etwas erledigte, das sie kaum zu wagen vermochten, für sie ein Tabu gebrochen? Mehr noch: Haben Tabori und manch andere jüdischen Regisseure, wie beispielsweise Peter Zadek,[41] einen neuen kultur-politischen Diskurs angestoßen, in dem der Jude nicht mehr sakrosankt, unantastbar war, in dem – genau zwanzig Jahre vor Dani Levys Hitler Filmparodie *Mein Führer* (2007) – sogar eine possenhafte Begegnung zwischen Hitler und einem Juden auf der Bühne stattfinden konnte?

Im Gegensatz zur fragmentarischen, collageartigen Struktur von *Jubiläum* folgt Taboris *Mein Kampf* einem linearen Handlungsstrang. In einem Männerasyl in der Wiener Blutgasse, irgendwann um das Jahr 1908 herum, begegnet Schlomo Herzl, ein jüdischer Bücherverkäufer (Bibel und Kamasutra) und geistreicher Erzähler, Adolf Hitler, einem Möchtegernkunstmaler. Liebevoll-masochistisch kümmert sich Schlomo um den narzisstischen Querulanten aus der Provinz. Er bemuttert ihn, bemüht sich, dem rabiaten Antisemiten Manieren beizubringen, stopft seine Strümpfe, beschneidet (!) dessen Schnauzbart und verpasst ihm somit die typische Führer-Physiognomie – all das zum Staunen und Leidwesen seines Bettnachbarn Lobkowitz („ein kaputter Koscher-Koch"), der entlassen wurde, weil er unter Miss-achtung der jüdischen Speisegesetze „Schmelzkäse und Tafelspitz gemischt hatte".[42] In der Uraufführung trat Tabori selbst an Stelle eines erkrankten Kollegen auf, trug eine riesige weiße Kochmütze, auf seiner Stirn ein drittes Auge gemalt. Als Hitler frustriert aus der Kunstakademie zurückkehrt, tröstet der Alltagsphilosoph Schlomo den gescheiterten Kandidaten, rät ihm, in die Politik zu gehen, prophezeit ihm dort

39 Tabori, Jubiläum, S. 56–57.
40 George Tabori im Gespräch mit Reinhard Palm und Ursula Voss, in: George Tabori: Mein Kampf, Pro-
    grammbuch Nr. 17, Burgtheater Wien 1987, S. 128.
41 Vgl. Anat Feinberg: Wiedergutmachung im Programm. Jüdisches Schicksal im deutschen Nachkriegs-
    drama, Köln 1988; dies.: Vom bösen Nathan und edlen Shylock. Überlegungen zur Konstruktion jüdischer
    Bühnenfiguren in Deutschland nach 1945, in: Klaus-Michael Bogdal u. a. (Hg.): Literarischer Antisemitis-
    mus nach Auschwitz, Stuttgart 2008, S. 263–282.
42 George Tabori, Mein Kampf, in: ders.: Theaterstücke, aus dem Engl. von Ursula Grützmacher-Tabori,
    München 1994, Bd. 2, S. 147.

Erfolg: „du wirst ein König sein, der über eine Decke von Gebeinen schreitet".[43] Auch Frau Tod, die unter den Insassen einen bestimmten Hitler aufsucht, wird von Schlomo mit Geschichten abgelenkt. Doch der elegant-laszive Vamp, eine Ikone des Todes in mittelalterlich-allegorischer Manier, interessiert sich nicht für Hitler als Leiche, sondern „als Täter, als Sensenknaben, als Würgeengel – ein Naturtalent".[44] Die gescheiterte „Liebesgeschichte" kulminiert in einem Alptraum der Grausamkeit. Am Bußtag, dem allerheiligsten jüdischen Feiertag, platzen sieben Tiroler Lederdeppen herein, tünchen die Wände braun, schmieren Hakenkreuze. An Hitlers Seite steht (Goethes) Gretchen in BDM-Tracht – Schlomos kindhafte Geliebte, ein Unschuldsengel, den er mit Gummibärchen und Geschichten bezaubert hatte. Auf der Suche nach Schlomos Buchmanuskript, „Mein Kampf" betitelt, wird dieser gejagt und geprügelt. Das Buch existiere nur in seinem Kopf, räumt der Jude (!) schließlich ein, worauf eine grausige Strafe folgt, eine Vorahnung auf das den Juden bevorstehende Schicksal. Hitlers Adlatus Himmlischst (alias Heinrich Himmler), Meister einer pseudo-religiösen Opferzeremonie, rupft Schlomos Huhn Mizzi, weidet es aus, zerteilt es in der Manier eines Fernsehkochs und lässt das Huhn in die Bratpfanne, die bezeichnenderweise auf einem Ofen steht, fallen. Das jüdische „Tarnegol kaparot", das traditionelle Sühneopfer am Bußtag (Jom Kippur), ist bei Tabori kein Surrogat für den reumütigen Gläubigen, sondern ein Fingerzeig auf das künftige Unheil. „Wenn ihr beginnt, Vögel zu verbrennen, werdet ihr enden, Menschen zu verbrennen",[45] variiert Schlomo die berühmte Vorhersage Heines. Erst jetzt erkennt der herzensgute Jude seinen fatalen Fehler: „Ich war zu dumm zu wissen, daß manche Menschen Liebe nicht ertragen können."[46] Die Schonzeit ist zu Ende. Während Lobkowitz mit einer Zahnbürste den Boden schrubbt und einen jüdischen Witz erzählt, isst Herzl die Überreste Mizzis, würgt und weint.

Taboris *Mein Kampf,* eine farce noir, ist ein weiterer Versuch „der Wunde, das Messer zu verstehen"[47], nämlich die deutsch-jüdische „Hassliebe" zu ergründen. Das von Tabori auch als „theologischer Schwank" bezeichnete Stück ist eine wilde Phantasmagorie, chimärenhaft und wirklich zugleich, die weder historische Genauigkeit anstrebt, noch eine rationale Erklärung beabsichtigt. Es ist Taboris „directed dream"[48], seine Auseinandersetzung mit dem Mann, der „meinen Alltag durcheinandergewirbelt, meine Pläne zunichte gemacht" hat. Eine exorzistische Erinnerungsarbeit also: „Es ist mein Hitler, ist Hitler in mir."[49] Gekennzeichnet durch ein Stilgemisch, das von der Allegorie bis hin zum Volksstück und zur Slapstick-Comedy reicht, arbeitet die Farce mit rabulistischen Scherzen, schockierenden Momenten und Situationskomik.

Fürwahr: *Mein Kampf* ist beispielhaft für Taboris Humor, der aus der jüdischen Tradition schöpft, in der Scherz und Schmerz vermengt sind, gleichfalls aber auch aus der ungarischen Witzkunst, aus dem liebevoll-boshaften Humor eines Ferenc

---

43 Ebd., S. 182.
44 Ebd., S. 194.
45 Tabori, Mein Kampf, S. 201.
46 Ebd., S. 202.
47 George Tabori: Ein Goi bleibt immer ein Goi, in: ders., Unterammergau, S. 30.
48 Tabori im Gespräch mit Palm und Voss, S. 130.
49 Andres Müry: Es ist mein Hitler. Ist Hitler in mir. Gespräch mit George Tabori, in: Rheinischer Merkur, 29.4.1988, S. 17.

Molnár oder eines István Örkény. Für Tabori ist der Inhalt eines Witzes immer „eine Katastrophe".[50] Der Kalauer mitten im Grauen ist ein „Rettungsring", auch wenn das Lachen im Halse stecken bleibt. Die durch Humor erzeugte Verfremdung der Wirklichkeit hat – wie Freud in seiner Studie *Der Witz und seine Beziehung zum Unbewussten* (1905) feststellte – eine therapeutische Wirkung. Wortspiele und witzige Wortwechsel, Gags und Pointen, platte und anspruchsvolle Späße, groteske Verzerrungen und makabre Elemente sind einige Bausteine von Taboris Humor. Hinzu kommt die jüdische Rabulistik, als „Pilpul" bekannt, die Schlomo Herzl, ein Sprach- und Gedankenakrobat, meisterhaft beherrscht. Gegen eine affektierte Pietät und larmoyante Sympathie gerichtet, soll dieser Humor den Zuschauer von der konditionierten Befangenheit befreien, um so die „Banalität des Bösen" und die wahre Dimension des Leids erkennen zu lassen.

War Taboris *Mein Kampf* 1987 politisch korrekt? Keineswegs, auch wenn das Stück so erfolgreich war. Ein Grund für die Legitimierung dieser „Geschmacklosigkeit" war zweifellos die Tatsache, dass sie Taboris Fantasie entsprang. Und so konnte man seinerzeit Stimmen hören, die Tabori ein besonderes Recht, ja ein Privileg eingeräumt hatten, aufgrund seiner jüdischen Biographie politisch unkorrekt zu sein. Man darf das, „wenn man George Tabori heißt und ein Theatermann ist, den die Biographie über jeden Verdacht erhebt und der die groteske Überzeichnung wie kaum ein anderer als theatralisches Stilmittel beherrscht", schrieb beispielsweise Thomas Rothschild in seiner Kritik.[51] Ist das eine ausreichende Begründung? Kaum. Denn das Theatererlebnis lebt von der Wechselwirkung zwischen Bühne und Saal, gewinnt seine Einzigartigkeit im Spannungsverhältnis zwischen Schauspielern und Zuschauern. Meine Erfahrung aus zahlreichen unterschiedlichen Inszenierungen des Stückes war fast immer die gleiche: Der angestrebte kathartische Effekt, der nicht zuletzt durch das Lachen entstehen sollte, trat kaum ein. Wie sich bei den Reaktionen während der Aufführung, aber auch in anschließenden Diskussionen zeigte, waren viele Zuschauer konsterniert, verunsichert; viele wagten nicht zu lachen, andere waren sprachlos. Auf „die Falle", in die Tabori mit *Mein Kampf* hineintappte, wies seinerzeit Konrad Paul Liessmann hin:

„*Mein Kampf* versteht nicht, sondern zelebriert gleichermaßen amüsant wie angestrengt Hitler in uns. Und weil dieses Stück dies tut, fühlen wir uns dabei so unendlich behaglich. Wir sind mit dem schlechtesten Teil von uns konfrontiert und versöhnt in einem – aber eben im Theater. Angesichts der Verhältnisse, wie sie sind, bleibt die Versöhnung zwischen Täter und Opfer, zwischen uns und den anderen, zwischen Ich und Ich als realpolitische Kategorie aber bis auf weiteres eine Utopie."[52]

Angesichts des Drangs zur Enttabuisierung bei Tabori sowie unter anderen jüdischen Theaterleuten wäre die Frage angemessen, ob dieser ikonoklastische Zugang so

---

50 Andrea Welker im Gespräch mit George Tabori. Das Wort ist eine heilige Waffe und kein Ephebenfurz, in: Tabori, Dem Gedächtnis, S. 303.
51 Thomas Rothschild: Hitler in Wien, in: Die deutsche Bühne, 7 (1987), S. 28–30. Ähnlich äußern sich Lothar Sträter: Auf wienerische Art mit Entsetzen Scherz getrieben, in: Badische Neueste Nachrichten, 12.5.1987 und Rainer Weber: Ecce Schlomo, in: Der Spiegel, 1987, Nr. 20, S. 273. Wend Kässens meint: „Kein anderer als Tabori kann und darf es sich leisten, jenen millionenfachen Mord der Faschisten als eine böse Groteske zu zeichnen" (Gronius/Kässens, Tabori, S. 25).
52 Liessmann, S. 88–89.

verstanden wird, wie er gemeint ist, oder, anders ausgedrückt, ob das Publikum, dem so viel Vertrauen geschenkt wird, nicht überfordert, gar überschätzt wird.

Was bleibt? Die faszinierende Lebensgeschichte eines Budapester Juden mit einem britischen Pass, der seine Second Chance ausgerechnet in der Bundesrepublik erhielt, obwohl er bis zuletzt seine Werke in englischer Sprache schrieb. Die Chronik eines Versuchs, angesichts des festetablierten, verkrusteten Theaterbetriebs ein alternatives Theater zu machen, lebhaft, experimentierfreudig und mutig. Und eine Reihe von wunderbaren Theaterstücken, in denen die Leidenschaft, Tabus zu brechen, nicht zu übersehen ist. Ob diese Theaterstücke jenseits des Angriffs auf die politische Korrektheit überdauern werden, ob das Theater George Taboris auch ohne die Aura des alten Mannes mit den zersausten Haaren und dem obligatorischen Schal weiter leben wird, werden die kommenden Jahre zeigen.

Matthias N. Lorenz

Die Motive des Monsters
oder die Grenzen des Sagbaren

Tabubrüche in den Niederlanden und Deutschland
und ihre literarische Spiegelung in Erzählungen
von Harry Mulisch und F. C. Delius

Für Walter Uka (1947–2009)

I.

„Das Hantieren mit dem nur halb verstandenen Ausdruck ‚political correctness‘ [...]
verrät normative Enthemmung und kognitive Entdifferenzierung im Umgang mit
sensiblen Themen."[1] Jürgen Habermas' Kritik am Gerede über politische Korrektheit
trifft ins Mark jener zeitgenössischen „Zensur"-Debatte, die in den 1990er Jahren
aus den USA importiert wurde. Von Denkverboten, Tugendterror, Meinungspoli-
zei war da die Rede, als marginalisierte Gruppen von der Mehrheitsgesellschaft einforderten, ihre Sprach- und Bezeichnungspolitik so umzustellen, dass Minderheiten
nicht mehr verbal diskriminiert würden. Die Gefühle einer Minorität sollten dabei
zum Maßstab für die Verletzung werden, die Vorstellungen und Motive der Majo-
rität in diesem Diskurs keine Rolle mehr spielen. Diese Entwicklung wurde in den
USA von dem Anliegen vor allem der Afroamerikaner, Homosexuellen und Frauen
getragen, in die „Mitte" der amerikanischen Gesellschaft aufgenommen zu werden,
deren restriktive Normalitätsvorstellungen damit zugleich in Frage gestellt wurden.
Konservative Gegner dieser Bestrebungen unterstellten daraufhin – oft reichlich pau-
schalisierend – „den Linken", die Freiheit der Rede einzuschränken. Geschickt adap-
tierten einige wortmächtige Protagonisten der Debatte linke Leitideen aus dem Free
Speech Movement und dem Kampf gegen Zensur und Gesinnungsjustiz und stellten
die Minoritäten, wo immer diese sprachliche Sensibilität im Umgang mit sensiblen
Themen einforderten, als restriktive und totalitäre Bedrohung von Grundwerten des
amerikanischen Selbstverständnisses dar.[2]

Im Verlauf dieser Debatte ist die Idee einer sprachpolitischen Rücksichtnahme –
ursprünglich war „politically correct" eine ironische Selbstbezeichnung in der linken Bewegung der USA der sechziger Jahre für jene Mitstreiter, die es allzu genau
nahmen[3] – massiv zu Schaden gekommen. Weniger aus dem rational naheliegen-
den Grund, dass eine Veränderung der Bezeichnung nicht verhindern kann, dass

---

1 Jürgen Habermas: Die Normalität einer Berliner Republik. Kleine politische Schriften, Bd. 8, Frankfurt a. M.
  1995, S. 173.
2 Vgl. hierzu die hervorragende diskurshistorische Arbeit von Ariane Manske: Political Correctness und Normalität. Die amerikanische PC-Kontroverse im kulturgeschichtlichen Kontext, Heidelberg 2002. Auch die
  Darstellungen von Wierlemann und Erdl bestätigen dieses Bild: Sabine Wierlemann: Political Correctness in
  den USA und in Deutschland, Berlin 2002; Marc Fabian Erdl: Die Legende von der Politischen Korrektheit.
  Zur Erfolgsgeschichte eines importierten Mythos, Bielefeld 2004.
3 Vgl. Wolfgang Fritz Haug: Politisch richtig oder richtig politisch, Hamburg 1998, S. 87.

das Stigma etwa von „Neger" über „Farbiger" auf „Schwarzer" mitwandert. Vielmehr hat sich das Konzept selbst zerstört, indem es eine offene Flanke gegenüber den geschilderten konservativen Angriffen bot. „Political Correctness" war nie eine Bewegung im sozialen Sinne, der Begriff selbst ist eine pejorative Neubildung, die lanciert wurde, um Anliegen in dieser Richtung zu einer totalitären Instanz aufzubauen und damit als Bedrohung erscheinen zu lassen. Insofern hatte das Konzept selbst auch keine Fürsprecher, sondern es gab lediglich Gruppen, die eine sensibilisierte Sprachpolitik für ihre partikularen Anliegen einforderten. Das Label „Political Correctness" bekamen sie und mit ihnen die gesamte amerikanische Linke von ihren erklärten Gegnern verpasst, es ist daher eine Fremdbezeichnung mit stigmatisierender Absicht. Grob vereinfachend subsummierten die Gegner einer Flexibilisierung des gesellschaftlichen Normalbereichs verschiedene Tendenzen und Bewegungen, die sich selbst gar nicht als zusammengehörig empfanden. Um sich vom Vorwurf eines neuen McCarthyismus zu distanzieren, konnte sich niemand positiv auf „Political Correctness" berufen. Im Unterschied zum älteren Konzept des Tabus ist „Political Correctness" aufgrund seiner Diskursgeschichte ein Phänomen, das keine Fürsprecher hat, zugleich aber sehr wohl in öffentlichen Auseinandersetzungen als Argument verwendet wird – etwa, um sich in Abgrenzung dazu als unkorrekter, also mutiger Freigeist zu inszenieren.

II.

Zugleich ist politisch korrekt zu sein jedoch auch eine Grundbedingung für die Teilnahme an der öffentlichen Meinung geworden. Bestimmte Tabuverstöße – etwa, jemanden öffentlich als „Neger" oder „Itzig" zu bezeichnen – führen mittlerweile zu scharfen Sanktionen. So wird „Political Correctness" zu einem paradoxen Phänomen: Bestimmte Standards haben sich vor allem in der (zumindest öffentlich kommunizierten) Toleranz gegenüber ethnischen, kulturellen und religiösen Minderheiten etabliert, zugleich jedoch will niemand für das angeblich fremdverordnete Konzept einer „Political Correctness" einstehen. Die Folge der paradoxen Diskursentwicklung ist, dass ein Verstoß gegen politisch korrekte Tabuzonen den Sprecher ebenso sozial zu isolieren vermag wie auch der Ruch, politisch allzu „korrekt" zu sein. Diese Gemengelage von sprachlich-performativen Distanzierungsgeboten ist wesentlich komplexer und schwerer kalkulierbar als ältere, kodifizierte Konzepte verletzender Rede. Sie führt daher immer wieder zu Fehlleistungen, die nahezu mechanisch entweder im Ritual der öffentlichen Entschuldigung oder aber – falls diese ausbleibt oder nicht angenommen wird – in den Ausschluss des Tabubrechers münden. Es ist daher nur eine Frage der Zeit gewesen, wann sich Literaten als Sachwalter der Sprache mit Fragen der „Political Correctness" beschäftigen würden. Die US-amerikanische Literatur hat mit Philip Roths *Der menschliche Makel* (The Human Stain, 1998) mittlerweile ein Hauptwerk eines ihrer prominentesten Autoren zum Thema: Der vermeintlich weiße Collegeprofessor Coleman Silk hat zwei Studenten als „dunkle Gestalten" bezeichnet (im Original „spooks", was „Gespenster", aber auch „Nigger" bedeuten kann), weil sie nie im Seminar erschienen sind. Da die Schwänzer jedoch Afroamerikaner sind, löst diese Äußerung schwerste Rassismusvorwürfe aus. Die Lage wird noch verkompliziert, indem der alternde Silk eine Beziehung mit einer sehr viel jüngeren (Putz-)Frau eingeht, was ihm zusätzlich den Ruch sexueller Ausbeutung einträgt. Roth löst jedoch bald die Identitäten seiner Protagonisten auf und bringt sie ins Schwimmen: Was wäre, wenn der Jude Silk gar kein Jude wäre, der weiße „Rassist" in Wirklichkeit selbst afroamerikanische Wurzeln hätte? Am Ende hat der Professor durch Missverständnisse und Intrigen nicht nur seinen Job, sondern auch seine Familie und schließlich sogar das Konstrukt seiner Persönlichkeit verloren: Sein Renommee innerhalb des Collegemilieus ist durch die Rassismus- und Sexismusdebatten dahin, aber auch seine selbstgewählte Identität als weißer Jude ist zusammengebrochen. Ironischerweise kann der angebliche Rassist, der in Wirklichkeit ein Schwarzer mit hellhäutiger Pigmentierung ist, nun auch nicht mehr beanspruchen, Teil des weißen Establishments zu sein. Zeithistorisch grundiert wird die Geschichte Silks von der Lewinsky-Affäre mit ihren peinlichen Untersuchungen des Sonderermittlers Kenneth Starr, die US-Präsident Bill Clinton 1998 fast das Amt gekostet hätten.

Die Debatte in Europa hat jedoch andere Grundvoraussetzungen als die in den USA; Deutschland ist ethnisch weder „Melting Pot", noch „Salad Bowl"; auch der Umgang mit „Sexual Harrassment" ist hierzulande weitaus weniger stark normiert und reglementiert. Dennoch wurde der Mythos einer „Political Correctness" importiert: als Kampfbegriff derer, die unter dem Vorwand, Meinungsfreiheit, Toleranz und Demokratie gegen die von ihnen herbeigeredeten Tabuwächter zu verteidigen, die Diskussion zu verweigern. In Deutschland hat sich nun in den letzten fünfzehn Jahren eine ganz spezifische Spielart dieses Diskurses herausgebildet, die hierzulande die Verwendung des Stigmawortes dominiert: eine auf den Umgang mit der NS-Vergangenheit gemünzte so genannte „historische Korrektheit". Auch hier ist von Denk- und Sprechverboten die Rede. Die Klage nach diesem Muster dient dazu, Positionen im Diskurs zu halten oder im Sinne einer konservativen Gegenbewegung zu lancieren, die sich nur vordergründig auf die Postulate von Freiheit und Toleranz berufen können.[4]

In der deutschen Literatur hat von den namhaften Autoren wohl zuerst Martin Walser politische, hier also historische Korrektheit zum Thema eines Romans gemacht: *Ohne einander* erschien 1993 und verhandelt Fragen des (Un-)Sagbaren im Medien- und Kulturbetrieb der Bundesrepublik. Als Vertreter der „Political Correctness" imaginiert Walser ausgerechnet eine hämisch abstoßend geschilderte Gestalt, die zahlreiche Züge einer Judenkarikatur aufweist. In den Dialogen geht es wiederholt um die moralisch korrekte Positionierung zur NS-Vergangenheit; Fragen jüdischer Abstammung und philosemitischer Gesinnung werden plakativ von einigen Protagonisten eingebracht, um ihre Deutungshoheit zu behaupten. Der Roman bedient damit das Bild von „Political Correctness" als ein Aufspielen von selbsternannten

---

4 Vgl. hierzu Sally Johnson/Stephanie Suhr: From „political correctness" to „politische Korrektheit": discourses of „PC" in the German newspaper ‚Die Welt', in: Discourse & Society, 14 (2003), H. 1, S. 49–68; Martin Wengeler: „1968", öffentliche Sprachsensibilität und political correctness, in: Muttersprache. Vierteljahresschrift für deutsche Sprache, 112 (2002), H. 1, S. 1–13; Matthias Jung: Von der politischen Sprachkritik zur Political Correctness – deutsche Besonderheiten und internationale Perspektiven, in: Sprache und Literatur in Wissenschaft und Unterricht, 27 (1996), H. 78, S. 18–37; Martin Dietzsch/Anton Maegerle: Kampfbegriff aller Rechten: „Political Correctness", in: DISS-Internetbibliothek 1996 [Duisburger Institut für Sprach- und Sozialforschung], http://www.diss-duisburg.de/Internetbibliothek/Artikel/Kampfbegriff.htm [20.8.2009].

Gutmenschen und Opfern, die sich in ihrer eitlen Selbstinszenierung als moralisch überlegen gerieren – zu Lasten „einfacher Deutscher". Walsers Roman selbst folgt einer antisemitischen (wenn man so will: unkorrekten) Struktur und es mutet fast so an, als habe der Autor mit diesem Roman geradezu um jene Vorwürfe gebuhlt, die er sich dann mit seiner Friedenspreis-Rede 1998 und vor allem dem Roman *Tod eines Kritikers* 2002 tatsächlich zuzog.[5] Obwohl mittlerweile diverse Studien nachgewiesen haben, was es mit dem Phänomen „Political Correctness" als antilinke Stigmatisierung tatsächlich auf sich hat, haben sich seine alltagssprachliche Verwendung und die damit verbundenen eher unguten Gefühle kaum verändert. Noch im Jahr 2000 hat der Bestsellerautor Bernhard Schlink ungeachtet des nunmehr offensichtlichen Verlaufs der Diskursgeschichte eine kurze Erzählung vorgelegt, die „Political Correctness" nur in den von Walser vorgedachten Bahnen denken und beschreiben kann.[6] In *Die Beschneidung* schildert Schlink das Scheitern der Liebesbeziehung zwischen einem jungen, nichtjüdischen Deutschen und einer gleichaltrigen New Yorker Jüdin. Schlinks Milieuschilderungen sind abermals mit zahlreichen Stereotypen aus dem Reservoir des Antisemitismus durchsetzt, auch hier fungieren Juden als Träger der „Political Correctness" und ist ein „einfacher Deutscher" das Opfer ihrer selbstgerechten moralischen Überheblichkeit, ihrer Instrumentalisierung des Holocaust. Was der Deutsche auch denkt oder sagt, es wird von seiner jüdisch-amerikanischen Umwelt als unkorrekt qualifiziert und entsprechend kritisiert. Um die Kluft zwischen Täterkind und Opferenkelin zu überbrücken, will der Protagonist Andi sich sogar beschneiden lassen; die damit geweckten Kastrationsängste sind jedoch nicht nur ein Verweis auf den religiösen beziehungsweise chirurgischen Akt, sondern auch auf die Beschneidung der eigenen Äußerungsmöglichkeiten. Schlussendlich überwindet der Deutsche „die schöne Jüdin": Weil er merkt, dass er ihr – derart belegt mit Kommunikationsverboten und antideutschen Vorurteilen – nicht näher kommen kann, verlässt er sie und wird so wieder frei, zu sprechen und zu denken, was er sprechen und denken will. Weil die beiden literarischen Bearbeitungen von Walser und Schlink einen Vertreter einer Minderheit, nämlich des Judentums, zum politisch korrekten und damit für die anderen Protagonisten überaus bedrohlichen Akteur machen, können sie als vergleichsweise vulgäre Bearbeitungen des Mythos von der „Political Correctness" gelten: Anstatt ihn literarisch zu dekonstruieren, wird der Mythos gar nicht als solcher durchschaubar gemacht.

III.

Zeitgleich mit der *Beschneidung* sind jedoch in den Niederlanden und in Deutschland zwei Erzählungen von prominenten Autoren erschienen, die sich ebenfalls mit dem Phänomen sprachlicher Verletzung und anschließender Abstrafung befassen, dabei jedoch einer Perpetuierung des Mythos entgehen. Insofern trifft sie auch Habermas' eingangs zitierte Kritik an der „kognitive[n] Entdifferenzierung im Umgang mit sen-

---

5 Vgl. hierzu meine Studie „Auschwitz drängt uns auf einen Fleck". Judendarstellung und Auschwitzdiskurs bei Martin Walser, Stuttgart/Weimar 2005.

6 Eine diesbezügliche Interpretation von Schlinks Erzählung habe ich mit dem folgenden Aufsatz vorgelegt: „Political Correctness" als Phantasma. Zu Bernhard Schlinks „Die Beschneidung", in: Klaus-Michael Bogdal u. a. (Hg.): Literarischer Antisemitismus nach Auschwitz, Stuttgart/Weimar 2007, S. 219–242.

siblen Themen" nicht. An ihnen ist zu zeigen, wie die herrschende Paradoxie und das Changierende des Phänomens „Political Correctness" literarisch bearbeitet worden ist und zu fragen, welche Motivation die Autoren antreibt, hierzu Stellung zu nehmen.

Der 2010 verstorbene Schriftsteller Harry Mulisch, entgegen eigener Aussage nicht nur in den Niederlanden weltberühmt, hat für die nationale Buchwoche des Jahres 2000 die Auftragsarbeit *Het theater, de brief en de waarheid (Das Theater, der Brief und die Wahrheit)* abgeliefert. Darin geht es um einen jüdischen Schauspieler, der sich selbst entführt, um seiner Warnung vor einem wiederaufkeimenden Antisemitismus Nachdruck zu verleihen – und dabei ertappt wird. Der deutsche Schriftsteller Friedrich Christian Delius, dessen dokumentarische Literatur stets zwischen Realität und Fiktion oszilliert, veröffentlichte 1999 die Erzählung *Die Flatterzunge* über einen Orchestermusiker, der auf einer Israeltournee mit „Adolf Hitler" unterschreibt und daraufhin alles verliert. Beide Erzählungen, so verschieden sie im einzelnen auch sind, unterscheidet von *Ohne einander* und *Die Beschneidung*, dass in ihnen tatsächlich ein Tabubruch stattfindet – Walser und Schlink hatten die Korrektheits-Debatte dagegen als inhaltsleeren Popanz vorgestellt, dem kein konkreter, nachvollziehbarer Anlass zugrunde liege. Die Erzählungen von Mulisch und Delius eint ferner in Abgrenzung zu den vorgenannten Texten, dass ihnen jeweils eine wahre Geschichte zugrundeliegt: der „Fall Gerd Reinke" und die „Affäre (Jules) Croiset". Beide Autoren verweisen jedoch ausdrücklich darauf, dass sie diese lediglich als Inspiration verwendet und anschließend frei bearbeitet haben. Delius stellt der *Flatterzunge* die Standardklausel der Schlüsselliteratur voran: „Die Figuren dieser Erzählung sind keinen realen Personen nachgebildet, sondern frei erfunden."[7] Mulisch schreibt in seiner Nachbemerkung:

> *Mein Text ist keine Darstellung oder Interpretation seiner ebenso phantastischen wie realen Aktion, die damals viel Staub aufwirbelte. Sie ist einzig und allein der Auslöser für mein eigenes literarisches Abenteuer. Ich habe meine Phantasie darauf losgelassen, und so wie der Text jetzt vorliegt, gibt es kaum noch einen Zusammenhang mit Croisets Schicksal.*[8]

Die Affäre Croiset ist ein weitgehend auf die Niederlande beschränkter Skandal gewesen, doch ihr Auslöser war das deutsche Thema, die historische Korrektheit – und zugleich der erste Fall des öffentlichkeitswirksamen Einspruchs der jüdischen Minderheit in Deutschland gegen die ihr zugefügten Verunglimpfungen. Gemeint ist die Besetzung jener Frankfurter Bühne am 31. Oktober 1985 durch Mitglieder der jüdischen Gemeinde, auf der Rainer Werner Fassbinders Skandalstück *Der Müll, die Stadt und der Tod* (1974) gespielt werden sollte. Die Darstellung der Figur „Der Reiche Jude" weckte bei ihnen Erinnerungen an den offenen Antisemitismus der NS-Zeit. Der Einspruch eines jüdischen Demonstranten veranschaulicht den Paradigmenwechsel in der Definition von Verletzungen, der in den 1980er Jahren stattfand: „Ich war in Auschwitz, Maidanek [sic!], Bergen-Belsen. Wenn Göring einst sagte, wer Jude

---

7 Friedrich Christian Delius: Die Flatterzunge. Erzählung, Reinbek 1999, S. 4.
8 Harry Mulisch: Das Theater, der Brief und die Wahrheit. Ein Widerspruch, Reinbek 2002, S. 101.

ist, bestimme ich, so sage ich jetzt, was Antisemitismus ist, nicht Herr Rühle [Intendant des Schauspiels Frankfurt]."[9] Nicht mehr die Meinung der Mehrheit bestimmt also den Grad der Verletzung, sondern die diesbezügliche Deutungshoheit wird von den Opfern selbst beansprucht. Fassbinders Stück wurde schließlich nach erbitterten kulturpolitischen Kontroversen nicht gespielt.[10] 1987 sollte das *Müll*-Stück – nach der New Yorker Uraufführung im gleichen Jahr – seine Europa-Premiere in den Niederlanden haben. Auch hier gab es Proteste und Befürchtungen vor einem neuen Antisemitismus. Einer der schärfsten Kritiker des Projekts war der jüdische Schauspieler Jules Croiset. Um seiner Warnung vor einer Wiederkehr der Judenfeindschaft Nachdruck zu verleihen, verschickte Croiset antisemitische Drohbriefe an sich selbst und andere prominente jüdische Niederländer. Schließlich fingierte er sogar, von Neonazis gekidnappt worden zu sein. Der inszenierte Antisemitismus flog bald auf und Croiset wurde zur Persona non grata; zudem hatte er seinem Anliegen einen Bärendienst erwiesen. Anstelle die Mahnung zu bekräftigen, dass Antisemitismus auch heute noch eine virulente Gefahr sei, entstand der Eindruck, Antisemitismus sei lediglich eine Inszenierung der jüdischen Opfergruppe, um moralisches Kapital daraus zu schlagen: Eine Instrumentalisierung des Holocaust, erkauft mit der historischen Unkorrektheit, sich den Status eines Nazi-Opfers zu erschwindeln. Dass die westliche Welt überaus empfindlich auf derartige Täuschungsmanöver reagiert, hat international auch die Wilkomirski-Affäre unterstrichen. Sie wurde ausgelöst durch den Schweizer Bruno Grosjean alias Bruno Doessekker, der sich in seinem zunächst weithin beachteten Buch *Bruchstücke* (1995) als der jüdische Holocaust-Überlebende Binjamin Wilkomirski ausgegeben hatte.[11] Als Mulisch die Affäre Croiset zum Ausgangspunkt für seine Erzählung nahm, trug ihm diese Entscheidung daher nicht nur Beifall ein. Der jüdische Kabarettist und *Het Parool*-Kolumnist Freek de Jonge etwa hatte 1987 aufgrund von Croisets Drohbriefen wochenlang in Angst unter Polizeischutz gelebt und verdächtigte Mulisch nun, Croiset durch die Verleihung literarischer Weihen rehabilitieren zu wollen. Er kündigte an, *Das Theater, der Brief und die Wahrheit* in seiner Fernsehshow öffentlich verbrennen zu wollen – selbst ein Tabubruch, der unweigerlich an die nationalsozialistischen Bücherverbrennungen vom Mai 1933 erinnert. Der Eklat, der auch hätte vor Gericht führen können, blieb aus, da Mulisch im Publikum der Show saß und beide die Provokation durch Ironie entschärften („Harry, hast Du Streichhölzer?"[12]). Allerdings ist es eine verkürzte Lektüre, Mulischs Erzählung als apologetisch zu bezeichnen. Denn die literarisierte Version des Falls ist komplex verschachtelt; sie besteht aus zwei Varianten, die das historische Geschehen fortspinnen, sich dabei aber gegenseitig ausschließen. Wer erzählt, wer der Täter ist, was die Motive für die Tat und ihre Konsequenzen sind – alles wird in zwei Varianten durchkonjugiert, die gleichviel Plausibilität für sich beanspruchen können.

9 Zitiert nach Janusz Bodek: Die Fassbinder-Kontroversen. Entstehung und Wirkung eines literarischen Textes, Frankfurt a. M. 1991, S. 316.
10 Vgl. hierzu Bodek.
11 Vgl. Irene Diekmann/Julius H. Schoeps (Hg.): Das Wilkomirski-Syndrom, München 2002; Daniel Ganzfried: … alias Wilkomirski. Die Holocaust-Travestie, Berlin 2002; Stefan Mächler: Der Fall Wilkomirski. Über die Wahrheit einer Biographie, Zürich 2000.
12 Zitiert nach Helmut Hetzel: Versöhnung, holländisch, in: Die Welt, 16.3.2000.

Im ersten Kapitel mit dem Titel „Herbert" erzählt ein Schriftsteller namens Felix, der unschwer als Alter Ego des Autors Mulisch zu erkennen ist und 1999 als Auftragsarbeit einen „dramatischen Monolog" für eine Theatergesellschaft verfassen muss. Er blickt zurück ins Jahr 1987 und berichtet, wie er damals zusammen mit seiner Kollegin Vera die Beerdigung von Magda Althans, der Ehefrau des Schauspielers Herbert Althans, erlebt hat. Bereits ab der vierten Seite übernimmt über weite Strecken der Witwer das Wort, den Felix wörtlich nach einer Videoaufzeichnung zitiert. Der Schauspieler nutzt seine Trauerrede vor allem dazu, sich der anwesenden Öffentlichkeit – von 100 bis 150 Personen ist die Rede – zu erklären. Er schildert, wie ihn der Fassbinder-Text abgestoßen und aufgeregt habe:

> *Der reiche Jude ... was hat dieses Frankfurter Würstchen sich eigentlich dabei gedacht! Ich erstickte fast vor Wut. Nicht etwa ‚der reiche Projektentwickler', sondern der reiche Jude. War diese Charakterisierung nicht die infame Bestätigung einer langen, blutigen Geschichte? Und außerdem ... Mein Vater wurde in Sobibor vergast, in einem Vernichtungslager [...]. Ich bekam Herzrasen, Magda mußte mich beruhigen, und ich mußte mich hinlegen. Doch eines stand fest: Dieses Stück durfte unter gar keinen Umständen in den Niederlanden aufgeführt werden – in dem Land, aus dem im Verhältnis zur Gesamtbevölkerung mehr Juden in die Gaskammern deportiert wurden als aus Deutschland selbst.*[13]

Aus dieser Haltung erwachsen mehrere geschichtete, sich steigernde Tabuverletzungen: Herbert Althans besucht eine geschlossene Probevorstellung des „Müll"-Stücks, das von Schauspielschülern inszeniert wird. Anschließend ereifert er sich vor laufenden Kameras:

> *Im Gedränge sagte ich in die Kamera, das Stück sei von einer abgrundtiefen Morbidität und der Autor habe nicht umsonst vor ein paar Jahren Selbstmord begangen, und daß ihn das ehre. Mit sich überschlagender Stimme rief ich, es habe sich dabei um die Vollstreckung einer Auto-Exekution gehandelt.*[14]

Derartige Kritik führt zwar dazu, dass das Stück nicht öffentlich aufgeführt werden kann, aber auch, dass Herbert Althans massiv unter öffentlichen Druck gerät, seine Äußerungen zurückzunehmen. Seinen abrupten „sozialen Tod" – die Ächtung desjenigen, der die Konventionen verletzt hat, – erlebt Herbert als Kafkaeske Verwandlung: „*Als Gregor Samsa eines Morgens aus unruhigen Träumen erwachte, fand er sich in seinem Bett zu einem ungeheuren Ungeziefer verwandelt.* So fühlte ich mich inzwischen auch, [...]."[15] Der Ausschluss aus der Gemeinschaft der Anständigen erfolgt, wie bei Kafka, augenblicklich: Über Nacht wird man zur Unperson. „Nach allem [...] fühlte ich mich wie jemand, dem mitgeteilt wurde, daß er Krebs hat und der ständig vom naßkalten Nebel dieser Gewißheit umgeben ist."[16] Anschließend, so stellte sich heraus, schrieb Herbert einen antisemitischen Drohbrief, in dem er die Entführung

---

13 Mulisch, S. 23 f.
14 Ebd., S. 25.
15 Ebd., S. 26.
16 Ebd., S. 31.

seiner eigenen Kinder ankündigte. Als dritte und letzte Steigerung seines skanda-lösen Verhaltens inszenierte er sein eigenes Kidnapping durch Rechtsradikale, die die Polizei dann im Umfeld der Schauspielschule vermutete. Diese Fakten sind der Trauergemeinde allesamt bekannt. Herbert avancierte nach seiner Enttarnung durch die Polizei zum „bescheuerte[n] Schauspieler" und wurde bemitleidet als „verspätetes Opfer des Zweiten Weltkriegs."[17] Doch nun, so der Witwer, „da Magda nicht mehr bei uns ist, kann ich endlich sagen, wie es wirklich war. Der Brief war echt."[18] Magda habe auf den antisemitischen Schmähbrief mit der Entführungsdrohung panisch und hysterisch reagiert:

> Mit einem schnellen Blick überflog sie die Zeilen, erstarrte kurz, warf den Brief von sich, schlug die Zähne in den Ärmel ihrer weißen Bluse und zerriß mit einem Ruck den Stoff. Es sah wirklich so aus, als wollte sie sich die Haare aus dem Kopf reißen. Mit einem Schrei ließ sie sich vom Stuhl rutschen, kniend breitete sie die Arme aus, auf sehr merkwürdige Weise, so wie man es bei Fallschirmspringern sieht, bevor sich der Schirm öffnet. Sie war in einen flatternden freien Fall gera-ten, sie kreischte, schlug mit der Stirn auf den Fußboden, trommelte mit flachen Händen auf den Kokosteppich. Ich erkannte sie nicht wieder.[19]

Angesichts ihres Zustandes, der in einen Wechsel aus Apathie und Suizidgefährdung überging, habe er es als einzige Möglichkeit, ihr die Ängste zu nehmen, angesehen, den Brief als nicht echt darzustellen. Um glaubwürdig zu bleiben, habe er jedoch nicht einfach plötzlich behaupten wollen, den Brief selbst verfasst zu haben. Vielmehr habe er überführt werden wollen und deshalb seine eigene Entführung inszeniert. Dabei sei er so dilettantisch vorgegangen, dass man ihm auf die Schliche kommen musste. Auf seine Rückkehr als Opfer rechtsradikaler Täter – verwirrt, eingenässt, mit Fesse-lungsspuren, auf dem Arm die Zahl 6.000.001 und auf der Brust ein Hakenkreuz in die Haut geritzt – folgt die Entdeckung diverser Ungereimtheiten. Die Entführung wird von den Ermittlern angezweifelt und Herbert gesteht. Dass er nebenbei zugibt, auch den Brief fingiert zu haben, passt dann ins Bild des bemitleidenswerten Para-noikers, das sie sich von ihm machen. Die unverständliche Tat Herberts wird so auf einen Schlag zu einem selbstlosen Akt der Liebe zu Magda. Um sie vor einem Selbst-mordversuch zu bewahren, hat er sich selbst der Fälschung bezichtigt – und somit aufopferungsvoll den darauf folgenden Skandal auf sich genommen. Die Erzähler-figur Felix kommentiert nicht ohne Häme die professionelle Selbstinszenierung des Berufsschauspielers, der sich die „dramatische Dekoration"[20] der Beerdigung seiner Frau gewählt hat: „Aus einem Verrückten war ein Heiliger geworden! Herbert Alt-hans als Lamm Gottes!"[21] Herbert berichtet jedoch auch davon, wie sein Versuch fatal gescheitert ist:

17 Ebd., S. 28 f.
18 Ebd., S. 30.
19 Ebd., S. 35.
20 Ebd., S. 31.
21 Ebd., S. 40.

Ich war davon ausgegangen, daß Magda sich befreit fühlen und sich meiner als eines verspäteten Opfers des Kriegs erbarmen würde. Doch nichts davon. [...] Als ich zu Ende gesprochen hatte, sah sie mich schweigend an, wobei alle Farbe aus ihrem Gesicht verschwand. Kurz darauf drehte sie die Augen zur Decke und drohte bewusstlos zu werden. Ich sprang zu ihr hin, fing sie auf und drückte ihr den Kopf zwischen die Knie. Danach ging es ihr etwas besser, doch auf einmal mußte sie sich übergeben. Im gleichen Moment wurde mir klar, daß ich alles falsch gemacht hatte. [...] Aber es gab natürlich kein Zurück mehr. Oder doch? Hätte ich ... Aber warum hat sie dann am nächsten Tag ... Was war es, das sie nicht ertragen konnte? Warum – warum nur?[22]

Die auffälligen symptomatischen Beschreibungen von Magdas hysterischen Zusammenbrüchen direkt nach dem Eintreffen des Briefs und kurz vor ihrem Selbstmord wirken wie aus einem Film abgeschaut. Schon wie Herbert anfangs deklamiert „Mit sich überschlagender Stimme rief ich", mutet in seiner offenkundigen grammatikalischen Unbeholfenheit eher wie das Zitat einer standardisierten Genresituation an. Ob dieser Erzähler, der ja durchaus ein Motiv dafür hätte, die Trauergesellschaft abermals zu belügen, um sich moralisch zu rehabilitieren, eine zuverlässige Quelle ist, ist also in höchstem Maße fragwürdig. Trauen kann man weder dem eitlen Schauspieler, noch dem nicht minder eitlen Felix, der die Videoaufzeichnung der Trauerfeier wiedergibt und kommentiert (und vielleicht auch noch Filmszenen ganz anderer Provenienz im Kopf hat).

Und auch Mulisch ist nicht zu trauen, denn mit dem Geständnis von Herbert Althans hat er die Situation der vorigen Tabuverletzung nur scheinbar befriedet: In ein „Zwischenspiel" nach der Trauerrede, in dem die Schriftsteller Felix und Vera einige Belanglosigkeiten wechseln, bricht ein (göttlicher?) Donnerschlag ein. Vera: „Was war das für ein seltsamer Donnerschlag?" Felix: „So was kommt im Winter häufiger vor."[23] – was erkennbar nicht stimmen kann: Plötzlicher Donner ist ein Phänomen des Hochsommers. Nach dem Knall ist alles anders. Nun ist Vera die Erzählerin, die eine Auftragsarbeit für die „Theatergruppe Hypokrit" zu verfassen hat und sich an die Beerdigung von *Herbert* Althans erinnert, bei der *Magda* in ihrer Trauerrede gesteht, den Drohbrief verfasst zu haben. Vera steht kein Videoband zur Verfügung, stattdessen muss sie sich mühsam erinnern, was ihr nur bruchstückhaft gelingt (überhaupt zeichnet Mulisch sie reichlich klischeebeladen als harmlose Schönwetterpoetin, die, in ihrem Garten sitzend, „natürlich" mit der Hand schreibt[24]). In Veras Version behauptet nun Magda in ihrem Geständnis, sie habe den Brief geschrieben, um dem

---

22 Ebd., S. 64 f.
23 Ebd., S. 74.
24 „Es ist Sommer, der Morgen verspricht einen herrlichen Tag, und ich sitze in meinem großen Korbstuhl unter einem Sonnenschirm auf der Terrasse und schreibe (mit der Hand natürlich), während die Libellen über die Seerosen schweben und die Apfelbäume vollhängen mit dem Getschilpe der Spatzen, meiner Lieblingsvögel" (ebd., S. 85). Später fühlt Vera sich mal als „mystische Nonne", die sich während der Trauerfeier aufgrund der Tragik des Geschehens, aber auch der Blumen und der Musik an Felix schmiegt und sich von einer „träumerische[n] Stimmung" erfassen lässt (S. 96), mal nickt sie über ihrer Arbeit ein und spürt hernach „einen Traum tief in mir, wie eine Art Ball oder Kugel, irgendwo in meinem Unterleib" (S. 92) – kurz: Vera wird von Mulisch hämisch mit frauenverachtenden Klischees ausgestattet und dem klassischen Topos gemäß als ein mehr fühlendes denn denkendes Wesen vorgeführt – unter Gender-Gesichtspunkten eine ziemlich gewollte Unkorrektheit gegenüber Frauen.

wegen seiner überzogenen Ängste vor einem neuen Antisemitismus im gesellschaftlichen Abseits stehenden Herbert eine Legitimationsgrundlage unterzuschieben. Nach der fernsehöffentlichen Beschimpfung Fassbinders war Herbert auch hier „auf einmal selbst das moralisch verachtenswerte Individuum" geworden.[25] Magda berichtet davon, wie sie den Brief hergestellt und dabei entdeckt hat, auch selbst, als sie die Zügel des Tabus fahren ließ, den „Kopf voller Unflat" zu haben: „daß sie den Drang verspürt hatte, den Brief immer noch widerlicher zu formulieren – es schien, als habe nicht sie Herrschaft über den Brief, sondern der Brief über sie. Magda war nicht die erste, die erfahren mußte, daß Schreiben ein riskantes Unternehmen ist […]."[26] Magda hält ihre eigene „abgrundtiefe Lüge" nicht aus, die wie „eine Mauer" zwischen ihr und Herbert „bis in alle Ewigkeit" stehen würde.[27] Sie verzweifelt daran. Um ihren Zustand zu bessern, opfert sich Herbert nun seinerseits ebenfalls durch eine Lüge auf. Er beantwortet ihr falsches Spiel mit einem Liebesbeweis, indem er den Brief wahr macht, sich (vermutlich – das bleibt im Vagen) selbst entführt und später das Geständnis auf sich nimmt, *er* habe den gefälschten Brief geschrieben. Magda:

> ‚Das hat er natürlich getan, um mir zu helfen, so wie ich ihm helfen wollte. Aber wie hätte ich ihm je danken können? Wie hätte er mir danken können? Das alles ging viel, viel zu weit. […] Unsere Liebe und Selbstaufopferung waren zu einer solchen Mördergrube geworden […]. Wenn ihr nicht wäret, Albert und Paula, ich hätte es nicht überlebt. Papa hat es nicht überlebt. Aber warum konnte er es nicht länger aushalten? Warum setzte er das in die Tat um, was ich ihm aus Liebe angedroht hatte?' fragte sie und schloß die Augen, als könne sie die Antwort in sich selbst finden. Erst in diesem Augenblick wurde allen klar, daß Herbert seinem Leben ein Ende bereitet hatte.[28]

Das Spiel, das Mulisch betreibt, ist überaus trickreich und zeitigt paradoxe Ergebnisse: Elemente der ersten Variante werden plausibel durch Informationen, die erst die zweite Variante gibt – etwa Magdas Zusammenbruch. Zugleich aber ist durch die beiden einander ausschließenden Todesfälle klar, dass es so gar nicht sein kann, dass die vermeintlichen Plausibilisierungen allein im Kopf des Lesers entstehen. Dessen Bedürfnis, Bezüge herzustellen und so konsistente Erklärungen zu finden, wird in einer Art Versuchsanordnung ausgestellt und zurückgewiesen. So ist denn auch Vera keineswegs die Verkünderin der Wahrheit, wie dem Leser spätestens dann klar wird, als sie ihm Einblicke in ihre von sentimentalen Stimmungen und Harmoniebedürfnis umgrenzte Erinnerungs- und Schreibwerkstatt gewährt: „Vorhin", so sinniert sie nachdenklich,

> schwebte ein großer, vollkommen weißer Fussel an mir vorüber, rollte im Wintergarten kurz über den Teppich und blieb schwankend liegen, aber es war, als berühre er den Boden nicht. In der Mitte ein winziges braunes Samenkörnchen, umgeben von einem vergeistigten Strahlenkranz. Als ich kurz ins Haus ging, um

---

25 Ebd., S. 83.
26 Ebd., S. 89.
27 Ebd., S. 92.
28 Ebd., S. 94 f.

Kaffee zu machen, habe ich das kleine Wunder unabsichtlich zu einer irreparablen Ruine zertreten, was Schuldgefühle in mir hervorrief. Ich fürchte, ich muß ein Gedicht darüber schreiben, aber noch höre ich keine Wörter.[29]

IV.

Met stomheid geslagen hieß 1989 ein Buch, das Jules Croiset selbst im Nachgang der Ereignisse verfasst hat.[30] Schon der Titel verweist auf das Gefühl eines Angehörigen einer Minorität, nicht gehört zu werden – eine Situation, die die Frankfurter Juden 1985 mit ihrem Protest gegen Fassbinders Stück durchbrochen hatten. *Met stomheid geslagen* besteht aus Briefen, die Croiset an ein „Hohes Gericht" adressiert. Die Trauerreden von Herbert und Magda Althans bedienen sich ebenfalls der Monologform des Geständnisses. Und das gleiche gilt auch für den Protagonisten Hannes in Friedrich Christian Delius' Erzählung *Die Flatterzunge*, der sich einem Richter gegenüber zu erklären versucht. So wie Mulisch auf der vierten Seite seiner Erzählung das Geständnis von Herbert Althans beginnen lässt, der sich an die Öffentlichkeit wendet, die ihn gerichtet hat, wendet sich Hannes auf der vierten Seite der *Flatterzunge* an den von ihm imaginierten Richter des Arbeitsgerichts, vor dem er gegen seine fristlose Kündigung streiten will: „Ich gebe alles zu, Herr Richter, ich habe alles falsch gemacht, ich bin schuldig."[31]

Das Vorbild für den Posaunisten Hannes gab der Bassist Gerd Reinke ab, der einen solchen Prozess um seinen Arbeitsplatz verloren hat. Reinke war Erster Bassist der Deutschen Oper Berlin. Bei einem Gastspiel der Oper 1997 in Israel, das als kulturelles Versöhnungsereignis zwischen den Opernhäusern Berlin und Tel Aviv vier Jahre lang vorbereitet worden war, fiel Reinke aus der ihm zugedachten Rolle: Er unterschrieb spätabends eine Rechnung an der Bar des Hotels Sharon mit „Adolf Hitler". Der 56-jährige Musiker, der allseits eher als Alt-68er und nicht als Revisionist galt, wurde daraufhin unverzüglich nach Deutschland zurückbeordert und fristlos entlassen, da sein Fauxpas dem Ansehen seines Arbeitgebers massiv geschadet habe. Der Fall Reinke ging durch die internationale Presse und deutsche Politiker bis hin zum damaligen Bundesaußenminister Klaus Kinkel fühlten sich berufen, das Verhalten des Bassisten unmissverständlich zu verurteilen und sich im Namen der Nation zu entschuldigen, um einem Negativ-Image der Deutschen entgegenzuwirken. Während die israelische Presse den Vorfall vergleichsweise gelassen behandelte, titelte etwa die Berliner *B. Z.* theatralisch mit „Slicha, Israel" („Vergib uns, Israel") und der Vorstand von Reinkes Orchester distanzierte sich von dem Ex-Kollegen sogar in Anzeigen in den Berliner Zeitungen. Die ganze Debatte nahm damit ein – gemessen an ihrem Auslöser – groteskes Ausmaß an.[32] Gerd Reinke verlor nicht nur seinen Beruf,

---

29 Ebd., S. 85 f.
30 Jules Croiset: Met stomheid geslagen, Amsterdam 1989.
31 Delius, S. 10.
32 „Hatte der peinliche Vorfall die falsche Versöhnungsideologie der Kulturfunktionäre wie eine Seifenblase platzen lassen? Mitnichten. Weit entfernt davon, daß der Skandal die Rede von der Botschafterfunktion der Kultur und der humanitären Kraft der Musik als hohles Geschwätz entlarvt hätte (als hätten die Nazis nicht ebenso hingebungsvoll musiziert wie die von ihnen Ermordeten auch [...]), wurde er lediglich zum Anlaß, dieses gedankenlose Geplapper einmal mehr im pathetischen Brustton der Überzeugung zu wiederholen. Wenn es eine humanitäre Kraft der Kunst gibt, dann liegt sie sicherlich *jenseits* ihrer *Funktion*: Denn

sondern auch Lehraufträge, Engagements und seine Mitgliedschaft in der Musiker-
gewerkschaft Deutsche Orchestervereinigung. Freunde und Kollegen wollten nicht
mehr zusammen mit ihm genannt werden, Nachbarn rieten ihm, fortzuziehen, aus
einer CD-Aufnahme wurde vor der Veröffentlichung sogar ein von ihm eingespieltes
Bass-Solo herausgeschnitten.

Reinke konnte selbst nicht recht fassen, wer oder was ihm da die Hand geführt
hatte am Abend des 30. Mai 1997: „da bin ich mir selbst ein Rätsel"[33]. Im Prozess
vor dem Arbeitsgericht zog er sich jedoch auf zwei Argumentationen zurück: Er sei
betrunken gewesen und habe zudem nur einen Scherz machen wollen, der veran-
schaulichen sollte, dass das Bezahlen per Unterschrift willkürlichen Manipulationen
ausgesetzt sei. Ersteres wird durch die Aussagen von Zeugen in Frage gestellt, die
Reinke nüchtern gesehen haben wollen, letzteres zumindest ansatzweise dadurch
plausibel, dass Reinke den Kellner des Hotels, der den Skandal öffentlich machte, auf
seine falsche Signatur überhaupt erst aufmerksam gemacht haben soll. Am Ende findet jedoch weder er selbst noch sein Umfeld eine Erklärung für den Vorfall. Reinke
wird zwar von Orchesterkollegen von jeglichem Verdacht des Antisemitismus freige-
sprochen, seine Entgleisung in der Mediengesellschaft gleichwohl zu „einem Gesin-
nungstest auf die zivile Verfassung der Deutschen"[34] allgemein erklärt.

Der Schweizer Psychoanalytiker Peter Schneider hat sich mit dem Fall Reinke
beschäftigt und vermutet, dass der infantile Drang zur Tabuverletzung einhergehend
mit dem betriebenen Aufwand an moralischer Inszenierung ansteige. Unter Rückgriff auf Freuds Überlegungen zu Sittlichkeit und Triebverzicht erklärt Schneider:

> *Die Angelegenheit wird jedoch weniger undurchsichtig, wenn wir in ihr eine*
> *‚Wiederkehr des Verdrängten' erblicken, freilich nicht in jenem trivialen Sinn, in*
> *dem davon in der Regel im Hinblick auf den Nationalsozialismus die Rede ist.*
> *Denn verdrängt ist in diesem Fall sicherlich nicht der Signifikant ‚Hitler' und*
> *dessen Konnotationen – im Gegenteil: Um dessen bedeutsame Gegenwart während*
> *dieses Gastspiels zu betonen, hätte es seiner Nennung nicht bedurft. Der Skandal*
> *liegt nicht im Namenszitat an sich, sondern darin, daß es die Voraussetzung der*
> *musikalisch inszenierten Versöhnungsveranstaltung in einem kurzen Aufblitzen*
> *bloßlegt. Um es kurz zu machen: Ich glaube, es ist die lustvolle Einrichtung in*
> *der Situation der Schuld, deren prächtige und genießerische Inszenierung, die sich*
> *in der Signatur im Namen des Führers verrät. Diese eigentliche Voraussetzung*
> *muß in der Skandalbereinigung als Abschaum erscheinen, damit sie wie solcher*
> *einerseits abgeschöpft und andererseits dennoch weiterhin wirksam bleiben kann.*
> *Diese Schuldlust, der Genuß an der Identifikation mit Verbrechen, die man selbst*

---

strukturell unterscheidet sich die Funktionalisierung von Mozarts Zauberflöte für die deutsch-israelische
Völkerverständigung nicht von ihrer Verwendung für irgendeinen anderen ideologischen Zweck. Mozart
und Verdi standen auch auf dem Programm des ‚Tags der deutschen Kunst 1937' in München […]." (Peter
Schneider: Hitler in Tel Aviv, in: ders.: Erhinken und erfliegen. Psychoanalytische Zweifel an der Vernunft,
Göttingen 2001, S. 146.)

33 Zitiert nach Jan Fleischhauer: „Ich bin mir selbst ein Rätsel", in: Der Spiegel, 3.11.1997, S. 92. – Obige
Ausführungen zu den „Fakten" im Fall Reinke basieren hauptsächlich auf dieser Darstellung; vgl. auch die
Stellungnahmen von Reinke selbst unter www.rbb-online.de/kontraste/beitrag/1997/der_fall_gerd_reinke.
html [7.9.2009].

34 Fleischhauer, S. 88.

nicht begangen hat, muß zensiert bleiben, damit sie agiert werden kann. Die Produktion von Unschuld durch das Auskosten der Wonnen von Schuld kann nur gelingen, wenn letzteres desartikuliert bleibt.[35]

Damit aber wäre das Problem dieses konkreten Falls zu einem Problem weniger des Tabubrechers als vielmehr der ihn abstrafenden Gesellschaft gemacht, die ihn zur Aufrechterhaltung ihres falschen Philosemitismus ausstößt.

Nicolas Stemann hat 1998 in den Hamburger Kammerspielen ausgehend vom Fall Reinke das Stück *Zombie '45 – Am Bass Adolf Hitler* inszeniert, das die These vertritt, der Umgang mit dem Musiker sei selbst „faschistisch" gewesen. Friedrich Christian Delius dagegen entgeht mit seiner im Jahr darauf veröffentlichten Erzählung *Die Flatterzunge* der Falle des herrschenden „Political Correctness"-Diskurses, Reinke bloß als Opfer zu verteidigen. Delius hat den Presserummel um den realen Fall aufgearbeitet und zum Ausgangspunkt seiner literarischen Reflexion über die Motive des Tabubruchs gemacht. Sein Tabubrecher ist kein Streicher, sondern Erster Posaunist der Berliner Oper. In einer Rezension wurde diese Umwidmung kurzerhand damit erklärt, ein Bläser sei wohl literarisch ergiebiger als ein Streicher – eine Behauptung, die schon 1981 von Patrick Süskinds Erfolgsnovelle *Der Kontrabaß* widerlegt wurde. Ein anderer Rezensent meinte, eben wegen jener Novelle habe Delius sich ein anderes Instrument wählen müssen, um kein Plagiator zu sein.[36] Liest man Die *Flatterzunge* indes als konsequente Erzählung über politische beziehungsweise historische Korrektheit, so erklärt sich von selbst, warum es hierbei geradezu um einen Blechbläser gehen musste, der etwas versehentlich „hinausposaunt". Der Titel umfasst zunächst eine musikalische Bedeutung: Die Flatterzunge ist für Posaunisten ein deutlich ironisches Stilmittel. Zudem spielt der Begriff von der flatterhaften Zunge, dem losen Mundwerk, auf das allzu mitteilsame Verplappern an, das der Tabubrecher sich in einem einzigen kurzen Augenblick hat zuschulden kommen lassen und das nun sein ganzes Leben ruiniert. Damit sind von Beginn an bereits zwei mögliche Deutungsangebote gegeben: Der Musiker könnte einen schlechten *Witz* gemacht haben, der entweder – so erfährt man bei der Lektüre der Erzählung – eben jene unterstellte Lässlichkeit des israelischen Kellners beim Abgleich der Unterschrift während des Bezahlens einer Rechnung aufs Korn nimmt,[37] oder aber den verlogenen Philosemitismus in der verordneten Völkerverständigung zwischen zwei Opernhäusern.[38] Möglich ist aber auch, dass er einfach kurzzeitig die Kontrolle über sich verloren hat und aus seinem Unterbewusstsein uneingestandene antisemitische *Ressentiments* zu Tage getreten sind. Im Verlauf seines Geständnisses liefert der Protagonist Hannes Belege für beide Thesen und bietet auch noch weitere an, etwa, dass er verbal Amok gelaufen sei, weil er kurz zuvor Streit mit seiner Geliebten hatte.[39] Genauso plausibel wäre die gerade erst erfolgte berufliche Degradierung, der Verlust des Solistenpos-

---

35 Schneider, S. 150.
36 Vgl. Ingo Arend: Kleiner Sautrompeter. Wie man es macht, ist es falsch, in: Freitag, 27.8.1999; Manuel Brug: Adolf vor Jericho, in: Die Welt, 31.7.1999.
37 Vgl. Delius, S. 98, S. 132.
38 Vgl. ebd., S. 78.
39 Vgl. ebd., S. 18.

tens.[40] (Hannes weist beide Begründungen scharf zurück, seine Schilderung lässt sie jedoch keineswegs als unmöglich erscheinen.) Auch wird nahegelegt, dass der autoritätsfixierte Musikbeamte einmal im Leben habe ausbrechen und rebellieren wollen.[41] Hannes führt alle diese Möglichkeiten an, um sich über sich und seinen eigenen Fall klar zu werden: „Ich will mich hören, will endlich einmal hören, was ich zu meinem Fall zu sagen habe."[42] Als er die verlassene Frau eines Ex-Kollegen trifft und für sich zu gewinnen sucht, scheint es ihm zu gelingen, für sich eine Antwort nach dem Warum zu finden:

> *Ich habe in diesem blöden Augenblick in Tel Aviv die Wahrheit gesagt, glaube ich. Vielleicht spinne ich, aber ... steckt nicht in jedem von uns, nicht nur uns Deutschen, der Bruchteil eines Nazis, auch wenn wir noch so demokratisch, noch so prosemitisch, noch so aufgeklärt sind? [...] Wissen Sie, auf dem Rückflug, als sie mich zur Strafe zurückjagten, saß ich neben einem Menschen, einem Reiseleiter, der sagte: Immer wenn ich in Israel bin, spüre ich den Holocaust im Gepäck, dauernd, überall. Jeder Atemzug ist politisch ... Und wenn Sie Deutscher sind, dann wandeln sie wie Jesus auf einem Pulverfaß ... [...] ... und alle Botschafter, Bürgermeister, Intendanten, Minister krampfen sich einen ab mit ihren Reden von der sozialen Integrationskraft der Oper, von der humanitären Kraft der Musik ... und wie sind wir nett zueinander mit Shalom hier und Shalom da ... und sind das Gegenteil unserer Väter, die ja auch keine schlechten Musiker waren, [...] ... jetzt vertragen wir uns wieder, mehr als fünfzig Jahre später, jetzt versöhnen wir uns ein bißchen mit Mozart und Donizetti, und machen wieder alles gut, wieviel Verlogenheit ist da mit im Spiel?*[43]

Zugleich bringt die Angesprochene, Marlene, aber auch schlagende Argumente vor, die Hannes' Erklärung als exkulpativen Versuch entlarven. Statt sich öffentlich zu entschuldigen, gibt er lieber dem Barmann, den er beleidigt hat, eine Mitschuld und sieht sich selbst nur als Opfer des Geschehens. Marlene: „Sie haben mir zu viel Selbstmitleid. Hören Sie auf, sich als Opfer zu betrachten!"[44] Ein Vorwurf, der sich Hannes gar nicht erschließt. Am Ende seiner Beschreibung dieses fehlgeschlagenen Rendezvous grübelt er: „Was meint sie mit Selbstmitleid?"[45]

Seine Aufzeichnungen richtet er wie eine Art Beichte zunächst an seinen zukünftigen Richter, dann auch an Marlene; zugleich aber will er sich nicht nur anderen verständlich machen, um sie für sich (und damit ein Stück seiner Reputation zurück) zu gewinnen, sondern auch die eigenen Möglichkeiten ausloten, die ihm nach dem verheerenden Vorfall noch bleiben. Die sind äußerst beschränkt: „meine Name ist ruiniert für alle Zeiten", „Bereuen und still sein soll ich."[46] So entwickelt Hannes beim Schreiben auch eine Trotzhaltung: „Mein Fehler, den Barmann, der mir den

---

40 Vgl. ebd., S. 60.
41 Vgl. ebd., S. 10–13.
42 Ebd., S. 14.
43 Ebd., S. 76 ff.
44 Ebd., S. 82.
45 Ebd., S. 83.
46 Ebd., S. 20, S. 25.

Zettel zum Unterschreiben hinlegte, nicht erschossen zu haben."[47] Trotz solcher Aussagen ist Sven Kramer zuzustimmen, wenn er der Figur attestiert: „Weder begegnen wir einem Psychopathen noch aber einem Neonazi."[48] Hannes' zeitweilige Gewaltphantasien und andere Trotzreaktionen sind die Folge der Erkenntnis, dass man einem, der ausgerechnet in Israel mit „Adolf Hitler" unterschrieben hat, nie wieder trauen wird, jede seiner Äußerungen fortan unter Generalverdacht steht: „Ich kann sagen, was ich will, es wird mir nicht helfen. Also kann ich alles sagen. Böse bin ich sowieso."[49] Wie Shakespeares Shylock etwa[50] oder aber wie das erzählende Alter Ego Jean Genets in den Romanen dieses selbst ernannten Verbrechers[51] mutiert auch der Delinquent der *Flatterzunge* in das ihm entgegengebrachte (Vor-)Urteil hinein und affirmiert das Stigma, das ihm die Gesellschaft – ganz gleich, ob es sich dabei um judenfeindliche Venezianer, das saturierte französische Bürgertum oder aber die politisch korrekte Berliner Republik handelt – aufgedrückt hat. Aber was hat Hannes dazu motiviert, den Tabubruch zu begehen, mit dem er sich nun arrangieren muss?

Wiederkehrende Traumsequenzen, in denen der Protagonist – neben erotischen und suizidalen Anspielungen (fünfter und sechster Traum) – unter anderem als Verbrecher dasteht (erster Traum), zum Außenseiter gemacht wird (zweiter Traum), es ertragen muss, öffentlich der Lächerlichkeit preisgegeben zu werden (dritter Traum), seine Schreibmaschine in der Buntwäsche wiederfindet (vierter Traum – d. h. jenes Äußerungsorgan, bei dessen Gebrauch er sich im Gegensatz zur gesprochenen Sprache nicht selbst zensieren wollte,[52] im Traum schließlich doch einer „Reinigung" unterzogen wird) und schließlich stumm wird (siebter Traum), verweisen darauf, dass Delius ebenfalls seinen Freud gelesen hat.[53] Der Literaturwissenschaftler Sven Kramer hat der *Flatterzunge* eine kurze Analyse gewidmet und analog zu Schneider eine freudsche Lesart auch für die literarische Fallgeschichte vorgeschlagen, die er als von Delius deutlich gesetzt erkennt: „Wenn Hannes also notiert: ‚Metzger Dachbau, die Schrift auf einem LKW, ich las: Metzger Dachau', so signalisiert Delius hier, dass er die zentrale Handlung der Erzählung, die falsche Unterschrift, durchaus in dem von Freud bereitgestellten Rahmen ansiedelt."[54] Kramer erinnert an zentrale Kategorien von Freuds *Totem und Tabu* (1913) wie die Ambivalenz von Gefühlsregungen wie Furcht und Lust, die Projektion eigener Wünsche auf andere, der lenkende Einfluss des Unbewussten auf Handlungen und Äußerungen sowie der Ausschluss des Tabubrechers aus einer Gesellschaft, die das gleiche unbewusste Begehren verspürt, aber unterdrückt. Kramer resümiert:

---

47 Ebd., S. 61.
48 Sven Kramer: Tabuschwellen in literarischen Diskursen über den Nationalsozialismus und die Shoah, in: Claudia Benthien/Ortrud Gutjahr (Hg.): Tabu. Interkulturalität und Gender, München 2008, S. 178.
49 Delius, S. 18.
50 Vgl. äußerst instruktiv Oliver Lubrich: Shakespeares Selbstdekonstruktion, Würzburg 2001.
51 Vgl. hierzu knapp meine Einführung in Matthias N. Lorenz: Literatur und Zensur in der Demokratie. Die Bundesrepublik und die Freiheit der Kunst, Göttingen 2009, S. 94–104.
52 „Was ich hier hinschreibe, werd ich nicht im Gerichtssaal sagen, so verrückt bin ich nicht." (Delius, S. 28.) „Also: keine Zensur beim Tippen" (ebd., S. 46).
53 Vgl. die kurzen Traumsequenzen ebd., S. 42, S. 60 f., S. 89, S. 99, S. 117, S. 125, S. 141.
54 Kramer, S. 179.

Kurzum, Delius' Geschichte kann am Reißbrett der Gedanken Freuds interpretiert werden. Dann aber wäre die Unterschrift zu deuten als eine Übertretung des Tabus, das auf der Ermordung der Juden liegt, und als ein Symptom für die weiter bestehenden Mordphantasien und Tötungswüsche gegen diese Gruppe.[55]

Aber genau dieses Analyseergebnis – Hannes hänge einem unbewussten eliminatorischen Antisemitismus an – ist im Zusammenhang des Falls eigentlich wenig plausibel. Den Reiz der literarischen Versuchsanordnung macht ja gerade aus, dass Gerd Reinke von niemandem als Antisemit eingeschätzt worden ist und sein literarischer Wiedergänger Hannes wiederholt auch durch projüdische Gedankengänge charakterisiert wird.[56] Müsste der Krypto-Antisemitismus eines Alt-68ers nachgewiesen werden, es böten sich andere Konstellationen und Mittel für eine literarische Bearbeitung an als die von Delius gewählten. Wenn Freud hier nicht weiterhilft, dann vielleicht abermals die Annahme des Stigmas durch den Stigmatisierten. Denn für den deutschen Besucher Israels liegt die Stigmatisierung bereits *vor* seiner Entgleisung an der nächtlichen Hotelbar: Er ist hier unhintergehbar Deutscher, kann dies auch nicht durch das Tragen vermeintlich „politisch korrekter" Kleidungsstücke verbergen,[57] da er ja als Kulturbotschafter der Täternation gekommen ist. – Delius' Erzählung erörtert nicht, warum es eigentlich so unerträglich für den Protagonisten ist, in Israel als Vertreter der Täternation wahrgenommen zu werden. Das Bild einer Stigmatisierung entspringt hier allein der fantasmagorischen Wahrnehmung der Figur. – Vor dem Hintergrund von Gefühlen kollektiver Schuld, Rechtfertigungszwängen im Land der Opfer des Holocaust und nicht zuletzt dem Druck der organisierten Versöhnungsveranstaltungen („mit Shalom hier und Shalom da …") mutiert Hannes mit seiner unkorrekten Handlung für einen Moment in das Stigma vom Deutschen als Nazi, das all diesen Inszenierungen unausgesprochen zugrundeliegt und damit die genannten unguten Empfindungen auslöst. Denn zu „versöhnen" gibt es ja mit jenen Nachgeborenen wie ihm, die gar keine Schuld im Dritten Reich erwerben konnten, eigentlich nichts – diese Rhetorik ergibt nur Sinn, wenn eine fortwährende Identifizierung des Deutschen mit Hitler stattfindet. Die ererbte Zugehörigkeit zum Täterkollektiv wird in Israel nun besonders sichtbar, als Deutscher herumgereicht zu werden und einen Parcours von zehn Versöhnungsvorstellungen mit Mozarts *Zauberflöte* und dem *Liebestrank* Donizettis im Gepäck absolvieren zu müssen basiert in gewisser Weise auf einer (auch Selbst-)Diskriminierung aller Deutschen als Täter. Die Spannung, die sich aus Hannes' augenscheinlich linksliberalem, pazifistischen Selbstbild und dieser Diskriminierung ergibt, so ließe sich deuten, kann die Figur nicht mehr aushalten. Zur Minimierung eben dieser Spannung nimmt sie die Rolle des Täters mit der Signatur „Adolf Hitler" demonstrativ an. Dies ist aber in der Logik der Erzählung nicht etwa ein Freudscher Versprecher, der auf unbewusste Tötungswünsche hindeutete, sondern Ausdruck einer emotionalen Überforderung im ideologisch aufgeladenen Setting der deutsch-israelischen Operntournee.

---

55 Ebd., S. 181.
56 Vgl. etwa Delius, S. 47, S. 63, S. 72.
57 „In Israel war ich es, der darauf achtete, keine schwarzen Hemden oder Hosen anzuziehen, keine braune Jacke usw. Ich steckte nur Kleidung mit nazifreien Farben in den Koffer, Blau, Beige, Grau. Ärgerte mich über einige Kollegen, die das nicht kümmerte" (ebd., S. 119 f.).

Der Soziologe Erving Goffman hat die Mechanismen von Stigmatisierungen beschrieben und untersucht, wie sich die Stigmatisierten dazu verhalten. Die von Goffman erhobenen Varianten des „Stigma-Managements" stehen im deutsch-jüdischen Verhältnis nicht oder nur zu einem hohem Preis zur Verfügung: *Aggression* gegen Juden würde das Stigma „deutsch = antisemitisch" nur bekräftigen, *Assimilation* mit der Opfergruppe wäre eine unstatthafte Übertretung im Sinne einer Täter-Opfer-Umkehr und hätte zugleich in letzter Konsequenz antideutschen Selbsthass zur Folge, das *Verbergen* des Stigmas oder das *Ablenken* davon ist Hannes schließlich durch den ideologischen Rahmen seiner Reise nicht möglich, und in die *Defensive* zu gehen, hieße, die Täter von damals zu rechtfertigen.[58] Dem Empfinden, als Deutscher mit dem Nationalsozialismus kurzgeschlossen zu werden, kann Hannes daher nicht entkommen. Da es ihm aber auch nicht gelingt, die empfundene Stigmatisierung auszuhalten oder zu ignorieren, muss er sie annehmen. Was Oliver Lubrich, der in seiner Shakespeare-Studie Goffmans Erkenntnisse erstmals in die literaturwissenschaftliche Analyse eingeführt hat, über die Figur des Shylock schreibt, kann auch für den gelten, der mit „Adolf Hitler" unterzeichnet: „Shylocks Stigma ist nicht gebunden an individuelle Eigenschaften. Diese sind vielmehr umgekehrt ein Effekt von jenem."[59] So ist zu erklären, warum das vermeintliche Opfer Hannes zum „Täter" werden will.[60] Der psychische Mechanismus, den Delius nach dem Sündenfall seines Protagonisten sichtbar macht, bietet sich auch als Erklärung für die vorgelagerte Tat selbst an. Im gleichen Maße, wie Hannes sich ins Unrecht setzt, sich in Tel Aviv und danach unkorrekt äußert, wird das Ausmaß der ihm seines Erachtens auferlegten Stigmatisierung als „böser Deutscher" sichtbar und in seiner Unangemessenheit – eine einzige Unterschrift zerstört eine ansonsten völlig durchschnittliche Existenz – kritisierbar.

V.

In welchen Modi verhandeln also neuere literarische Texte das zwiespältige Phänomen „Political Correctness"? Harry Mulisch hat ein Opfer als Verletzer der Etikette dargestellt – das ist im Ensemble der hier genannten Texte ein Alleinstellungsmerkmal: Während Delius Opfer (Juden bzw. Israelis) und nichtjüdische Deutsche als Empörte darstellt, die den Tabubrecher ausschließen, sind die Empörten bei Walser und Schlink allein Angehörige der jüdischen Opfergruppe. Umgekehrt sind diejenigen, denen Verstöße gegen die historische Korrektheit vorgeworfen werden, in allen Texten außer in Mulischs nichtjüdische Deutsche. Zudem spiegelt einzig Mulischs Erzählung die Tabuverletzung nicht nur inhaltlich, sondern auch strukturell (dazu gleich). Wie Sven Kramer zur *Flatterzunge* ausgeführt hat, sorgen Figurencharakteristika wie etwa Hannes' Unwille, sich zu entschuldigen, und seine trotzigen Phantasien,

---

58 Goffman nennt u. a. folgende Muster des „Stigma-Managements" durch Stigmatisierte: Korrektur, Verbergen, Assimilation, Umdeutung, Defensive, Ablenkung und Aggression (Erving Goffman: Stigma. Notes on the Management of Spoiled Identity, Englewood Cliffs, N. J. 1963. Ich beziehe mich auf die konzise Paraphrase von Goffmans Argumentation bei Oliver Lubrich: Shakespeares Selbstdekonstruktion, Würzburg 2001, S. 112 ff.).
59 Lubrich, S. 124.
60 „Immer wieder der verlockende Gedanke: ein richtiger Täter werden" (Delius, S. 111).

einmal „ein richtiger Täter werden" zu wollen,[61] dafür, dass der Leser im „diskurspolitischen Umfeld der Berliner Republik [...] Distanz zu der Figur" aufbaue. Kramer weiter: „Letztlich sind es diese immanenten Distanzierungen von der Hauptfigur, die die Erzählung in den Mainstream des politisch korrekten Gedenkens versetzen. Delius schreibt also über eine Tabuverletzung, ohne selbst eine zu praktizieren."[62] Dass dies angesichts des trivialen „Political Correctness"-Diskurses eines Martin Walser oder Bernhard Schlink bereits einen immensen Fortschritt darstellt, sollte dabei allerdings nicht vergessen werden. Schließlich ist wiederum ein Alleinstellungsmerkmal von Delius' Erzählung, dass nur hier auch eine tatsächliche Verletzung angemessenen Verhaltens durch einen nichtjüdischen Deutschen vorkommt, während Walser und Schlink dagegen so tun, als gäbe es keinerlei Verstöße von deutscher Seite. In dieser Hinsicht erweist sich *Die Flatterzunge* auch durchaus im positiven Sinne als „politisch korrekt".

Mulisch dagegen kalkuliert bereits den eigenen Tabubruch mit ein, indem er seinen Figuren zumindest oberflächlich betrachtet lautere Gründe für Croisets skandalöse Tat unterschiebt (worauf de Jonge gemäß der Logik von Tabu-*Verletzungen* umgehend reagiert hat). Zudem lotet Mulisch auch erzählerisch durch den Wechsel und die Verschachtelung der Erzählperspektiven die Grenzen des *für ihn* Sagbaren aus. Geht es im Diskurs über „Political Correctness" um die Grenzen des Sagbaren, so geht es für den Schriftsteller, der darüber schreibt, um die Grenzen der Wahrheit ebenso wie um die Grenzen der Literatur. Allein der Psychologisierung des „Falls", wie Delius sie kunstfertig betreibt, kann Mulisch offenbar nicht trauen. Die Psychologisierung führt unweigerlich zu Antworten, von denen sich letztlich eine für den Leser als die wahrscheinlichste, die „wahre" erweisen wird. (Ob verschiedene Leser dabei zu unterschiedlichen Einschätzungen kommen, etwa der Variante Psychoanalyse oder aber der Variante Stigmabewältigung den Vorzug geben,[63] ist unerheblich – sie können nie das von Delius vorgegebene logische Raster durchbrechen, das danach fragt, *wie* die unlogische Abweichung, der unkorrekte Sprechakt, passieren konnte.) Delius bietet Antworten auf die Frage nach den Motiven des selbsternannten „Monsters"[64] an, während Mulisch „Ein[en] Widerspruch", so der Untertitel seiner Erzählung, formuliert hat. Dieser Widerspruch bezieht sich letztlich auf alle drei vom Titel aufgerufenen Begriffe. Umgangssprachlich verstanden: das *Theater*, das um den Tabubruch gemacht wurde, aber auch die theatralische Inszenierung der Berufsschauspieler Herbert und Magda, die es nicht lassen können, sich auf der Trauerfeier für ihren Partner in Szene zu setzen.[65] Dann: der *Brief*, der von einer selbstverleugnenden Liebe, aber auch von Hybris zeugt – die von Mulisch entsprechend bestrafend imaginiert wird

---

61 Vgl. ebd., S. 79, S. 111.
62 Kramer, S. 181.
63 Den Hauptteil auch von Goffmans Arbeit über das Stigma, so Max Haller, „bilden Überlegungen dazu, welchen *Sinn* die Handelnden mit bestimmten Handlungsstrategien verknüpfen, welche *Absichten* sie damit verfolgen" (Max Haller: Soziologische Theorie im systematisch-kritischen Vergleich, Wiesbaden 2003, S. 519).
64 Vgl. Delius, S. 39.
65 „Wer mag schon Autoren trauen, die über Schauspieler schreiben: Achtung Falle!" (Roland Wiegenstein: Ein fatales Kunststück. Harry Mulischs „Das Theater, der Brief und die Wahrheit", in: Frankfurter Rundschau, 8.3.2001, S. 22). „Croisets Entführung wird zum Happening, zur grotesken Materialisierung des Theaters nach '68. Die Trennung von Bühne und Leben wird durch die Freiheit der Inszenierung überwunden. Wer bei Mulisch nun zur Bühne gehört und wer zum Leben, ist kaum noch auszuloten" (Frank

(Croiset und seine Frau sind indessen quicklebendig, wie der Autor in seiner Nachbemerkung versichert). Schließlich: die *Wahrheit*, die in einem derartigen Fall widersprüchlich bleibt, wo der Parameter Plausibilität ins Leere läuft. Während Delius' Protagonist sich selber unbegreiflich ist, für seinen Erfinder und den Leser aber letztlich greifbar, verweigert sich Mulisch der abschließenden, richterlich anmutenden Frage nach den Motiven. (Nicht umsonst ist der Erzählung Diderots Paradoxon über den Schauspieler als Motto vorangestellt: „Wer verstanden werden will, erkläre nichts.") Er führt die Frage wohl vor, indem er seine stellvertretenden Erzähler Felix und Vera – ironischerweise rufen ihre Namen das Glück und die Wahrheit auf – darüber rätseln lässt, aber es ist ein Vorführen im doppelten Sinne des Wortes: Die Suche nach plausiblen Motiven, den wahren Gründen für die sprachlich verfasste Tat wird demonstriert, aber auch als naiv denunziert. Was bleibt, sind bloße Konstruktionen ohne Wahrheitsanspruch und daraus resultierend zwiespältige Gefühle hinsichtlich des konkreten Falls wie auch des paradoxen Phänomens politischer beziehungsweise historischer Korrektheit überhaupt. Eben diesen zwiespältigen Gefühlen hat Mulisch mit der sich durchkreuzenden Anlage seiner Erzählung Ausdruck gegeben.

Bei der Beantwortung beziehungsweise Zurückweisung der Frage nach den Motiven des „Monsters" folgen beide Autoren eingeübten schriftstellerischen Programmen. Friedrich Christian Delius ist ein Vertreter der Dokumentarliteratur, die qua definitionem stets nach Wahrheit strebt. Dabei ist er mitnichten ein stoischer Chronist, sondern hat die dokumentarische Literatur Buch für Buch über nunmehr bald vier Jahrzehnte weiterentwickelt, umdefiniert und kann heute als ihr herausragender Vertreter im deutschen Sprachraum gelten; zurecht ist *Die Flatterzunge* genau dafür vielfach gelobt worden. Die von den großen Fragen der Philosophie angetriebene Literatur Harry Mulischs dagegen muss sich geradezu der Frage nach der Wahrheit verwehren, für sie gibt es keine Wahrheit in dieser „unmöglichen Welt"[66] außerhalb des Textes. In Mulischs Nachbemerkung heißt es auch demgemäß: „Meine Geschichte ist nicht wahr oder unwahr wie ein Tatsachenbericht – als literarische Erzählung ist sie ihre eigene Tatsache."[67] Indem er auch die Wahrheit des Textes in Frage stellt, hat der Autor die Wahrheitsfrage in die literarische Produktion selbst eingelassen – worauf er nicht ohne einen Anflug von Eitelkeit ebenfalls in der Nachbemerkung verweist: er habe „etwas Unmögliches gewagt" und sei „einen Schritt weitergegangen" als Fjodor Dostojewski und Victor Hugo.[68] Er inszeniert dies als ein Abgeben von Souveränität, was auch innerhalb der Binnenerzählung von Mulischs Alter Ego Felix reflektiert wird, der über die Abkehr der 68er vom werktreuen Theater sinniert: „Verdammt, ja, das war eine Entwicklung, die ich nicht vorhergesehen hatte [...] – mich selbst zu Fall zu bringen war nie meine Absicht gewesen."[69] Das Ehepaar Althans lässt Felix beziehungsweise Harry jedoch sich selbst zu Fall bringen – und bleibt natürlich zu jeder Zeit derjenige, der alle Fäden der Erzählung kontrolliert.

Auffenberg: Das Overstatement, oder: Von Holländern und anderen Kaufleuten, in: Kritische Ausgabe, 4, 2001, H. 2, S. 63 f.).

66 Mulisch, S. 101.
67 Ebd.
68 Ebd., S. 100.
69 Ebd., S. 16.

Dass das Thema „Political Correctness" Eingang in die Literatur gefunden hat, ist kein Zufall: Wenn es in den modernen westlichen Gesellschaften Äußerungsdelikte und Tabuzonen für bestimmte verbale Verhaltensweisen gibt, deren Grenzziehung nicht auf gesetzlichen Bestimmungen beruhen, sondern komplizierten und nicht immer abschätzbaren sozialen Dynamiken der Tabuisierung sensibler Themenfelder sowie der Rezeption öffentlicher Äußerungen gehorchen, dann ist dies natürlich von vitalem Interesse für Schriftsteller. Dass der bedrohliche Mythos sprachlicher Reglements nicht nur in programmatischen Aufsätzen,[70] sondern vor allem auch literarisch beantwortet wird, liegt da nahe. So ist ebenfalls kein Zufall, dass die traurigen Helden in den Erzählungen von Mulisch und Delius ausgerechnet Künstler sind, deren Vergehen jeweils in einer schriftlich verfassten Äußerung bestand. Anhand der tabuverletzenden Äußerungen von Künstlern – eines Schauspielers oder einer Schauspielerin sowie eines Musikers – loten beide Autoren fiktional das Gefahrenpotential aus, das der „Political Correctness"-Diskurs auch für den geschützten Kommunikationsraum der Kunst birgt. Harry Mulisch geht hierbei unter ästhetischen Gesichtspunkten weiter als der politisch entschiedenere F. C. Delius, indem er inhaltlich den Vorwurf provoziert, einem geächteten Tabubrecher wie Jules Croiset zu literarischem Ruhm zu verhelfen und formal Konventionen des Erzählens verletzt. Indem Mulisch das Potential ästhetischer Texte vorführt, sich logischen Anforderungen einfach zu verweigern, behauptet er auch seinen Anspruch als Schriftsteller, außerhalb der rationalen Reglements nichtliterarischer Diskurse frei agieren zu dürfen. Der Ausweg, den Delius für seinen Protagonisten erfunden hat, zeigt letztlich in eine ähnliche Richtung. Hannes' larmoyante Selbstbespiegelung wird durch das Angebot eines Engagements durchbrochen: „Brief aus Tel Aviv. Off-Theater ‚Shariot' bereitet eine Performance vor, ‚My last enemy'. ‚We didn't forget your performance last year in the *Ambassador*-Hotel. It was a moment of strange truth.' Sie wollen mich als Solo-Posaunisten, klassische und Jazz-Stücke. [...] Keine Minute Zögern, ich rief an und sagte zu."[71] Die Erzählung endet mit dem Warten auf das Flugticket und Hannes' Erleichterung, nun Deutschland endlich verlassen zu können. Angesichts dieses Hoffnungsschimmers enden seine Aufzeichnungen mit dem Vorsatz: „Ich unterwerfe mich nur noch akustischen Gesetzen."[72] Mit seiner Flucht in die Kunst zieht auch Delius' Protagonist plakativ eine Grenze zwischen politischer und künstlerischer Sphäre. – Der letzte Satz des von ihm als Zukunftschance bejahten Briefes des israelischen Theaterdirektors ist allerdings so ambivalent wie das ganze in Rede stehende Thema: „„Don't worry, we don't want you to be a parody of a new Hitler. Just be the German you are."[73] Nur der Deutsche zu sein, der man eben ist, ist nicht bloß entlastend, sondern impliziert zugleich auch, dass Hannes dem für ihn so unglückseligen Stigma nicht entkommen kann – und damit auch nicht den Anforderungen an ein dem deutsch-jüdischen Verhältnis adäquates, also „historisch korrektes" Kommunikationsverhalten (abermals kommt Hannes als Täter nach Israel, wieder ist er genau deshalb eingeladen). Delius weiß, dass sich dem am Ende auch die Kunst nicht vollständig entziehen kann.

---

70 Für deutsche Verhältnisse schon früh etwa 1994 Martin Walser: Über freie und unfreie Rede. Andeutungen, in: ders.: Werke, Bd. 11, Frankfurt a. M. 1997, S. 1046–1061.
71 Delius, S. 140.
72 Ebd., S. 142.
73 Ebd., S. 140.

NICOLE COLIN

Das Opfer als Täter

Christa Wolf auf der Suche nach der Backstorywound

Bewußtes Distanzschaffen zwischen sich und der Außenwelt darf man wohl als Grundakt menschlicher Zivilisation bezeichnen; wird dieser Zwischenraum das Substrat künstlicher Gestaltung, so sind die Vorbedingungen erfüllt, dass dieses Distanzbewußtsein zu einer sozialen Dauerfunktion werden kann.

Aby Warburg[1]

Aby Warburgs Beschreibung der „Kunst" der Distanznahme als einem konstitutiven Urakt der menschlichen Zivilisation bezieht sich wesentlich auf das Verhältnis von Faktizität und Vorstellung und bestimmt insofern auch grundsätzlich die Wechselwirkungen zwischen Geschichte und Literatur. Betrachtet man die Versuche von Schriftstellern, sich dem sperrigen Gegenstand „Vergangenheit" zu nähern, so scheint die überzeugenden Ergebnisse genau eine solche Distanzhaltung zu verbinden, die schon in Aristoteles' *Poetik* als funktionales Verbindungsglied zwischen Kunst und Geschichte aufscheint: Das geschehene, uneinholbare Ereignis wird aus dem Modus der Wirklichkeit in den der Potenzialität überführt und erhält auf diese Weise einen universellen Charakter: Es wird zur allgemeinen Menschen-Möglichkeit.[2] Die künstlichen Transformationsprozesse historischer Ereignisse erscheinen dort besonders eindringlich, wo sich die geschilderten Fakten bereits als Teil des kollektiven oder kulturellen Gedächtnisses in Chiffren verwandelt haben, vom Autor nun aus dieser Versteinerung gelöst und universalisiert werden.

Christa Wolf ist eine Autorin, in deren literarischem Werk diese Form der historischen Spurensuche auf unterschiedlichen Ebenen eine zentrale Kategorie darstellt. Bereits die Erzählung *Der geteilte Himmel* (1963) versucht sich an der rückblickenden Rekonstruktion einer individuell erinnerten (und politisierten) Liebes-Geschichte; in *Nachdenken über Christa T.* (1968) ist es der Tod, der als existenzielle Grenzerfahrung die Erinnerung der Vergangenheit fordert und gleichzeitig die paradoxe Einsicht in die Unmöglichkeit eines solchen Unternehmens befördert: „Endgültig abgewiesen, suchen wir Trost im Vergessen, das man Erinnerung nennt."[3] In *Kindheitsmuster* (1976), Wolfs Auseinandersetzung mit ihrer Kindheit im Nationalsozialismus, ist es dann die „Last der Geschichte", die auf unerklärte und unerklärliche Weise die Durchdringung des Vergangenen erschwert.[4] In allen genannten Werken ist der Ausgangspunkt der Betrachtung eine individuelle Existenz, deren autobiographi-

---

1 Aby Moritz Warburg: Der Bilderatlas Mnemosyne, hg. von Martin Warnke, in: ders.: Gesammelte Schriften, Abt. 2, Bd. 1, Berlin 2000, S. 1.
2 Aristoteles: Poetik. Griechisch/Deutsch. Übersetzt und hg. von Manfred Fuhrmann, Stuttgart 1982, 1451b5–8.
3 Christa Wolf: Nachdenken über Christa T., Frankfurt a. M. 2007, S. 9.
4 Christa Wolf: Kindheitsmuster, Frankfurt a. M. 2007.

sche Bezugpunkte unlösbar in die Erzählung eingewebt sind; den perspektivischen Fluchtpunkt bildet indes die politische Realität einer kollektiven Geschichte, die es gilt, in der Erinnerung lebendig zu halten – trotz der sich immer wieder einstellenden Zweifel am Sinn und Wahrheitsgehalt solcher Rekonstruktion.

Täter als Opfer und vice versa: Deutsch-deutsche Geschichten

Schreiben heißt Vergessen.
Fernando Pessoa[5]

1990 wurde Christa Wolfs beständiges Interesse an der Unmöglichkeit, selbst (die eigene) Geschichte zu schreiben, zum Auslöser eines sich über mehrere Jahre hinziehenden Literaturstreits.[6] Der Kritiker der *Zeit* Ulrich Greiner eröffnete die Diskussion mit einem herben Verriss ihrer 1979 geschriebenen und 1990 (überarbeitet) erschienenen Erzählung *Was bleibt* – der Beschreibung eines Tages im Leben einer DDR-Schriftstellerin, die von der Stasi beschattet wird – und dem Vorwurf der Geschichtsfälschung: Wolf versuche, so Greiner, ihre Täterbiographie als vermögende und privilegierte „Staatsschriftstellerin" in eine Opferbiographie umzuschreiben.[7] Während Volker Hage in der gleichen Ausgabe der *Zeit* die Autorin verteidigte, schlug Frank Schirrmacher in der *Frankfurter Allgemeinen Zeitung* in dieselbe Kerbe wie Greiner. So kritisierte er u. a. die Tatsache, dass Wolf den Bericht erst „[p]ünktlich zum Ende des SED-Staates" veröffentlicht hatte: „Dieses Buch, das eine Verfolgungsangst schildert, hätte vor zehn, ja vor fünf Jahren der Staatssicherheit wohl zu Schaden kommen können. Jetzt ist es bedeutungslos, anachronistisch und hat Züge des Lächerlichen."[8]

Die sich anknüpfende, bald ausufernde Diskussion entfernte sich zunehmend von ihrem Auslösemoment, wurde zur ersten literarischen Grundsatzdebatte im vereinigten Deutschland und mündete schließlich in eine Generalabrechnung mit den Linksintellektuellen in Ost und West: Neben der (angeblichen oder tatsächlichen) Unfähigkeit, die eigene kommunistische Vergangenheit aufzuarbeiten, warf man den Vertretern einer politisch engagierten Literatur vor „Gesinnungsästhetik", so der von Ulrich Greiner eingeführte Terminus, zu betreiben.[9]

---

5 Fernando Pessoa: Das Buch der Unruhe des Hilfsbuchhalters Bernardo Soares, Frankfurt a. M. 1991, S. 288.
6 Die wichtigsten Dokumente und einen ausgezeichneten Überblick über die Feuilleton-Debatte gibt Thomas Anz (Hg.): Es geht nicht um Christa Wolf. Der Literaturstreit im vereinigten Deutschland, Frankfurt a. M. 1995. Vgl. darüber hinaus auch Lennart Koch: Ästhetik der Moral bei Christa Wolf und Monika Maron. Der Literaturstreit von der Wende bis zum Ende der neunziger Jahre, Frankfurt a. M. 2001; Bernd Wittek: Der Literaturstreit im sich vereinigenden Deutschland, Marburg 1997; Lothar Bluhm: Identität und Zeitenbruch. Probleme heterogener Sprachspiele im „neudeutschen Literaturstreit" 1990/91, in: Jürgen Kamm u. a. (Hg.): Spuren der Identitätssuche in zeitgenössischen Literaturen, Trier 1994, S. 17–38; ders.: Standortbestimmungen. Anmerkungen zu den Literaturstreits der 1990er Jahre in Deutschland. Eine kulturwissenschaftliche Skizze, in: Clemens Kammler/Torsten Pflugmacher (Hg.): Deutschsprache Gegenwartsliteratur seit 1989. Zwischenbilanzen – Analysen – Vermittlungsperspektiven, Heidelberg 2004, S. 61–73.
7 Ulrich Greiner: Mangel an Feingefühl, in: Die Zeit, 1.6.1990: „Das ist ja ein Ding: Die Staatsdichterin der DDR soll vom Staatssicherheitsdienst der DDR überwacht worden sein?"
8 Frank Schirrmacher: „Dem Druck des stärkeren, härteren Lebens standhalten." Auch eine Studie über den autoritären Charakter: Christa Wolfs Aufsätze, Reden und ihre jüngste Erzählung „Was bleibt", in: Frankfurter Allgemeine Zeitung, 2.6.1993.
9 Vgl. Anz, S. 19–23.

Zwei Jahre später erhielt die Diskussion eine neue Dimension, als nach dem Skandal um Heiner Müllers Zusammenarbeit mit der Stasi auch die Existenz einer so genannten „Täterakte" von Christa Wolf bekannt wurde, von der die Autorin (eigenen Angaben nach) nichts wusste und von der sie erst im April 1992 bei der Sichtung der 48 Aktenordner umfassenden eigenen „Opferakte" Kenntnis erhielt. Es handelt sich um ein ca. 130 Seiten umfassendes Dossier, welches Wolfs Tätigkeit für die Stasi zunächst als Geheimer Informator (GI), dann Informeller Mitarbeiter (IM) zwischen 1959 und 1962 dokumentiert. Unter dem Decknamen Margarete hatte sie mehrere Gespräche mit der Stasi geführt und einige wenige Berichte abgeliefert, die allerdings keine Denunziationen enthielten. Wolf selber brachte diese Information in einem Artikel im Januar 1993 an die Öffentlichkeit, also erst neun Monate nach der eigenen „Akteneinsicht", offenbar aus Furcht vor einer bevorstehenden Entdeckung der Unterlagen durch die Presse – zu spät, wie man ihr vorwarf. Angesichts der Harmlosigkeit der Berichte ebbte der Skandal indes schnell wieder ab. Sogar Frank Schirrmacher ergriff überraschend Partei für Wolf. Lediglich der *Spiegel* befand das Material als „erdrückend" und Fritz J. Raddatz bezeichnete in der *Zeit* das Verhalten der Autorin als unentschuldbar.[10]

Die Autorin äußerte sich selber, verletzt und verzweifelt über die neuen Attacken, mehrfach in der Presse und stilisierte sich u. a. – offensichtlich unter dem Eindruck ihres Aufenthaltes in Amerika als Stipendiatin des Getty-Centers – in der Sendung *Kulturreport* überraschend selber zu einer in die Emigration getriebenen Verfolgten:

> *Hier in Los Angeles bin ich sehr stark konfrontiert mit der Hinterlassenschaft der deutschen Emigranten, meistens jüdischer, aber eben auch, wie Brecht, kommunistischer Emigranten aus der Nazizeit, die eine große kulturelle Hinterlassenschaft haben, was Häuser betrifft, die von Richard Neutra, einem Österreicher, oder eben das wunderbare Haus von Feuchtwanger, und so vieles in Bibliotheken. [...] Dies alles fehlt in Deutschland. Die Deutschen haben damals geglaubt, sie könnten darauf verzichten. Jetzt glaubt man in Deutschland, man könnte auf die Kultur verzichten, die es in der DDR gegeben hat. Damals hat sich Deutschland der linken, der jüdischen Kultur entledigt, dieser ungeheuren, großen, menschlichen Kultur, die da war. Wir wissen, wohin das geführt hat.*[11]

Diese Bemerkung stieß – vor allem wegen der leichtsinnigen Gleichsetzung der Verfolgungen des Nazi-Regimes mit den Debatten im wiedervereinten Deutschland – auf harte Kritik – nicht nur bei denen, die im Literaturstreit bereits gegen die Autorin argumentiert hatten, sondern auch bei Freunden und Verteidigern wie Günter Grass, Walter Jens oder Volker Hage.[12] Im Nachhinein hat Christa Wolf ihre Äußerungen relativiert und als Missverständnis dargestellt.[13] 1993 veröffentlichte sie ihre gesamte „Täterakte", um deren Harmlosigkeit zu beweisen,[14] und führte parallel dazu ihre

---

10 Vgl. Fritz J. Raddatz: Von der Beschädigung der Literatur durch ihre Urheber, in: Die Zeit, 28.1.1993 und N. N.: Die ängstliche Margarete, in: Der Spiegel, 25.1.1993.
11 Christa Wolf, zit. nach: Anz, S. 281 f.
12 Vgl. ebd., S. 282.
13 Vgl. ebd., S. 283.
14 Hermann Vinke (Hg.): Akteneinsicht Christa Wolf. Zerrspiegel und Dialog, Hamburg 1993.

literarische Erinnerungskonstruktion weiter fort. In zahlreichen Erzählungen versuchte sie sich dem ungeliebten Gegenstand zu nähern, so u. a. in *Auf dem Weg nach Tabou* (1994) und *Mit anderem Blick* (2007) – Essays und Erzählungen, in denen sich ihre „postrevolutionären" Erkenntnisse zu einem neuen Gedankenmosaik ordnen, das indes den vertrauten Motiven und Erzählstrategien treu bleibt. 50 Jahre nach dem besagten Kontakt zur Stasi und 17 Jahre nach ihrer „Akteneinsicht" wagte Wolf mit *Stadt der Engel oder The Overcoat of Dr. Freud*[15] im Jahr 2010 nun eine erneute Konfrontation mit der Geschichte. Soweit die Fakten.

Erinnerung: Last(er) oder Aufgabe?

> *Unzeitgemäß ist auch diese Betrachtung, weil ich etwas, worauf die Zeit mit Recht stolz ist, ihre historische Bildung, hier einmal als Schaden, Gebreste und Mangel der Zeit zu verstehen versuche, weil ich sogar glaube, daß wir Alle an einem verzehrenden historischen Fieber leiden und mindestens erkennen sollten, daß wir daran leiden.*
>
> Friedrich Nietzsche[16]

Die Frage nach dem „Nutzen und Nachteil" des „historischen Fiebers", die Nietzsche am Ende des 19. Jahrhunderts in unzeitgemäßer Weise aufwirft, stellt eine der wichtigsten philosophischen Reflexionen über die lebenspraktische Bedeutung der Geschichtswissenschaft dar. Ausgehend von Nietzsche kann das historische Fieber, das so manchen in den Wendezeiten 1989/90 ff. ergriff, als verständlicher, ja sogar lebensnotwendiger Reflex verstanden werden, dessen „Sinn" nicht in Frage gestellt werden konnte – zu verlockend erschien die Möglichkeit eines radikalen Bruchs mit der Vergangenheit der DDR, einer radikalen Tabula rasa. Dass man die anstehenden (moralischen) Aufräumarbeiten in einen direkten Zusammenhang mit der „Bewältigung" der Nazi-Vergangenheit stellen und (angesichts gewisser historischer Versäumnisse bei der Aufarbeitung der letzteren) entsprechend harte Urteile über die Täter fällen würde, scheint im Nachhinein psychologisch verständlich – jenseits der Frage übrigens, inwieweit es überhaupt legitim ist, beide Regime miteinander zu vergleichen.[17]

Vor diesem Hintergrund kann der sich an Christa Wolf Anfang der 1990er Jahre entzündende Literaturstreit also als durchaus „zeitgemäß" bezeichnet werden. Er befindet sich gewissermaßen auf der Schnittstelle zweier Debatten: dem Historikerstreit auf der einen Seite und den sich anschließenden Normalisierungs- und „Schlussstrich"-Debatten der (wieder-)vereinigten und schließlich „Berliner"

---

15 Christa Wolf: Stadt der Engel oder The Overcoat of Dr. Freud, Frankfurt a. M. 2010.

16 Friedrich Nietzsche: Vom Nutzen und Nachteil der Historie für das Leben (1874), Stuttgart 2003, S. 4.

17 Thomas Anz erinnert in diesem Zusammenhang an Habermas' Einwurf in die Debatte. Dieser bemerkte 1991 in einem Interview: „Im übrigen war die Literaturdebatte um Christa Wolf ein gutes Beispiel für das Repetitive der eingefahrenen Sandkastenspiele. Jenes Feuilleton, das sich seit Jahrzehnten um die Rehabilitierung unserer jungkonservativen ‚Reichswortgewaltigen' verdient gemacht hat, beeilt sich nach Öffnung der Mauer, Peter Rühmkorfs Erwartung zu erfüllen, ‚daß man den Sozialismus jetzt mal ordentlich entgelten läßt, was man seinerzeit an den Nazis versäumt hat'. Aber der Subtext der ganzen Debatte ist von noch älterer Machart. Endlich glaubte man, die Intellektuellen in Ost und West gleichzeitig an der Stelle zu haben, wo man sie des gemeingefährlichen Utopismus überführen und als die wahren Feinde des Volkes entlarven kann" (Jürgen Habermas: Die andere Zerstörung der Vernunft. Über die Defizite der deutschen Vereinigung und über die Rolle der intellektuellen Kritik, in: Die Zeit, 10.5.1991, zit. nach Anz, S. 18 f.).

genannten Republik auf der anderen, in denen Schriftsteller und Intellektuelle (in Fortführung der im Literaturstreit aufgeworfenen Vorwürfe) den Abschied von den alten Schulddiskursen und die Rückkehr in die Normalität propagierten.

Was die letzte Phase des Literaturstreites anbelangt, so erscheint die Diskussion um das Täter- und Opferverhalten der Christa Wolf fast als eine Art Vorbote einer neuen Debatte, die sich 2003 im Zuge des von Christoph König herausgegebenen *Germanistenlexikon* um die NSDAP-Mitgliedschaft namhafter Wissenschaftler – so u. a. von Walter Jens und Peter Wapnewski – entzündete[18] und gewissermaßen mit dem Skandal um Günter Grass' spektakuläres Bekenntnis, Mitglied der Waffen-SS gewesen zu sein, weitergeführt wurde.[19] Die Diskussionen unterscheiden sich von früheren Fällen darin, dass sie sich nicht um den aufgedeckten historischen Vorfall selber drehen, sondern um das Verhalten der Betroffenen, die das Geschehene offenbar verschwiegen oder verdrängten, weil es an einem bestimmten Punkt ihres Lebens nicht mehr zur eigenen Lebenshaltung und künstlerischen bzw. politischen Selbstkonstruktion passte. Während Günter Grass seine Mitgliedschaft in der Waffen-SS schließlich freiwillig (wenngleich vielleicht nicht ohne öffentlichen Druck) zugab, wurde Christa Wolf (mehr oder minder) gezwungen, öffentlich Stellung zu beziehen, um den zu erwartenden Attacken im Vorfeld das Wasser abzugraben.

Unwissend, dass er selber 10 Jahre später mit einer vergleichbaren Situation konfrontiert sein und dieser in ebenso hilfloser Weise wie Wolf begegnen würde,[20] bemerkt Walter Jens 1993 zum Verhalten von Christa Wolf, die er, ebenso wie Grass, noch zu Beginn des Literaturstreits gegen alle Anfeindungen in Schutz genommen hatte:[21]

> *Christa Wolf bekümmert mich. Nicht, weil sie wie viele andere im Glauben – den ich gut verstehe – diesem Staat zu nützen, gehandelt hat, sondern weil sie nicht gesagt hat: Freunde, ich hatte damals etwas gemacht, was mir im Lichte der Erfahrung heute problematisch zu sein scheint. Wenn sie in* Was bleibt *sagt, ich bin verfolgt worden, müsste sie, denke ich, auch sagen: Es gab eine Zeit, wo ich auf der anderen Seite stand.*[22]

18 Christoph König (Hg.): Internationales Germanistenlexikon 1800–1950, 3 Bde., Berlin 2003.
19 Günter Grass: Beim Häuten der Zwiebel, Göttingen 2006. Inwiefern die Fälle Grass und Jens aus dieser Perspektive tatsächlich in einem Zusammenhang mit Christa Wolf stehen, kann hier leider nicht weiterverfolgt werden. Angesichts der Tatsache, dass Grass und Jens in der Frühphase des Streites zu Wolfs wichtigsten Verteidigern zählten, wäre es indes sicherlich interessant, der Frage nachzugehen.
20 Zum Streit um die NSDAP-Mitgliedschaft von Jens s. beispielsweise Götz Aly: Was wusste Walter Jens? Wahrscheinlich geschah seine Aufnahme in die NSDAP ohne eigene Kenntnis. Rekonstruktion einer akademischen Jugend, in: Die Zeit, 15.1.2004. Aly fasst hier die wesentlichen Kritikpunkte am Verhalten Jens' zusammen: „Vorgehalten wurde Jens, als die Medien seine Mitgliedschaft in der NSDAP entdeckten, darum auch nur seine Behauptung, er könne sich an keinen Parteieintritt erinnern. Er geriet in den Ruch jenes millionenfachen Mitläufertums, das ein selbstgnädig arbeitendes Gedächtnis später in ostentative Unangepasstheit umgedeutet habe. Eine Reihe seiner literarischen und wissenschaftlichen Äußerungen, etwa in der autobiografischen Skizze *Vergangenheit gegenwärtig* (1994) oder wie seine Weißwaschung des Gräzisten und Naziprofessors Wolfgang Schadewaldt (1977), wurden als lebensgeschichtlich erklärliche Manöver angesehen; der Abbruch einer Autobiografie mit dem Argument ‚Ich war mir nicht interessant genug' weckte Argwohn."
21 Walter Jens: Plädoyer gegen die Preisgabe der DDR-Kultur, in: Süddeutsche Zeitung, 16./17.6.1990.
22 Walter Jens, in: Freitag, 12.2.1993, zitiert nach Anz, S. 281.

Wie Jens hier treffend formuliert, besteht das eigentliche Problem Wolfs nicht in ihren lange zurückliegenden, jetzt plötzlich ans Licht gekommenen Taten, an denen sich ohnehin nichts mehr ändern lässt, sondern ihrem Umgang mit dieser Vergangenheit. Wie bekennt man sich als „Täter" zu dem was geschehen ist, ohne eigenes Fehlverhalten zu entschuldigen; wie lässt sich der Zusammenhang zwischen Tat und Erinnerung „politisch korrekt" – im Sinne von „moralisch integer" – darstellen? Die Frage erscheint in dem hier verhandelten Kontext gerade darum interessant, da es sich nicht im eigentlichen Sinne um Rechts- oder Moralverletzungen handelt, sondern um Handlungen, deren tatsächliche Konsequenzen (vor allem im Fall von Wolf und Jens) äußerst gering waren, allerdings im Lichte der sich anschließenden Biographien als Tabuverletzung empfunden werden müssen.

Anders als Jens, dem durch seine Krankheit endgültig die Möglichkeit genommen wurde, die eigene Geschichte noch einmal neu zu betrachten, versucht Christa Wolf sich in *Stadt der Engel* dieser Aufgabe zu stellen. Im Zentrum des Romans, der eindeutig autobiographische Prägung besitzt, steht, darin an *Kindheitsmuster* erinnernd, indes weniger das Was, d. h. die historisch „korrekte" Beschreibung oder Erklärung der „Fakten", als vielmehr das Wie, die Methode: Auf welche Weise kann das Unmögliche möglich gemacht und eine vergessene, verdrängte oder einfach nicht thematisierte „Täterschaft" in eine neue Erinnerung überführt werden, ohne dabei die eigene Identität zu beschädigen?

Es würde zu weit führen, hier die Fäden des Gedankenteppichs, den Christa Wolf webt, im Einzelnen zu verfolgen – zu dicht scheint das Geflecht aus Erinnerungen und Einsichten, die in *Stadt der Engel* zusammengeknüpft werden. Stattdessen können hier lediglich die Form und einige Hauptmotive der Wolf'schen Geschichtskonstruktion betrachtet werden. Wie, so die Frage, der im Folgenden nachgegangen werden soll, lassen sich die von Wolf verwendeten Erinnerungsmuster und Erzählstrategien beschreiben und welche Informationen liefern sie über die bloßen Tatsachen hinaus – auch für die historische Aufarbeitung der DDR und ihres Unterganges? Interessant erscheint dabei, ebenso wie in Günter Grass' *Beim Häuten der Zwiebel*[23], inwieweit das Literaten-Ich bereit und in der Lage ist, sich (in einem vom Rezipienten immer mitgelesenen autobiographischen Kontext) vom literarischen Ich zu dissoziieren und welche ästhetischen Mittel hierfür eingesetzt werden. Oder, mit dem Philosophen Aristoteles und dem Altphilologen Nietzsche gefragt: Handelt es sich bei dem Erinnerungsszenario der Christa Wolf um eine gelungene (künstlerische bzw. ästhetische) Form der Katharsis, oder lediglich um ein „hypertrophisches Laster"[24]?

Die Backstorywound: „Aus allen Himmeln stürzen"[25]

Die „eigentliche" (vorwiegend aus der Ich-Perspektive geschriebene) Geschichte des Romans kreist um die rückblickend beschriebene Amerikareise einer bekannten (ost-)deutschen (Christa Wolf zum Verwechseln ähnlichen) Schriftstellerin, die ein Stipendium im Getty-Center in Los Angeles erhalten hat. Das Ziel des Aufenthaltes

---

23 Dieser Frage kann hier leider jedoch nicht weiter nachgegangen werden; vgl. hierzu Christoph König: Häme als literarisches Verfahren. Günter Grass, Walter Jens und die Germanisten nach 1945, Göttingen 2008.
24 Nietzsche, S. 4.
25 Wolf, Stadt der Engel, S. 9.

in den Vereinigten Staaten ist zunächst einmal keine Reise in die eigene, sondern in eine fremde Vergangenheit, nicht das Finden der eigenen, sondern einer fremden Identität: Es handelt sich um die (verstorbene) Absenderin verschiedener Briefe, welche die Erzählerin im Nachlass ihrer Freundin Emma gefunden hat – ein scheinbar aussichtsloses Unterfangen, denn bekannt ist allein das Initial des Vornamens jener Frau (L.) sowie ihr letzter Wohnort, Los Angeles, wohin sie in den 1930er Jahren emigrierte.

Neben dieser ersten Handlungsebene gibt es eine weitere, die, um einen Terminus aus der Filmwissenschaft bzw. -produktion zu wählen, als „Backstory" bezeichnet werden kann.[26] Zur Erklärung: Im klassischen Hollywood-Kino bildet die so genannte Backstory das narrative Fundament des Filmes bzw. seines Drehbuches, das auch Dinge beinhaltet, von denen eine Figur nicht erzählt und die (wenn überhaupt) nur indirekt mitgeteilt werden. Es handelt sich um eine Art unsichtbare Folie, auf welcher der eigentliche Film konstruiert wird. Eine Übertragung des Modells auf die Literatur bietet sich eigentlich nicht an, da sich die Backstory faktisch auf der (bisweilen erheblichen) Diskrepanz zwischen Drehbuch und Endprodukt gründet. Für die Interpretation der Erinnerungsstrukturen in *Stadt der Engel* erweist sich die Annahme einer Backstory indes als tatsächlich produktiv: So trägt die autobiographische Folie, auf der Wolf die Versuchsanordnungen der Erzählung aufbaut, durchaus Züge einer klassischen Backstory – vor allem, was ihr zentrales Element, die so genannte „Backstorywound" anbelangt. Mit „Backstorywound" wird eine Verletzung bezeichnet, die dem Protagonisten in der Vergangenheit (die vor der Jetzt-Zeit des Filmes liegt) zugefügt wurde, ein Ereignis, über das er psychologisch nicht hinwegkommt und das den inneren Antrieb seiner Handlung darstellt. Diejenige Szene im Film, in der diese Wunde zur Sprache kommt und auf diese Weise den eigentlichen Plot mit der Backstory verknüpft, besitzt eine zentrale Bedeutung für den Film als Ganzes und kann in der Regel als Schlüsselszene bezeichnet werden.

Ungefähr in der Mitte des Romans werden wir nun relativ unvermittelt mit einer solchen „Backstorywound" konfrontiert, die offenbar zum nicht thematisierten Teil der Backstory gehört: Ohne dass zuvor der Hintergrund erklärt worden wäre, entschließt sich die Erzählerin plötzlich, einen (offenbar brisanten) Artikel für eine deutsche Zeitung zu schreiben, deren Inhalt nicht näher erläutert wird:

> *Alles in mir sträubte sich dagegen, aber es ließ sich nicht mehr aufschieben, damit an die Öffentlichkeit zu gehen, ich fing an, eine Art Bericht zu schreiben, so wahrhaftig wie möglich, den ich an eine Zeitung nach Berlin faxte. Ich sprach mit niemandem darüber, bis Peter Gutman eines Morgens im Sekretariat einen Artikel aus dem Faxgerät nahm, einen Blick auf seine in großen Lettern gehaltene Überschrift warf und ihn an mich weiterreichte: Für dich bestimmt. Ich las das groß gedruckte Stichwort, las meinen Namen und begriff: Meine Akte war den Medien übergeben worden.*[27]

---

26 Ich beziehe mich hier auf Michaela Krützens Studie „Dramaturgie des Filmes", in der die Autorin – auf der Grundlage des Films „Das Schweigen der Lämmer" sowie rund 300 weiterer Beispiele – die Erzählstrukturen des so genannten *classical cinema* analysiert: Michaela Krützen: Dramaturgie des Films. Wie Hollywood erzählt, Frankfurt a. M. 2004.

27 Wolf, Stadt der Engel, S. 177.

Es ist eindeutig, dass hier auf den im Januar 1992 in der *Berliner Zeitung* veröffentlichten Artikel Wolfs *Akteneinsicht* angespielt wird, in dem sie über ihre Tätigkeit für
die Stasi berichtet, sowie die darauf folgende Diskussion, die mit einem Artikel in
Bild unter dem Titel *Unsere berühmteste Schriftstellerin Christa Wolf: Ich war IM …
aber ich wußte es nicht*[28] eröffnet wurde.

Will man der Logik des Backstory-Modells folgen, so stellt die Wunde indes nicht
die Polemik dar, der sich Wolf als reale Person nach ihrem Eingeständnis ausgesetzt
sah, sondern vielmehr der Prozess der „Akteneinsicht", der auf den sich anschließenden zehn Seiten ausführlich geschildert wird und im wahrsten Sinne das „Herzstück"
des Romans darstellt. Es handelt sich um eine der längsten zusammenhängenden
Passagen, in der die Erzählerin versucht, detailgenau Auskunft über die faktischen
und emotionalen Begleiterscheinungen ihrer damaligen Konfrontation mit den Stasi-
Berichten zu geben. Sie berichtet über ihren Weg in die Behörde, die „von allem
Bösen, das der untergehende Staat verkörperte, das Böseste war, das Teuflische, das
jeden, der mit ihm in Berührung gekommen war, infiziert hatte",[29] von den schmerz-
haften Entdeckungen, dass auch Freunde der Stasi Informationen über sie geliefert
hatten,[30] über die Unfähigkeit, sich den anderen, die in ihren „eigenen Kummer
versunken" dort lasen, kommunikativ zu nähern.[31] Die Erzählerin schließt mit einer
Beschreibung der Entdeckung der eigenen „Täterakte" und dem plötzlichen (?) Entschluss: „Ich werde das alles veröffentlichen."[32]

So unvermittelt der Einbruch dieses realitätsnahen Ereignisses in den Fluss der
„eigentlichen" Geschichte der Stipendiatin auf den ersten Blick erscheint, so sorgfältig ist er bei genauerer Betrachtung vorbereitet. Die Form der Annäherung an den
Gegenstand stellt dabei eine genaue Abspiegelung des (verhinderten) Erinnerungs-
prozesses dar und kann damit bereits als wesentlicher Teil des Inhaltes bezeichnet
werden. So ist der Weg zur Schlüsselszene von Doppeldeutigkeiten und Anspielungen durchzogen – Spuren, deren Evidenz dem zerbrochenen Spiegel im Badezimmer
ähnelt, welche die überwachenden Stasi-Beamten der Schriftstellerin in *Was bleibt*
zurücklassen.[33] Das Wissen um einen Teil der Backstory, der im eigentlichen „Film"
bis zu diesem Moment keine Erwähnung findet, versteckt die Protagonistin nicht
allein vor ihrer Umwelt, sondern auch vor sich selber. Erst auf Seite 94 fällt, völlig
überraschend, in einem Gespräch mit der Freundin Sally zum ersten Mal das Wort
„Akte" in einer Weise, die verdächtig erscheinen könnte:

> *Ohne es geplant zu haben, ohne es auch nur vorauszusehen, fragte ich sie plötzlich,
> was „Akten" auf Englisch hieß. Warum willst du das wissen? fragte Sally. Ich igno-
> rierte die Frage und versuchte sie durch Umschreibungen auf das richtige Wort zu
> bringen. „Files", sagte sie schließlich. Aber wozu brauchst du das Wort? – Später,
> sagte ich. Vielleicht später mal.*[34]

---

28 Zit. nach Anz, S. 277.
29 Wolf, Stadt der Engel, S. 178 f.
30 Vgl. ebd., S. 181.
31 Ebd.
32 Ebd., S. 186.
33 Vgl. Christa Wolf: Was bleibt. Erzählung, Frankfurt a. M. 1990, S. 28 und S. 105.
34 Wolf, Stadt der Engel, S. 94.

Der Gedanke wird weitergesponnen, ohne dass die Angelegenheit näher erklärt würde. Die sich anschließende Bemerkung: „Die Schonzeit ging vorbei, die ich mir selber genommen hatte"[35], lässt sich in der autobiographischen Backstory wohl auf die reale Zeitspanne, die zwischen dem Aktenfund im April 1992 und Wolfs Artikel in der *Berliner Zeitung* im Januar 1993 lag, beziehen, bleibt im Kontext indes kryptisch und wird zudem von der Erzählerin sogleich durch eine Reflexion über ihre „Opferakte" in eine andere Richtung gelenkt und schließlich durch den Aufbruch zu einem Abendessen bei jüdischen Exilanten ebenso plötzlich abgebrochen. Solche und ähnliche gewollte Doppeldeutigkeiten, die man bereits auf die „Täterschaft" der Autorin beziehen könnte, finden sich auch an anderen Stellen – so beispielsweise im Gespräch der Erzählerin mit einem anderen Mitstipendiaten, Peter Gutman, über einen gemeinsamen russischen Freund, der, wie die Erzählerin, vom Geheimdienst beschattet wurde:

> *Manchmal haben wir alles gewußt, dann haben wir es wieder vergessen, manche Einsichten haben es an sich, in unvorhersehbarem Rhythmus aufzutauchen und wieder zu versinken, im „Meer des Vergessens", das ist doch ein schönes Bild. Findest du es nicht eigenartig [...], daß unser Gehirn nicht dafür gemacht zu sein scheint, solche schlichten Einsichten aufzubewahren. Daß es dafür aber alle Arten von Geschichten leicht und leichtfertig aufnimmt und oft genug festhält.*[36]

Vordergründig geht es um das Vergessen der Spitzel in der eigenen Privatsphäre, gemeint sein könnte aber auch jenes „Meer des Vergessens" auf das die *Bild*-Überschrift anspielt. Erst nach weiteren vorsichtigen Abzirkelungen des diskursiven Raums und seiner Grenzen – „Dieses Schreibwerk schiebt sich vorwärts in mikroskopischen Dosen, gegen einen Widerstand, der sich mir entzieht, wenn ich ihn benennen will"[37] – kommt, nach dem bereits zitierten Hinweis auf die Veröffentlichung endlich die „Backstorywound" zur Sprache.[38]

Die Rückkehr des unsichtbaren Dritten: Autorkonstruktion und Ego-Pluralität

Wie auch in anderen „Erinnerungsbüchern" von Christa Wolf stehen im Mittelpunkt des Geschehens individuelle Schicksale und ein persönlicher, ja intimer Erinnerungsprozess, der in *Stadt der Engel* immerhin 17 Jahre umfasst. Da aber selbst die individuelle Vergangenheitsaufarbeitung gewöhnlich nicht autistisch auf sich bezogen ist, sondern die Kommunikation mit anderen als Katalysator benötigt, konstruiert Wolf einen mehrstimmigen autoreflexiven Erinnerungsraum, in dem sich die Erzählerstimme in verschiedene „Personen" spaltet, die miteinander kommunizieren und auch im intertextuellen Dialog mit ihren anderen Werken steht. Insofern kann *Stadt der Engel* als eine Art Palimpsest verstanden werden: Immer wieder überschreibt

---

35 Ebd., S. 95.
36 Ebd., S. 61.
37 Ebd., S. 107.
38 Vgl. ebd., S. 177.

die Autorin ihre eigenen Texte,[39] kehrt an bereits bekannte Orte zurück und schichtet die Erinnerungsbilder auf verschiedenen Ebenen aufeinander.

Während Wolf die Konstruktionsgeschichte dieses Kaleidoskops in *Kindheitsmuster* zu Beginn ausführlich dokumentiert,[40] wird der Perspektivenwechsel hier nicht explizit thematisiert. Dabei wird die „natürliche" Aufspaltung, die Wolf bereits in *Kindheitsmuster* anhand des entwicklungspsychologischen Wechsels des Kleinkindes von der dritten in die erste Person beschreibt,[41] nicht rückgängig gemacht (beispielsweise durch die Einsetzung eines auktorialen Erzählers), sondern gewissermaßen weiter fortgeschrieben durch die Einführung einer (nicht immer, aber oft) appellativ wirkenden Gewissensstimme, welche die weiter zurückliegenden Handlungen der Erzählerin in der zweiten Person in Erinnerung rufen. Damit spaltet sich der innere Monolog vermittelt durch die verschiedenen Perspektiven in ein Selbstgespräch in klar verteilten Rollen zwischen einem „Ich", dessen Erinnerung von der Jetzt-Zeit bis zur Handlungszeit der Hauptgeschichte (d. h. zum Amerikaaufenthalt) in den frühen 1990er Jahren zurückreicht, sowie einem mit diesem „Ich" identischen und doch davon unterschiedenen „Du", das über die davor liegenden Ereignisse berichtet, d. h. sich also gewissermaßen in der direkten Rede indirekt an die Ich-Erzählerin wendet. Zum ersten Mal erscheint diese Du-Stimme auf Seite 22: „Ich erinnerte mich – und erinnere mich noch heute – an deine Erleichterung, als dir am Morgen des 4. November 1989 rund um den Alexanderplatz in bester Stimmung die Ordner mit den orangefarbenen Schärpen entgegenkamen, auf denen stand: KEINE GEWALT!" Beendet wird dieser erste Exkurs in die Vergangenheit zwei Seiten später abrupt: „Die Lounge. Bruchteile von Sekunden war ich abwesend, die Erinnerung übertrifft das Licht an Geschwindigkeit."[42]

In der Schlüsselszene erreicht die Erzählkonstruktion nun konsequenterweise auch in formaler Hinsicht ihren Höhepunkt: Während die „Ich"- und „Du"-Momente in *Kindheitsmuster* erkennbar getrennt sind, wechselt die Erzählung hier während des Gesprächs der Protagonistin mit ihrem Gesprächpartner Francesco über ihre „Backstorywound", d. h. den Moment der (doppelten) Akteneinsicht, immer wieder aus der „Ich"- in die „Du"-Perspektive und aus der direkten in die indirekte Rede. Dabei gelingt es Wolf, die Übergänge so kunstvoll und bisweilen zweideutig zu vernetzen, dass die Veränderung fast unmerklich geschieht und der Wechsel so schnell und fließend konstruiert ist, dass sich die Montage selber fast zum Verschwinden bringt.

Der bereits in *Kindheitsmuster* entwickelten Erinnerungskonstruktion über die Dissoziation der Erzählerin in ein „Ich" und ein „Du" fügt Wolf in *Stadt der Engel* nun eine weitere Dimension hinzu, eine dritte Person, die der aufmerksame Leser indes ebenfalls bereits aus anderen Prosatexten kennt. In *Was bleibt* besitzt die als

---

39 Die intertextuellen Bezüge sind mannigfaltig, als deutlichstes Beispiel sei auf die Erzählung „Begegnung Third Street" (in: Christa Wolf: Hierzulande. Andernorts. Erzählungen 1994–1998, München 1999) verwiesen, die sich wie eine ungeordnete Rohfassung von „Stadt der Engel" liest und in der die wichtigsten Motive und Themen des Romans bereits fragmenthaft abgearbeitet werden.

40 Von der ersten Zeile an ist die Reflexion über dieses Problem allgegenwärtig, wobei die poetologischen Exkurse der Erzählerin eine letztlich existenzielle Entscheidung abfordern, vgl. „sprachlos bleiben, oder in der dritten Person leben, das scheint zur Wahl zu stehen" (Wolf, Kindheitsmuster, S. 11).

41 „Ein dreijähriges normal entwickeltes Kind trennt sich von der dritten Person, für die es sich bis jetzt gehalten hat. Woher aber dieser Stoß, den das erste bewußt gedachte ICH ihm versetzt?" (ebd., S. 18).

42 Wolf, Stadt der Engel, S. 24.

„Selbstzensor"[43], „Meister Neunmalklug" oder auch „Partner"[44] bezeichnete Stimme, eine dezidiert ästhetische *und* moralische Funktion, die in einer Selbstbefragung der Erzählerin, vermittelt in einem „Streit" mit dieser Stimme, deutlich wird. So antwortet der „Partner", auf die Frage der Erzählerin, wer ihn denn „eingesetzt" hätte:

> *Du selbst, Schwester. Wenn du dich bitte erinnern willst.*
> *Ich selbst. Über die zwei Worte kam ich lange nicht hinweg. Ich selbst. Wer war das. Welches der multiplen Wesen, aus denen „ich selbst" mich zusammensetzte. Das, das sich kennen wollte? Das, das sich schonen wollte? Oder jenes dritte, das immer noch versucht war, nach der selben Pfeife zu tanzen wie die jungen Herren da draußen vor meiner Tür? He, Freundchen: Mit welchem von den dreien hältst du es? Da schwieg mein Begleiter, verstimmt, aber hilfreich. Das wars, was ich brauchte: glauben zu können, daß ich jenen Dritten eines nahen Tages ganz und gar von mir abgelöst und aus mir hinausgestoßen haben würde; daß ich das wirklich wollte; und daß ich, auf Dauer gesehen, eher diese jungen Herren da draußen aushalten würde als den Dritten in mir.*[45]

Hier verbindet sich über die „Ego-Pluralität" (Michel Foucault[46]) der Autorin, die im Wechsel der Erzählperspektiven nicht nur thematisiert, sondern zur Notwendigkeit der Erinnerung erklärt wird, der ästhetische mit dem historischen Subtext, die Geschichtskonstruktion mit der Identitätsfindung bzw. -krise, die in *Was bleibt* mit dem Blick in den von der Stasi zerbrochenen Spiegel endet: „Ins Bad gehen, in den Spiegel starren, den ich nicht zerschlagen konnte, weil sie ihn vor mir zerschlagen hatten."[47]

Individuelles und kommunikatives Gedächtnis

Verstanden als Identitätskrise ist das, was Christa Wolf zu beschreiben versucht, nicht das vergessene, wieder gefundene Ereignis, sondern der Erinnerungsprozess selber. Dabei haben wir es nicht mit einer Form der Aufarbeitung des kulturellen Gedächtnisses, gewissermaßen einem „Erinnern an Erinnerung"[48] zu tun – das unterscheidet den Roman wesentlich von Erinnerungsbüchern an den Holocaust, an Bombennächte, Front- und Lagererlebnisse. Die selbstgewählte Aufgabe der Autorin besteht vielmehr darin, den sich auftuenden (und von der Außenwelt wie dem Individuum selber) als inkohärent empfundenen Abgrund zwischen einem selbstkonstruierten Opferdasein und einer tatsächlichen (wenngleich nicht im eigentlichen Sinne kriminellen) „Täterschaft" zu überbrücken und erklärbar zu machen.

---

43 Wolf, Was bleibt, S. 52: „Die Stimme kannte ich. Schön guten Tag, lieber Selbstzensor, lange nichts von Ihnen gehört."
44 Ebd., S. 56.
45 Ebd., S. 56f.
46 Vgl. Michel Foucault: Was ist ein Autor?, in: Jannidis Fotis u. a. (Hg.): Texte zur Theorie der Autorschaft, Stuttgart 2000, S. 217.
47 Wolf, Was bleibt, S. 105.
48 Vgl. hierzu Jürgen Ritte: Endspiele. Geschichte und Erinnerung bei Dieter Forte, Walter Kempowski und W. G. Sebald, Berlin 2009.

Auf welche Weise aber lässt sich dieser Ort wiederfinden und in den eigenen realen Erlebensraum re-integrieren? Ist es tatsächlich, wie der verführerische und ein wenig *zu* eindeutige Untertitel des Romans sowie die zahlreichen Traumsequenzen zu verstehen geben wollen, ein psychoanalytischer Weg, der hier eingeschlagen wird? Entwickelt Wolf, wie Richard Kämmerlings vermutet, eine „psychoanalytische Ästhetik"[49]?

Trotz der erwähnten Hinweise spricht die narrative Struktur des Romans eine gänzlich andere, vollkommen unpsychologische Sprache. So vielstimmig und perspektivenreich die Erzählung konstruiert ist, fehlt doch eine Ebene gänzlich, die eine psychologische Konstruktion wesentlich verlangte: das Unterbewusste. Der weiße Fleck sitzt, Wolf zufolge, vielmehr „im Zentrum unseres Bewußtseins"[50]. Entsprechend wenig „psychologisch" oder gar „psychoanalytisch" gestaltet sich beispielsweise die Erklärung des Aufenthaltes der Protagonistin (noch zu DDR-Zeiten) in einer psychiatrischen Klinik („nach jenem unheilvollen PLENUM"[51], also in aller Wahrscheinlichkeit nach im Jahr 1959) aufgrund einer „Zeitungsphobie" – die allein das Resultat des Leidens am real existierenden Sozialismus darstellt:

> *Das einzige, was du dem Chefarzt der Klink erzähltest, war, daß du eine Zeitungsphobie hattest: Die Zeitungen waren voll gewesen von Zustimmungsadressen an jenes Gremium und für jene Maßnahmen, gegen die du dich aufgelehnt hattest. Unter den Artikeln und Briefen hatten Namen gestanden, die du nie unter solchen Artikeln und Briefen erwartet hattest. Wenn du eine Zeitung sahst, brach dir der Schweiß aus.*
> *Ich spürte, dass die neue Zeitungskampagne, die schon eingesetzt hatte, das alte Trauma wieder aufleben ließ.*[52]

Selbst die zahlreichen Traumdarstellungen und -analysen lassen sich in keiner Weise als Hinweis auf ein verborgenes Unterbewusstsein verstehen, sondern sind klarer Spiegel der Realität. Keiner dieser Träume bleibt ohne eine (implizite oder explizite) Deutung, mit der sie sich in politische Evidenz auflösen: „Im Aufwachen hatte ich das Gefühl, der Traum symbolisiere [...] den Untergang des ostdeutschen Staates, der sein Ende fand in den Menschenschlangen, die vor den Banken nach dem neuen Geld anstanden [...]".[53]

In diesem Sinne spielt Wolf zwar mit verschiedenen Ebenen des Bewusstseins – der politischen, der philosophischen, der pragmatischen, der moralischen etc. – für die (tiefen-)psychologischen Motive ihrer Protagonistin interessiert sie sich indes eindeutig nicht. Wenn überhaupt irgendeine Form psychologischer Annäherung auszumachen ist, dann nur als Beweis der Unmöglichkeit einer ästhetischen Selbstanalyse,

---

49 Vgl. Richard Kämmerlings: Mein Schutzengel nimmt es mit jedem Raumschiff auf: Gerichtet? Gerettet! Christa Wolf erinnert sich in ihrem autobiographischen Buch an eine tiefe Krise ihres Lebens, aber entdeckt am Rande der westlichen Welt überraschend eine Hoffnung auf Erlösung, in: Frankfurter Allgemeine Zeitung, 19.6.2010.
50 Wolf, Stadt der Engel, S. 48.
51 Ebd., S. 189.
52 Ebd., S. 189f.
53 Ebd., S. 64.

da jedes vorgestellte Andere im Roman notwendigerweise Gefangener des Autoren-Bewusstseins und seiner künstlerischen Selbstdarstellung bleibt.

Insofern ist der „Overcoat of Dr. Freud" nicht als psychologisches Symbol, sondern als ein ikonographisches Orientierungsinstrument, ein literarisches Motiv zu verstehen, das nicht mit den Mitteln der Psychoanalyse, sondern der Erzähltheorie, d. h. ästhetisch zu analysieren ist. Der narrativen Logik des Romans folgend leitet jener Mantel folgerichtig die Schlüsselszene ein, in der nicht auf psychologische Erklärungsmuster zurückgegriffen, sondern die Erinnerungsarbeit als Kommunikationsproblem dargestellt wird: „Also wem konnte ich die Geschichte erzählen/die nun erzählt werden mußte, obwohl es ja gar keine Geschichte war?"[54], ist die Frage, die sich nun stellt.

Die Geschichte muss erzählt werden, weil jede Form der Erinnerung auf Kommunikation, auf die Anbindung an ein Narrativ angewiesen ist. Selbst die Form des individuellen Gedächtnisses existiert allein als sprachlicher Akt, als Übereinkunft. Um das Vergessene in die Kommunikation zu holen und der Erinnerung bzw. der Verdrängung auf die Spur zu kommen, wählt die Erzählerin nicht die Nähe zu ihren Landsleuten aus der ehemaligen DDR oder zu nahen Freunden, sondern, im Gegenteil, Menschen, die ihr völlig fremd sind. Die bewusste Distanzschaffung – mit Aby Warburg gedacht als „Denkraum der Besonnenheit"[55] – ebnet den *Weg nach Tabou*; das Fremde, Ferne, am äußersten Rande der Welt weit im Westen Liegende wird zum Katalysator des Geschehens und konstitutiven Moment der Erinnerung und (Re-) Konstruktion der eigenen Geschichte.

Heterotopien

> *Der Spiegel ist nämlich eine Utopie, sofern er ein Ort ohne Ort ist. Im Spiegel sehe ich mich da, wo ich nicht bin: in einem unwirklichen Raum, der sich virtuell hinter der Oberfläche auftut; ich bin dort, wo ich nicht bin, eine Art Schatten, der mir meine eigene Sichtbarkeit gibt, der mich mich erblicken lässt, wo ich abwesend bin: Utopie des Spiegels. Aber der Spiegel ist auch eine Heterotopie, insofern er wirklich existiert und insofern er mich auf den Platz zurückschickt, den ich wirklich einnehme; vom Spiegel aus entdecke ich mich als abwesend auf dem Platz, wo ich bin, da ich mich dort sehe; von diesem Blick aus, der sich auf mich richtet, und aus der Tiefe dieses virtuellen Raumes hinter dem Glas kehre ich zu mir zurück und beginne meine Augen wieder auf mich zu richten und mich da wieder einzufinden, wo ich bin.*
>
> Michel Foucault[56]

Foucaults Beschreibung utopischer und heterotoper Spiegelung erscheint wie eine vorausgreifende Analyse des von Christa Wolf konstruierten Erinnerungsraums. Interessant erscheint hierbei, dass die bei Foucault „räumlich" strukturierten Hetero-

---

54 Ebd., S. 178.
55 Vgl. Ernst H. Gombrich: Aby Warburg. Eine intellektuelle Biographie, Hamburg 1992, S. 342.
56 Michel Foucault: Andere Räume, in: Karlheinz Barck u. a. (Hg.): Aisthesis. Wahrnehmung heute oder Perspektiven einer anderen Ästhetik, Leipzig 1990, S. 34–46, hier S. 39.

topien[57] bei Wolf nun durch die kategorisierte Aufsplitterung der Erzählperspektiven in den zahlreichen Spiegelungen und Doppelungen, mit denen Wolf den Erinnerungsprozess umkreist, auch eine zeitlich-historische Dimension erhalten. So werden zum einen (anscheinend) „authentische" Zitate in Versalien in den Text eingefügt, die offenbar aus der Zeit des Amerikaaufenthaltes der Erzählerin (und Christa Wolfs?) stammen, die der Rückblende – sowohl in zeitlicher wie räumlicher Hinsicht – eine weitere Ebene hinzufügen; gleichzeitig verwendet Christa Wolf Amerika im Foucault'schen Sinne als Heterotop, d. h. als Ort, der „sich auf alle anderen Plazierungen [bezieht], aber so, dass [er] die von diesen bezeichneten oder reflektierten Verhältnisse suspendier[t], neutralisier[t] oder umkehr[t]"[58], als eine Art „Widerlager", in dem „die wirklichen Plätze innerhalb der Kultur gleichzeitig repräsentiert, bestritten und gewendet sind"[59].

Angekündigt wird diese Methode der räumlichen Erinnerung bereits im Eingangszitat von Walter Benjamin zum Thema *Ausgraben und Erinnern*: „So müssen wahrhafte Erinnerungen/viel weniger berichtend verfahren/als genau den Ort bezeichnen,/an dem der Forscher ihrer habhaft wurde."[60] Als heterotope „Ausgrabungsstätte" des Vergangenen verstanden besitzt Amerika so den zitierten Spiegeleffekt, der sich mit Foucault folgendermaßen umschreiben ließe: Während die Protagonistin sich im Glas erblickt, erhält, vermittelt durch Amerika, der Platz, den sie einnimmt, Wirklichkeit und stellt ihn gleichzeitig in eine Verbindung zu seiner Entourage. Gleichzeitig bleibt dieses Amerika unwirklich, da es nur als virtueller Fluchtpunkt erscheint.[61] Oder, um es einfacher mit einem Zitat aus *Stadt der Engel* auszudrücken: „Das Verflixte ist [...] du kannst über die Geschichte von good old Europe nirgendwo besser arbeiten als hier in der Neuen Welt."[62]

Diese Spiegelungen durchziehen den gesamten Roman und dehnen sich von sehr individuellen Problemstellungen bis in Politik und Philosophie. Da ist Sally, die Feministin, die über die Trennung von ihrem Mann nicht hinwegkommt, da sind die anderen Residenten des Getty-Centers, vor allem Peter Gutman, der Nachbar und Freund, dem es nicht gelingt, ein Buch, an dem er seit Jahren schreibt, fertigzustellen. Die fremden Freunde und vertrauten Fremden können aus dieser Perspektive als Alter-Ego-Konstruktionen begriffen werden, d. h. Autor-Ich-Dissoziationen, die das Selbstgespräch der Erzählerin um weitere Stimmen – hier nicht nur zeitlich, sondern auch räumlich – erweitern.[63]

Die Emigrantenwelt stellt dabei zweifellos den wichtigsten Subtext des Heterotops dar und avanciert zu einer Art Paralleluniversum zur ohnehin facettenreichen Gedan-

---

57 So präsentiert Foucault seinen Ansatz einer Heterotopie explizit als Gegenentwurf zu den geschichtsphilosophischen Theorien des 19. Jahrhunderts: Der Epoche der Geschichte folgt, seiner Meinung nach, mit dem Strukturalismus nun die „Epoche des Raumes"; waren die Beziehungen zuvor historisch definiert, werden sie nun im Hinblick auf Nähe und Ferne definiert (ebd., S. 34). Zum Begriff der Heterotopie vgl. auch Rainer Warning: Heterotopien als Räume ästhetischer Erfahrung, München 2009.

58 Foucault, S. 38.

59 Ebd.

60 Wolf, Stadt der Engel, S. [7].

61 Vgl. Foucault, S. 39.

62 Wolf, Stadt der Engel, S. 16.

63 Gleiches gilt im Übrigen auch für die Traumsequenzen und -deutungen sowie den häufigen Rückgriff auf volkstümliche und/oder revolutionäre Gedichte und Lieder – Elemente, die sich an zahlreichen anderen Stellen im Werk von Christa Wolf finden.

kenwelt der Protagonistin, in dem – dem beschriebenen Spiegelungseffekt folgend – das gegenseitige Sich-Wiedererkennen-im-Anderen eines der zentralen Motive bildet. So finden sich unzählige Passagen, in denen die Romanfiguren beteuern, das eigene Schicksal im Fremden gespiegelt zu sehen. Ein Soziologe berichtet der Protagonistin von den Unruhen in den Armenvierteln: „Aber das kennt ihr ja" (S. 46), und über ein Essen mit einem befreundeten Ehepaar berichtet die Erzählerin:

> [Sie] *verhehlten nicht, daß sie die kapitalistische Wirtschaftsordnung wegen ihres Zwangs zu endlosem wirtschaftlichen Wachstum für pervers hielten, aber mit dieser Meinung könnten sie nicht an die Öffentlichkeit gehen, sagten sie, n o c h nicht. Nicht nur, weil das auf lange Sicht ihren Job gefährden könnte, sondern vor allem, weil kaum jemand sie verstehen würde. Man hat es doch fertiggebracht, den Leuten einzureden, sagte John, daß sie in der besten aller möglichen Welten leben, und solange sie das gegen allen Augenschein glauben, sind sie taub für andere Meinungen. Wahrscheinlich würden nur Katastrophen sie wachrütteln, und die könne man ja wirklich nicht herbeiwünschen. Bis dahin müßten sie die Zeit nutzen und überzeugende Fakten sammeln, aber auch, wenn möglich, Vorschläge für Alternativen entwickeln.*
> *Wie ich das kenne, sagte ich.*
> *Wie ich das kannte. Wie oft ich in den letzten Jahren, den Niedergang meines Landes beobachtend, die Zeilen des alten Goethe memoriert hatte, die beginnen: Wir wollen die Umwälzungen nicht wünschen, die in Deutschland klassische Werke vorbereiten könnten. „Literarischer Sansculottismus".*[64]

Als Heterotopie verstanden, sind solche und ähnliche immer wiederkehrende, einfach erscheinenden Gegenüberstellungen der (1992/93 aktuellen) Verhältnisse in Amerika und denen der (bereits untergegangenen) DDR nicht als nivellierende Analogiebildung zu verstehen. Die Vergleiche lassen sich nicht darauf beschränken, in zugegeben klischeehafter Manier die kapitalistischen Verhältnisse zu geißeln, sondern bilden umgekehrt vielmehr das Mittel zur Relativierung der eigenen Situation. Die Gesprächspartner, bei denen es sich (gleich ob sie Residenten des Centers sind oder nicht) fast ausnahmslos um jüdische Intellektuelle handelt, deren Familien emigrieren mussten, helfen der Erzählerin im Anderen, Fremden immer wieder das Eigene zu finden und darin – paradoxerweise – zu Erkenntnissen vorzudringen, die deutlich tiefer gehen als Wolfs oben zitierte, scharf kritisierte (spontane) Gleichsetzung ihrer Situation mit der der Emigranten der 1930er und 40er Jahre.[65] Es erscheint recht einfach: Dadurch, dass die Protagonistin den Amerikanern Deutschland erklärt, ist sie selber gezwungen, schmerzhafte Punkte zu relativieren und den Abstand zu gewinnen, den Jens (in seiner oben zitierten Reaktion auf Wolfs „Täterakte") einst von ihr forderte:

---

64 Wolf, Stadt der Engel, S. 77 f.

65 Auch wenn im Roman kein direkter inhaltlicher Bezug zum Streit über die eingangs zitierte Äußerung Wolfs zu finden ist, liegt die Vermutung nahe, dass sie das Thema auch aufgreift, um ihre damalige Äußerung zu reflektieren und in ein anderes Licht zu rücken. So werden die Geschichten um die (im Gespräch namentlich erwähnten) Häuser von Feuchtwanger und Neutra sorgfältig ausgearbeitet, Thomas Mann und Bertolt Brecht vielfach zitiert.

> *What about Germany today? Die Frage mußte kommen. Ich erinnere mich, daß ich mich, innerlich auf diese Frage gefaßt, um Objektivität bemühte. Der Fall der Mauer. Ja. Ein historisches Ereignis, das, ich zögerte, das zuzugeben, von den Demonstranten nicht erwartet und nicht beabsichtigt war. Ich zitierte Inschriften von Transparenten, die inzwischen schon verwelkt waren: Die Euphorie der Übergangszeit. Ich wollte die Menschen hier nicht enttäuschen, die erwarteten, daß im vereinten Deutschland jedermann glücklich sein müsse. Nein, von Enttäuschungen stand nichts in ihren Zeitungen. Nichts von Verlusten. Es wäre mir kleinlich vorgekommen, hier davon zu sprechen.*[66]

Darüber hinaus bildet das Emigrantenuniversum aber auch die formale Grundlage, auf der die verschiedenen Geschichten in phantastischer Weise in der überraschenden, aber sehr konstruiert wirkenden Auflösung des eigentlichen „Plots" der Geschichte – der Suche nach L. – zusammengeführt werden: So entpuppt sich Ruth, eine jüdische Emigrantin, die den Nationalsozialismus als „verstecktes Kind" überlebte und die Erzählerin mit anderen Exilanten zusammenbringt,[67] als die Unterzeichnerin der letzten Spur von L., der Nachricht, in der Emma mitgeteilt wurde, L. sei verstorben.[68] Gleichzeitig stellt sich heraus, dass der Philosoph, mit dessen Werk sich Peter Gutman seit Jahren verzweifelt beschäftigt, der (heimliche) Lebensgefährte eben jener L. gewesen ist.

Berücksichtigt man die beschriebenen Strukturmerkmale des Romans, erhält jedoch selbst der merkwürdige Ausgang der Geschichte einen tieferen Sinn: Setzt man beispielsweise das Initial in einen intertextuellen Zusammenhang zur polnischen Heimatstadt „L." in *Kindheitsmuster*, in welche die Erzählerin aufbricht, um ihre Kindheit zu ergründen, kann die Suche nach „L." durchaus als Chiffre für die eigene Identitätskrise und der damit verbundenen aufzuarbeitenden Geschichte gelesen werden: „MEINER EIGENEN FREMDHEIT NACHZUGEHEN/hatte ich lange vermieden, bis jetzt."[69]

Wie in *Kindheitsmuster* stellt auch in *Stadt der Engel* das „L." in gewisser Weise das Mittel zum Zweck dar. So fragt die Freundin Sally bei dem ersten Besuch der Protagonistin: „Wozu bist du eigentlich hier? Um Abstand zu gewinnen? Zu vergessen? Was willst du hier machen? Jemanden suchen, sagte ich."[70] Wenige Zeilen weiter im Zwischentext bemerkt die Protagonistin:

VIELLEICHT IST ES UNS AUFGEGEBEN, DEN BLINDEN FLECK, DER ANSCHEINEND IM ZENTRUM UNSERES BEWUSSTSEIN SITZT UND DESHALB VON UNS NICHT BEMERKT WERDEN KANN, ALLMÄHLICH VON DEN RÄNDERN HER ZU VERKLEINERN. SO DASS WIR ETWAS MEHR RAUM GEWINNEN, DER UNS SICHTBAR WIRD. BENENNBAR WIRD. ABER, SCHRIEB ICH, WOLLEN WIR DAS ÜBER-

---

66 Ebd., S. 129.
67 Ebd.
68 Ebd., S. 67.
69 Ebd., S. 120.
70 Ebd., S. 48.

HAUPT. KÖNNEN WIR DAS ÜBERHAUPT WOLLEN. IST ES NICHT ZU GEFÄHRLICH. ZU SCHMERZHAFT.[71]

Begreift man Emma sowie ihre Korrespondentin als weitere Facetten der Ego-Pluralität der Autorin, können die Briefe indes auch als eine metaphorische Transformation der „Akteneinsicht" gelesen werden.

> *Ich gab mir zu, daß ich einen Stich von Eifersucht empfunden hatte, als mir in dem alten Vulkanfiberkoffer, dem Nachlaß meiner Freundin Emma, dieses Briefbündel in die Hände fiel, in einem großen braunen Umschlag, auf dem in Emmas Schrift in einer Ecke mein Name stand und in der Mitte mit dickem schwarzen Stift der große Buchstabe „L" – derselbe Buchstabe, mit dem die Schreiberin ihre Briefe unterzeichnet hatte. Emma hatte all die Jahre über, in denen ich glaubte, ihre engste Vertraute zu sein, mit dieser L. korrespondiert, ohne mir etwas davon zu sagen. Sei nicht kindisch, mußte ich mir zureden, und nimm das nicht als Vertrauensbruch. War Emma etwa verpflichtet, dir alles und jedes zu sagen. Die Bekanntschaft Emmas mit L. hatte weit in die Vergangenheit zurückgereicht, in die zwanziger Jahre. Als ich geboren wurde, war Emma schon in der Kommunistischen Partei und vermutlich befreundet mit „L". Daß sie ausdrücklich mir diese Briefschaften hinterließ, war mir eine Art Trost und ein Beweis ihres ungetrübten Vertrauens, ich empfand aber auch eine Aufforderung, mich um den Bereich ihres Lebens zu kümmern, den sie vor mir verborgen hatte. Hätte sie nicht sonst diese Briefe vernichtet ehe sie starb?*[72]

Es geht um einen Verrat, der keiner ist, es geht um eine Freundschaft, die durch ein Geheimnis in Frage gestellt wird, auch wenn dieses Geheimnis eigentlich an sich kein Problem darstellt. Es geht um die Hemmung, welche die Protagonistin zu überwinden hat, um in Briefen zu lesen, die nicht für sie geschrieben wurden.[73] In diesem Sinne gelingt es der Autorin, über das stillstehende Paralleluniversum der Emigrantenwelt einen neuen Zugang zum eigenen Ich und seiner Geschichte – inklusive seiner Täter- und Opferschaft – zu finden.

Von Monstern und Engeln

> *DER GLÜCKLOSE ENGEL. Hinter ihm schwemmt Vergangenheit an, schüttet Geröll auf Flügel und Schultern, mit Lärm wie von begrabnen Trommeln, während vor ihm sich die Zukunft staut, seine Augen eindrückt, die Augäpfel sprengt wie ein Stern, das Wort umdreht zum tönenden Knebel, ihn würgt mit seinem Atem. [...] Dann schließt sich über ihm der Augenblick: auf dem schnell verschütteten Stehplatz kommt der glücklose Engel zur Ruhe, wartend auf Geschichte*

---

71 Ebd.
72 Ebd., S. 62 f.
73 Vgl. ebd., S. 65.

in der Versteinerung von Flug Blick Atem. Bis das erneute Rauschen mächtiger
Flügelschläge sich in Wellen durch den Stein fortpflanzt und seinen Flug anzeigt.
Heiner Müller, 1958[74]

Wiewohl die beschriebenen Erinnerungs- und Erzählstrategien vielfach bereits in früheren Texten zu finden sind, handelt es sich bei *Stadt der Engel* dennoch um kein formales Remake. So transformiert sich jene in *Kindheitsmuster* und *Was bleibt* eindeutig negativ konnotierte „dritte Person" bzw. der problematische „Dritte in mir" hier nun zum „Tonband im Kopf, das Tag und Nacht läuft"[75] und schließlich auf kuriose Weise gar in einen Engel: Nach dem Besuch der „First African Methodist Episcopal Church" wird ohne weitere Erklärung „Angelina" eingeführt, die – in indirekter Rede und ohne sichtbare religiöse Konnotationen – den inneren Monolog der Erzählerin weiter öffnet. Das unvermittelte Auftauchen des Engels scheint den Titel des Romans (wenngleich nur unvollständig) zu klären und überrascht angesichts der perspektivischen Vielstimmigkeit des Romans. Die Erzählerin begnügt sich mit einem kurzen (selbstironischen) Hinweis auf die Abergläubigkeit der meisten Menschen:

> *Übrigens habe ich nicht vor, mich für das Auftreten des Engels Angelina zu rechtfertigen oder irgendwelche Erklärungen abzugeben. Nach Umfragen glauben sechsundachtzig Prozent der Amerikaner an Wunder und natürlich auch an überirdische Wesen, zum Beispiel an Engel. […] Und natürlich glaubte und glaube ich, eine unerschütterliche Anhängerin der Aufklärung, nicht an derartige Vorkommnisse, das soll ein für allemal klar sein.*[76]

Tatsächlich knüpft die Figur in eindeutiger Weise an Walter Benjamins „Engel der Geschichte" an, auf den bereits an früherer Stelle angespielt wird, als die Erzählerin versucht, das eigene „Monstersein", d. h. also die eigene Täterschaft, rückblickend zu durchdringen:

> *Ich weiß nicht, sagte ich, sind wir nicht vielleicht ursprünglich Monster?*
> *Ein Sturm weht vom Paradiese her, sagte Peter Gutman. Der treibt den rückwärts fliegenden Engel der Geschichte vor sich her. Doch er macht kein Monster aus ihm.*
> *Aber hinten hat er keine Augen, sagte ich. Das nicht, sagte Peter Gutman. Das ist es eben: Er ist blind.*
> *Geschichtsblind, sagte ich.*
> *Schreckensblind, wenn Sie so wollen, Madame.*[77]

---

74 Heiner Müller: Material, Leipzig 1989, S. 7.
75 Wolf, Stadt der Engel, S. 123. Bereits in der Erzählung „Begegnung Third Street" taucht dieses Tonband in deutlich selbstreferenzieller Weise auf: „Doch wohl nicht, denke ich, während das andere Tonband in meinem Kopf, von dem die Rede noch nicht war, weiterläuft, es kann ja von allem, was gleichzeitig geschieht, nicht gleichzeitig die Rede sein, denke ich nicht ohne Bedauern […]." (Christa Wolf: Begegnung Third Street, in: dies.: Hierzulande. Andernorts, S. 7 f.).
76 Wolf, Stadt der Engel, S. 333.
77 Ebd., S. 141.

Der doppeldeutige Rückgriff auf Benjamins „Engel der Geschichte" und die offensichtliche „Verdrehung" von Benjamins fortschrittspessimistischer Interpretation des Klee'schen *Angelus Novus* in *Über den Begriff der Geschichte*,[78] welcher gleichzeitig der Historie jede mögliche Sinngebung abspricht, ist alles andere als zufällig. So erhielten jene, wie Wolfgang Matz anlässlich ihrer Neuedition bemerkte, „ausdrücklich nicht zum Druck bestimmt[en]" Fragmente, bekanntlich schnell eine sowohl wissenschaftliche wie politische Tragweite, die

> *ihren Höhepunkt in der Epoche der großen marxistischen Theoriebildungen der sechziger und siebziger Jahre erreichte. Die „Thesen", das war zugleich rätselhafte Orakelrede über Theologie und Engel wie auch Versprechen für die geschichtssprengende Kraft des „historischen Materialismus", das waren lauter letzte Worte, mit denen die alte Geschichtsphilosophie an ihr Ende kam und ihr zugleich ein Neubeginn versprochen wurde.*[79]

Der Engel bei Benjamin ist alles andere als geschichts- oder schreckensblind, sondern zukunftsblind: Vom Sturm (den wir „den Fortschritt nennen") der Zukunft entgegen getrieben, starrt er, dieser den Rücken zugewandt, mit weit aufgerissenen Augen auf die sich von ihm entfernende Vergangenheit, auf Trümmer und Katastrophen. Bei Christa Wolf transformiert sich Benjamins „Engel der Geschichte" an der zitierten Stelle nun gewissermaßen in einen „Engel der Zukunft", der „geschichtsblind" und „schreckensblind" auf die Utopie starrt und darin unerbittlich auf jenen weißen Fleck der Erinnerung in den 1950er Jahren weist, mit der das „Du" das „Ich" beständig zu konfrontieren sucht: der „blinde" Glaube an die Zukunft des Kommunismus und die Unfähigkeit, sich mit seinen real existierenden Schrecken auseinanderzusetzen.

Vor diesem Hintergrund kann der Engel Angelina als Chiffre für die Überwindung einer existenziellen Krise verstanden werden. Der der menschlichen Natur notwendigerweise innewohnende Antagonismus von Erinnern und Vergessen, den der Benjamin'sche Engel in seinem hypertrophierten Blick auf das Vergangene negiert, ist Spiegel der systemischen Erniedrigung und Beleidigung durch die freiwillige aber zwanghafte Rezeption der Stasi-Akten: Diese stellt dem Wunsch nach einer Transzendierung des eigenen Daseins, nach einer (ohne Vergessen unmöglichen) Sinngebung, durch die Aneinanderreihung sinnloser Fakten die „brutale Banalisierung"

---

78 Vgl. hierzu: Walter Benjamin: Über den Begriff der Geschichte, in: ders.: Illuminationen, Frankfurt a. M. 1980, S. 255: „Es gibt ein Bild von Klee, das Angelus Novus heißt. Ein Engel ist darauf dargestellt, der aussieht, als wäre er im Begriff, sich von etwas zu entfernen, worauf er starrt. Seine Augen sind aufgerissen, sein Mund steht offen und seine Flügel sind ausgespannt. Der Engel der Geschichte muß so aussehen. Er hat das Antlitz der Vergangenheit zugewendet. Wo eine Kette von Begebenheiten vor uns erscheint, da sieht er eine einzige Katastrophe, die unablässig Trümmer auf Trümmer häuft und sie ihm vor die Füße schleudert. Er möchte wohl verweilen, die Toten wecken und das Zerschlagene zusammenfügen. Aber ein Sturm weht vom Paradiese her, der sich in seinen Flügeln verfangen hat und so stark ist, daß der Engel sie nicht mehr schließen kann. Dieser Sturm treibt ihn unaufhaltsam in die Zukunft, der er den Rücken kehrt, während der Trümmerhaufen vor ihm zum Himmel wächst. Das, was wir den Fortschritt nennen, ist dieser Sturm."

79 Wolfgang Matz: Der Engel der Editionsphilologie muss so aussehen. Wie ein heiliger Text der Philosophie sich in ein Konvolut von Fragmenten auflöst: Walter Benjamins letzte Aufzeichnungen „Über den Begriff der Geschichte" in einer kritischen Ausgabe, in: Frankfurter Allgemeine Zeitung, 3.8.2010.

des Lebens entgegen.[80] Die kulturgeschichtlich in der Philosophie des Abendlandes angelegte Idee, sich über die Erzählung, den Mythos, zu reinigen und damit zu befreien, wird im Stasi-Archiv zum aufklärerischen Zwang, zu der es keine rationale Alternative geben kann. Das entstehende aporetische Unbehagen kann nur durch eine übernatürliche Figur aufgelöst werden.

Verstanden als heterotoper Spiegel und Mittel der Distanzschaffung, kann Wolfs Darstellung der USA keinesfalls als klischeefrei bezeichnet werden,[81] doch selbst die stereotypen Gegenüberstellungen von Kommunismus und Kapitalismus sowie die Beschreibung der Hopi-Reservate, die auf den ersten Blick wie ein billiger Abgesang auf den Untergang der DDR erscheinen, erhalten vor diesem Hintergrund eine andere Dimension. So kommt die rückblickende Darstellung der Erzählerin ihrer Amerikareise mit dem Ziel der „Genesung" von einer unheimlichen Krankheit erstaunlich nah an die Definition des Warburg'schen Distanzschaffens, von dem hier zu Beginn bereits die Rede war. Erinnert sei in diesem Kontext auch an Aby Warburgs Vortrag *Reise-Erinnerungen aus dem Gebiet der Pueblo-Indianer in Nordamerika* in der Nervenheilanstalt Kreuzlingen sowie dessen ungewöhnliche Umstände.[82] Ernst Gombrich zufolge wählte Warburg dieses Thema, damit er „durch ihre Beschreibung ausreichend ‚Distanz' zurückgewinnen würde, um jenes seelische Gleichgewicht zu erreichen, das er schon immer als etwas sehr Gefährdetes erlebt hatte."[83]

Auch wenn auf die komplexen Implikationen des Warburg'schen Vortrags hier nicht näher eingegangen werden kann, lässt sich zumindest in formaler Hinsicht eine Parallele zu Christa Wolf konstatieren. Ähnlich wie Warburg, der vermittelt durch diese „Distanzschaffung" über die Beschreibung des Universums der amerikanischen Urbevölkerung und deren Riten seine zivilisierte Selbstbeherrschung wieder findet, gelingt es der Ich-Erzählerin in *Stadt der Engel*, durch das Heterotop Amerika das verlorene Gleichgewicht zwischen Vergangenheit und Zukunft wieder herzustellen: Nach einem Fieberanfall kann sie die „Krankheit", begleitet von Angelina überwinden[84] und fliegt am Ende der Geschichte – gleichermaßen befreit von den Schreckensbildern der Vergangenheit wie den Zukunftsvisionen – mit ihrem „Engel" zurück nach Europa: Das genaue Ziel ist aber auch Angelina nicht bekannt.

---

80 Vgl. Wolf, Stadt der Engel, S. 183 f.: „Es war die brutale Banalisierung eures Lebens auf diesen hunderten von Seiten. Die Gewöhnlichkeit, mit der diese Leute euer Leben ihrer Sichtweise anpaßten."

81 Im Gegenteil lassen sich gerade hinsichtlich der Gegenüberstellung von Kommunismus und Kapitalismus an zahlreichen Stellen recht einfach gestrickte Stereotype finden, auf die auch in positiven Rezensionen – wie beispielsweise der bereits zitierten Besprechung Kämmerlings in der FAZ (vgl. Anm. 49) – kritisch hingewiesen wurde. Besonders problematisch erscheint so beispielsweise Wolfs Exkurs über den amerikanischen Umgang mit der Aufarbeitung der durch den CIA begangenen Verbrechen, auf den an dieser Stelle jedoch nicht näher eingegangen werden kann, vgl. Wolf, Stadt der Engel, S. 176.

82 Zu den Hintergründen vgl. Gombrich, S. 295: „Der Ausbruch von Warburgs Geisteskrankheit fiel zeitlich mit der militärischen Niederlage Deutschlands im Oktober 1918 zusammen. Warburg wurde in verschiedene Nervenheilanstalten eingeliefert [...]. Sein Zustand schien einige Jahre lang hoffnungslos zu sein. 1923 trat plötzlich ein Umschwung in Warburgs Befinden ein, er begann sich zu erholen. Er fragte seine Ärzte, ob man ihn entlassen könne, wenn er seine Selbstbeherrschung dadurch beweise, daß er den Patienten des Sanatoriums einen Vortrag hielt. Die Ärzte stellten sich dieser Herausforderung, obwohl sie ihm diesen Kraftakt kaum zutrauten. Aber sie sollten sich irren. Warburg wählte als Vortragsthema seine Erlebnisse bei den nordamerikanischen Indianern, die schon sechsundzwanzig Jahre zurücklagen [...]."

83 Ebd.

84 Vgl. Wolf, Stadt der Engel, S. 335.

Trotz der offensichtlich gewollten Nähe zu den persönlichen Erfahrungen der Autorin sind die Auseinandersetzungen mit dem Vergangenen offensichtlich nicht psychologisch inspiriert. Angesichts der deutlich konstruierten Uneindeutigkeit des Stils – jenes in der DDR erlernten doppeldeutigen Schreibens, das Wolf immer noch meisterhaft beherrscht – erschiene es verfehlt, dem Text die Eindeutigkeiten abringen zu wollen, die er faktisch – und das meint hier ästhetisch – eben gerade in Frage stellt. Verstanden als künstlerische Aufarbeitung der Geschichte mit den Mitteln der Literatur ist der Roman insofern auch nur bedingt autobiographisch zu lesen. Im Gegenteil macht die ausgefeilte Montagetechnik deutlich, dass jeder Versuch der Ich-Rekonstruktion Fiktion ist. Verstanden als Backstory kommt den autobiographischen Bezügen im Roman eine rein strukturelle Bedeutung zu. In diesem Sinne ist die historische Erkenntnis über „Täter und Tabus", die sich aus *Stadt der Engel* gewinnen lässt, methodischer Natur und betrifft vor allem die Spannung von Wirklichkeit und Wahrheit: Die Literatur bietet die einzige Hoffnung auf Rettung vor der Vergangenheit, da sie diese menschen-möglich werden lässt. Oder, um – umgekehrt – mit Freud zu schließen: „Der Gegensatz zu Spiel ist nicht Ernst, sondern – Wirklichkeit."[85]

---

85 Sigmund Freud: Der Dichter und das Phantasieren, in: Jannidis Fotis u.a. (Hg.): Texte zur Theorie der Autorschaft, Stuttgart 2000, S. 36.

CHRISTIAN KRIJNEN

Vom Sinn der Toleranz

Wenn darum den Mufti die Lust überkommen sollte, zu den Christen einige Missionare zu entsenden, wie der Papst solche nach Indien schickt, und man diese türkischen Missionare dann dabei überrascht, wie sie in unsere Häuser eindringen, um ihre Aufgabe als Bekehrer zu erfüllen, so glaube ich nicht, daß man befugt wäre, sie zu bestrafen. Denn wenn sie die gleichen Antworten gäben wie die christlichen Missionare in Japan im ähnlichen Fall, nämlich daß sie aus Eifer gekommen seien, die wahre Religion denen, die sie noch nicht kannten, bekannt zu machen und für das Heil ihrer Nächsten […] zu sorgen […], – wenn man dann […] diese Türken aufknüpfte, wäre es dann eigentlich nicht lächerlich, es schlecht zu finden, wenn die Japaner ebenso handelten?

Pierre Bayle (Commentaire philosophique ... II, 7, 1686)[1]

I.

Wer sich mit dem Thema „Political Correctness" auseinandersetzt, dem kann nicht verborgen bleiben, dass es mit dem der „Toleranz" eng verbunden ist.[2] Ein umfassendes Verständnis des ersteren erfordert daher die Einbeziehung des letzteren, und damit der Philosophie. Denn außer der Tatsache, dass die Toleranzidee zu den bedeutendsten Grundsätzen gehört, welche die abendländische Geistesgeschichte hervorgebracht hat, waren es nicht zuletzt Philosophen und Rechtsgelehrte (wie Grotius, Spinoza, Montesquieu, Locke, Bayle, Rousseau, Voltaire, Mirabeau, Pufendorf, Thomasius, Leibniz, Kant, John Stuart Mill), die den Toleranzgedanken geprägt haben (von Dichtern wie Lessing, Schiller oder Goethe ganz zu schweigen). Vorläufer hatten sie besonders im Humanismus (etwa Marsilio Ficino, Pico della Mirandola, Nikolaus von Kues, Erasmus von Rotterdam, Sebastian Castellio oder Thomas Morus). Problemgeschichtlich betrachtet zielen deren Bemühungen auf eine rationale Begründung der Toleranz. Was aber soll dies heißen: „rationale Begründung der Toleranz"? Bevor ich dieser Frage historisch (II) und systematisch (III, IV) nachgehe, vorab noch eine einleitende Bemerkung den Kontext des Toleranzproblems und den Sinn meiner philosophischen Erörterung dieses Problems betreffend.

Obwohl Toleranz eine ältere Vorgeschichte hat, ist die klassische europäische Idee der Toleranz zweifelsohne ein Kind der Glaubenskriege der Reformationszeit. Die Zerstörung der politischen Einheit im Namen einander feindlicher Glaubenshaltungen hat die Gestaltung des modernen säkularisierten Staates erheblich vorangetrieben, und zwar aus dem Bedürfnis nach Frieden und Rechtssicherheit für alle Bürger heraus: Auf welcher Basis ist ein friedliches Zusammenleben von Angehörigen ver-

---

1 Zit. nach Hans R. Guggisberg (Hg.): Religiöse Toleranz, Stuttgart 1984, S. 225.
2 Vgl. etwa Ariane Manske: Political correctness und Normalität. Die amerikanische PC-Kontroverse im kulturgeschichtlichen Kontext, Heidelberg 2002. Für die Situation in den Niederlanden vgl. Herman Vuijsje: Correct. Weldenkend Nederland sinds de jaren zestig, 3. erw. Aufl., Amsterdam 2008.

schiedener Glaubensrichtungen möglich? Aus diesem Problemkontext speist sich der Sinn der uns in der westlichen Welt heute so geläufigen Rede von der „Toleranz". Zweifellos ist der Fall der Religionsfreiheit der exemplarische, an dem sich die Idee der Toleranz studieren lässt; entsprechend prominent ist er in der philosophischen Literatur zum Thema präsent.

Dies ist insofern ein glücklicher Umstand, als heute die Religion in westlichen Ländern eine wieder erstarkte Rolle im öffentlichen Raum spielt. Der niederländische Theologe Harry Kuitert hat das Gespenst neuer Glaubenskriege schon an die Wand gemalt.[3] Tatsächlich rufen Phänomene wie die Kopftuchaffäre, die Kruzifix-Urteile, der Mord an Theo van Gogh und der Streit um die Mohammed-Karikaturen Geister auf den Plan, die eine wesentliche Einsicht des Toleranzgedankens am liebsten zunichte machten, nämlich die Trennung von Staat (weltlicher Autorität) und Religion bzw. Kirche (geistlicher Autorität) und damit auch die von öffentlich und privat, d. h. von individueller Religiosität bzw. individuellem Gewissen und institutionalisierter Religiosität bzw. Kirche – mit dem Argument, gerade eine zeitgemäße Demokratie müsse doch widerspiegeln, dass die Religion heute eine neue Rolle spiele.

Indes hatte das wegweisende Edikt von Nantes (1598) den Versuch gemacht, die Dimension subjektiver Überzeugungen, Glaubensbekenntnisse etc. von der (konfessionell neutral ausgelegten) politischen der Bürgerrolle abzukoppeln, um auf diese Weise latenten Bürgerkriegen aufgrund von Glaubensdifferenzen vorzubeugen: Glaube was Du willst, aber halte Dich an die öffentlichen Normen, so hat Rüdiger Bubner das Toleranzangebot beschrieben.[4] Gleichwohl spricht vieles dafür, die Geschichte der Toleranz anders als Bubner weniger als eine der Entkoppelung, sondern vielmehr der Rückkoppelung zu denken. Sie ist im Wesentlichen das Bemühen, das Verhältnis von religiösen Überzeugungen und religiösem Handeln, das immer soziales Handeln, d. h. Handeln in sozialen Verhältnissen ist, in ein vernünftiges, den Bedingungen der Vernunft adäquates Verhältnis zu setzen. Die Geschichte der Toleranz kann somit als der Versuch einer praktischen Neugestaltung und theoretischen Neubestimmung und -begründung des Verhältnisses von politischem Gemeinwesen und Religionsgemeinschaft samt der in ihnen agierenden Individuen bezeichnet werden. Dieses Verhältnis ist letztlich keineswegs auf die religiöse Sphäre beschränkt, sondern durchzieht den Gesamtbereich des Humanen: der Kultur. In Anbetracht unserer heutigen Probleme hat die Geschichte der Toleranz nichts an Aktualität eingebüßt.

Freilich, wie überhaupt das Problem der Philosophie das der Bestimmtheit und der Geltung ist, eine philosophische Einführung also nicht ein bloß historischer Überblick über das zum Thema Behauptete sein kann, so muss im Folgenden die Geltung und Bestimmtheit von Toleranz das Thema sein. Es trifft sich daher gut, dass historisch gesehen Toleranz weder eine unumstrittene Handlungseinstellung noch ein eindeutig und klar bestimmter Begriff ist.[5] In Anbetracht dessen, dass Toleranz

---

3 Harry Kuitert: Dat moet ik van mijn geloof. Godsdienst als troublemaker in het publieke domein, Kampen 2008.

4 Rüdiger Bubner: Zur Dialektik der Toleranz, in: ders.: Drei Studien zur politischen Philosophie, Heidelberg 1997, S. 47–62, hier S. 47.

5 Vgl. zur Begriffs- und Problemgeschichte von Toleranz etwa: Gerhard Besier/Klaus Schreiner: Toleranz, in: Geschichtliche Grundbegriffe, hg. von Otto Brunner u. a., Bd. 6, Stuttgart 1990; Bubner, Dialektik der

zudem einen normativen Sachverhalt ausdrückt und insofern einen Geltungsanspruch an die Menschen stellt, ist das Grundproblem geradezu die Rechtfertigung dieses Anspruchs und damit die Rechtfertigung von Toleranz selbst.[6]

II.

Betrachtet man vom Gesichtspunkt der Vernunft wichtige Stationen der realgeschichtlichen abendländischen Entwicklung neuzeitlicher religiöser Toleranz (Religionsfreiheit), dann muss man zunächst verstehen, dass sie sich von dem mittelalterlichen Vorgängermodell absetzt. Obwohl die mittelalterliche Christenheit keineswegs durchgehend intolerant ist,[7] vermengen sich in der Patristik zunehmend Religion und Politik, Geistliches und Weltliches; religiös widerspenstiges Verhalten mutiert sogar zu einem fundamentalen, staatlich geahndeten Verbrechen gegen die bürgerliche Ordnung; ab dem 11. Jahrhundert droht dem Häretiker gar die Todesstrafe. Im 16. Jahrhundert, dem Zeitalter der Reformation, brechen dann die religiösen Konflikte in aller Schärfe und Härte aus. Die Idee der religiösen Toleranz bedarf der Neubegründung.

Die Neubegründung der Toleranz wird schon vorbereitet von den die Gewalt gegen Ketzer ablehnenden christlichen Humanisten wie etwa Nikolaus von Kues, Erasmus von Rotterdam oder Sebastian Castello. Obwohl deren Versöhnungsversuche noch ganz vom Gedanken der Einheit des Christentums als *religio una in rituum varietate* geleitet sind, vertreten sie die Auffassung, dass weltliche und kirchliche Autorität sowie kirchliche Autorität und individuelle Religiosität zu trennen seien. Die mystisch-spiritualistischen Bestrebungen der Zeit plädieren ohnehin gegen jegliche Knechtschaft auf religiösem Gebiet und für die Religionsfreiheit des Einzelnen.

Ab der zweiten Hälfte des 16. Jahrhunderts wird religiöse Toleranz zum Rechtsbegriff. An die Stelle theologischer Argumentationen treten vor allem politischrechtliche: Regierungen erlassen Toleranzakte, die Volk und Beamtenschaft zu einem toleranten, um „Duldung" konfessionell Andersgläubiger bemühten Verhalten verpflichten. Solche Toleranzakte werden freilich ungern erlassen und entsprechend eingeschränkt oder widerrufen, sobald sich eine günstige Gelegenheit bietet. Dennoch setzt sich trotz der immer wiederkehrenden Widerstände von Gläubigen, Kirchen

---

Toleranz; Julius Ebbinghaus: Über die Idee der Toleranz. Eine staatsrechtliche und religionsphilosophische Untersuchung (1950), in: ders.: Gesammelte Schriften, Bd. 1, hg. von Georg Geismann/Hariolf Oberer, Bonn 1986, S. 299–332; Rainer Forst (Hg.): Toleranz. Philosophische Grundlagen und gesellschaftliche Praxis eines umstrittenen Tugend, Frankfurt a. M. 2000. Jürgen Habermas: Wann müssen wir tolerant sein? Festvortrag zum Leibniztag der Berlin-Brandenburgischen Akademie der Wissenschaften am 29.6.2002: http://www.bbaw.de/schein/habermas.html; Claudia Herdtle/Thomas Leeb (Hg.): Toleranz. Texte zur Theorie und politischen Praxis, Stuttgart 1987; Otfried Höffe: Pluralismus und Toleranz. Zur Legitimation der Moderne, in: ders.: Den Staat braucht selbst ein Volk von Teufeln. Philosophische Versuche zur Rechts- und Staatsethik, Stuttgart 1988, S. 105–124; Gustav Mensching: Toleranz, eine Auseinandersetzung der Religionen (1953), in: ders.: Aufsätze und Vorträge zur Toleranz- und Wahrheitskonzeption, hg. von Hamid Reza Yousefi, Würzburg 2002, S. 143–152; Heinrich Schmidinger (Hg.): Wege zur Toleranz. Geschichte einer europäischen Idee in Quellen, Darmstadt 2002. Für weitere bibliographische Hinweise vgl. Forst, Einleitung, in: ders. (Hg.), Toleranz, S. 7–25, hier S. 19 und Schmidinger, S. 308 ff.

6 Forst bezeichnet dies als „konzeptionell gesehen den am meisten diskutierten Punkt" (Forst, Einleitung, S. 9).

7 Beispielsweise tritt das Edikt von Mailand (313) für Glaubensfreiheit, Trennung von Staat und Kirche sowie Straffreiheit für Religionsdelikte ein, wenn auch nicht vor dem modernen Hintergrund aufeinander prallender monotheistischer Konfessionen bzw. Religionen.

und Regierenden die Religionsfreiheit gegen die mittelalterliche Verknüpfung von Staat und Kirche durch. Staatliche Einheit und religiöse Einheit stehen nicht mehr auf derselben Ebene. Der Toleranzgedanke und mit ihm die Vorstellung einer konfessionellen, gar religiösen Neutralität des Staates bzw. einer Ermöglichung von Religionsfreiheit sprengt den tradierten Imperativ „ein Glaube, ein Gesetz, ein König". Staat und Religion bzw. Kirche werden zu relativ autonomen Gebilden.

Gerade das 17. Jahrhundert, vom Dreißigjährigen Krieg gezeichnet, hat dabei mit Baruch de Spinozas *Tractatus Theologico-Politicus* (1670), Pierre Bayles *Commentaire philosophique sur les paroles des Jésus-Christ* (1686) und John Lockes *Letter Concerning Toleration* (1689) bedeutsame philosophische Beiträge zur Idee der Toleranz geliefert. Wie es überhaupt in der europäischen Aufklärung als geistigem Aufbruch zur „Vernunftherrschaft" darum geht, die Orientierung menschlichen Denkens, Wollens und Handelns von der Unterwerfung unter fremde Autoritäten (Heteronomie) zu befreien und unter die Ägide der Selbstbestimmung (Autonomie) zu stellen, so kommt es bei jenen bedeutenden Versuchen einer Neubegründung von Toleranz und Religionsfreiheit zu der Auffassung, dass das Recht auf freie Religionsausübung ein fundamentales persönliches Freiheitsrecht, ein „Recht der Menschheit", ein „Menschenrecht" ist – also weder von Staat noch Kirche abhängt, sondern über diesen Institutionen steht. Dies beinhaltet zugleich die Fortsetzung der Tendenz zu einer überkonfessionellen, säkularen Auffassung des Staates, zur Trennung der Rolle des Menschen als Bürger einer Gesellschaft von der als Angehöriger einer Religion bzw. Kirche, zur Anerkennung der Religions- und Gewissensfreiheit. Religion hat, mit dem Aufklärer Kant gesprochen, ihren Platz innerhalb der Grenzen der Vernunft. Toleranz wird somit an die Vernunft rückgebunden, nicht irgendwie in irgendeiner göttlichen Offenbarung begründet.

Heute freilich geht es in der Toleranzdebatte nicht nur um die Koexistenz der großen Weltreligionen, sondern überhaupt um die Anerkennung einer Vielfalt von Überzeugungen und ihren Manifestationen. Die religiöse Toleranz fungiert zwar als das Paradigma von Toleranz überhaupt; Toleranz in diesem weiten Sinne aber bezieht sich auf das Verhalten gegenüber Andersdenkenden und -handelnden überhaupt. Insofern ist Toleranz Grundbestandteil einer, wie man sagt, politisch-liberalen Gesellschaftsordnung. Toleranz umfasst damit religiöse Toleranz, soziale Toleranz, politische Toleranz usw. – kurz: sie ist kulturelle Toleranz. Als kulturelle Toleranz bezieht sie sich generell auf die Selbst- und Weltgestaltung des Menschen. Dessen moderne Welt ist keine relativ homogene wie die Welt der alteuropäischen Gesellschaften, sondern eine stark ausdifferenzierte. Sie ist durch die Glaubenskriege, die Aufklärung, die bürgerliche und industrielle Revolution hindurchgegangen und hat dabei die ihr eigene Heterogenität von Lebensformen gewonnen. Die mit der Religionsfreiheit begonnene Toleranz kulminiert qua kulturelle Toleranz darin, ein modus vivendi zu sein, der die Selbstbestimmung des Menschen als die ihm eigene Aufgabe und Möglichkeit ebenso anerkennt wie die unterschiedlichen Überzeugungen und Lebensweisen von Menschen.

III.

Dass in der Diskussion religiöse Toleranz als Paradigma fungiert, besagt auch, dass in heutigen Debatten um die „multikulturelle Gesellschaft" Aspekte der klassischen Toleranzdebatte wiederkehren. Wir können also aus der Geschichte lernen, wenn wir uns nur der Anstrengung unterziehen, sie uns intellektuell anzueignen. Philosophisch bedeutsam bei dieser Rückkehr von Bekanntem sind vor allem die Begründungsstrategien für Toleranz: Warum tolerant sein? Das Beispiel der Religion ist deshalb so lehrreich, weil es zeigt, wie überhaupt mit fundamentalen kognitiven Differenzen im praktischen Kontext sozialen Handelns umzugehen ist. Im Kampf um religiöse Toleranz spielen zwar klassischerweise Argumente eine Rolle, die darauf hinauslaufen, dass der lebendige Glaube sich nicht erzwingen lasse; freie Gottesverehrung ein Menschenrecht sei; Religionen bzw. Konfessionen tolerante Gehalte innewohnten – etwa im Christentum das Prinzip der Liebe, Gegenseitigkeit, der Gerechtigkeit, der Nachfolge Jesu usw. –, die eine Verfolgung Andersgläubiger verbieten würden. Dem mag so sein. Um der Sache, der Begründung von Toleranz, auf den Grund gehen und aus diesem eine allgemein menschliche Verpflichtung zur Toleranz gewinnen zu können, muss man aber weniger auf die Argumente ihrem Inhalt nach achten als vielmehr auf deren Form: Welchen Bedingungen müssen Argumente genügen, damit man sie überhaupt als allgemeinverbindliche und damit auch Religionen und Konfessionen übergeordnete Argumente für Toleranz in Anspruch zu nehmen vermag? Philosophisch gesehen müssen wir uns also auf die Suche begeben nach einer höheren Ebene geistiger Zusammenhänge.

Diesbezüglich ist es in einem ersten Schritt lohnenswert, einige Begründungsstrategien zu betrachten, die in der Toleranzdebatte eine Rolle gespielt haben, und dabei auf die Prinzipien zu achten, aus denen die jeweiligen Argumentationen ihren Sinn und Wert schöpfen:

(a) Toleranz kann ein Gebot der Klugheit, also aus pragmatischen Gründen geboten sein. So ist sie nicht nur ein Spielball jeweiliger Kosten-Nutzen-Erwägungen, zugleich hat sie als pragmatische Größe darüber hinaus keinen Wert, kann also nicht als allgemeines Menschenrecht in Anspruch genommen werden. Vielmehr geht es darum, eine gewünschte gesellschaftliche Einheit zu erhalten; dazu ist Toleranz „nützlich", also „instrumentell", d. h., nur „bedingt" gut: Sie ist gut in Bezug auf ein vorausgesetztes, in seinem normativen Gehalt selbst nicht thematisches Ziel.

(b) Eine Variante dieser philosophisch unzureichenden Form von Toleranzbegründung ist der Rekurs auf Glaube, „heilige Schriften", Tradition und Überlieferung, wie wir sie etwa aus den Religionen kennen. Für den, der ihre Gehalte nicht anerkennt, fungieren derartige Quellen nicht als Verpflichtungsgrund, können sie als das, was sie sind – als in ihrer Geltung, in ihrem normativen Gehalt Vorausgesetztes –, nicht als Verpflichtungsgrund fungieren. Zwar liefern die Religionen zweifelsohne eine Vielzahl wichtiger Gründe für Toleranz; als religiöse Gründe jedoch ist ihre Geltung beschränkt auf die jeweilige Glaubensgemeinschaft bzw. das jeweilige Glaubensbekenntnis, folglich ebenfalls von nur „bedingter" Geltung.

(c) Es ist daher von höchster Wichtigkeit, dass sich eine über diese beiden pragmatischen Ansätze hinausgehende Argumentationsstrategie aufweisen lässt, die ebenfalls in der Geschichte der Toleranz von großem Einfluss gewesen ist; eine, die zudem eine Relevanz besitzt, die weit über den toleranz-religiösen Kontext hinausreicht. Es ist eine Argumentationsstrategie, die trotz aller Vorarbeiten besonders in der Aufklärung zum Durchbruch gekommen ist. Ich meine die von Kant in philosophisch einschlägiger Weise auf den Begriff gebrachte Strategie wechselseitiger Vernunftbestimmtheit des Menschen (wie man seinen transzendentalen Begründungsansatz im Kontext unserer Problemstellung bezeichnen könnte). Es ist eine Strategie, die bis heute in der einen oder anderen Form im Toleranz-Diskurs wirksam ist. Über die Philosophie hinaus bekannte Protagonisten einer solchen Strategie sind etwa Jürgen Habermas, der ihr eine kommunikationstheoretische Färbung gibt,[8] oder Otfried Höffe, der stärker am subjekttheoretischen Ansatz Kants festhält,[9] man denke aber trotz dessen instrumentell-rationellem Einschlag auch an den Gleichgewichtstheoretiker John Rawls.[10] Diese Argumentationsstrategie ist nicht nur ein Ertrag der Philosophie; sie ist zugleich von höchster gesellschaftlicher Relevanz, da sie in der Toleranzdebatte als Maßstab, sozusagen als kategorischer Imperativ (Kant) für politisch auszuhandelnde Optionen fungieren sollte. Denn die wechselseitige Vernunftbestimmtheit des Menschen ist Prinzip dessen, weshalb wir uns überhaupt um das Toleranzproblem kümmern: das Prinzip vernünftigen Zusammenlebens.

Was hat es mit diesem Prinzip auf sich? Die Achtung der Würde des Menschen oder, wie man auch sagt, des Anderen als Person. Es kommt dabei zunächst noch gar nicht darauf an, dass Toleranz sich sowohl auf die Haltung jeweiliger Personen („Tugend") als auch auf die gesellschaftliche Ordnung („Recht") erstreckt. Wichtig ist, dass Toleranz Ausdruck der Bejahung der Selbstbestimmung im Denken, Wollen, Handeln, kurz: in allen Bereichen menschlicher Selbst- und Weltgestaltung ist, und daher Andersdenkende, -wollende und -handelnde gleichermaßen einbezieht. Toleranz nimmt die Personalität des Menschen ernst. Das Toleranzgebot ist also letztlich begründet in der Würde des Menschen.[11] Der Mensch ist – nicht im Sinne des Naturbegriffs, als Exemplar der Gattung homo sapiens, sondern im Kultursinne des Wortes – ein Wesen, das sich eigene Überzeugungen bilden und sich ihnen gemäß verhalten kann. Toleranz ist somit Ausdruck der Anerkennung des Anderen als einer freien und darin gleichen Person. Dies ist das Ergebnis des ersten Schrittes: die Anerkennung der Freiheit und Gleichheit eines jeden.[12]

---

8 Vgl. Habermas, Wann müssen wir tolerant sein?
9 Vgl. Höffe, Pluralismus und Toleranz.
10 Vgl. John Rawls: Political Liberalism, New York u. a. 1993.
11 Vgl. aus philosophischer Sicht zur Würde des Menschen Hans Wagner: Die Würde des Menschen. Wesen und Normfunktion, Würzburg 1992.
12 Strikt genommen gibt es hier gar nichts zu tolerieren („dulden"), vgl. dazu Ebbinghaus, Über die Idee, §VII.

IV.

Der zweite Schritt ist: Jetzt verfügen wir über ein Prinzip zur Regelung unseres sozialen Handelns. Es muss der Würde des Menschen und folglich mit dieser Bestimmung verbundenen Notionen wie Freiheit, Gleichheit, Gerechtigkeit usw. adäquat sein, damit dem Menschen zu seiner Bestimmung, selbstbestimmt („frei") leben zu können, verholfen werden kann. Dem Toleranzprinzip entsprechend ist soziales Handeln der Bedingung unterworfen, die Freiheit von Personen nur insoweit einzuschränken, als deren Freiheit nicht (in Form einer allgemeinen Bestimmung) in Übereinstimmung mit der Freiheit aller anderen gebracht, d.h. die Einschränkung nicht allen anderen ebenfalls zugemutet werden kann.[13] Dieses Prinzip gleicher Freiheit macht das Fundament unseres Rechtsstaates aus und gehört zur inneren Haltung eines modernen, aufgeklärten Bürgers. An ihm ist unter keinen Umständen zu rütteln, wäre dies doch eine eklatante Verletzung der Würde des Menschen, ganz gleich aus welchen Gründen: Da gibt es keinen „Verhandlungsspielraum".

Was allerdings im Kontext dieser Anerkennung der Selbstbestimmung des Menschen, mit Kant gesprochen, der Anerkennung des Menschen als „Zweck an sich selbst", beachtet werden muss, ist, dass die Notwendigkeit jeweiliger Freiheitseinschränkungen nicht „parteilichen" (etwa religiösen) Gründen entstammt, sondern überparteilichen, und das kann nur heißen: Gründen, die zur Personalität des Menschen gehören; wie man allgemeiner sagen könnte: zum Menschen als vernunftbegabtem Wesen (als „Subjekt"). Solche Gründe sind immerhin für alle Menschen als Menschen bestimmend, infolgedessen als schlechthin allgemeinverbindliche Gründe auf keinen raum-zeitlichen Kontext beschränkt, also allem „Kulturrelativismus" enthoben. Die Berufung auf das „Eigene" im Sinne eines Kulturrelativismus wäre also a priori eine Disqualifizierung des Arguments.

Dies ist aber nur eine Seite – die andere ist: Dem Prinzip der Toleranz muss in einem raum-zeitlichen Kontext zur realen Geltung verholfen werden. Damit rückt der Sachverhalt der Realisierung des Toleranzprinzips in den Vordergrund. Die Relevanz dieses Sachverhalts leuchtet unmittelbar ein, erinnert man sich daran, dass gerade die philosophischen Begründungen religiöser Toleranz im 17. Jahrhundert, wie wir sie exemplarisch von Spinoza, Bayle und Locke kennen, den Weg weisen vom obrigkeitlichen Rechtsakt der einseitig erklärten religiösen Duldung zu einem Recht auf freie Religionsausübung, das gerade auf der gegenseitigen Anerkennung der Religionsfreiheit des Anderen beruht. Mit der Achtung des Anderen bereiten sie die philosophisch entscheidende Argumentationsstrategie wechselseitiger Vernunftbestimmtheit des Menschen und somit wechselseitiger Perspektivenübernahme vor; sie rekurrieren damit auf eine den jeweiligen Perspektiven übergeordnete Instanz. Die in die Toleranz-Forderung Einbezogenen unterliegen offenbar gemeinsamen Bedingungen, die ihre jeweiligen Perspektiven begrenzen. Aus der Sicht der Betroffenen kann eine solche Forderung gegenseitiger Anerkennung als eine ungeheure Zumutung erscheinen: Sie ist es heute besonders für den Islam, wie sie es lange Zeit auch

---

13 Vgl. dazu die klassische Position, die Immanuel Kant in seiner „Metaphysik der Sitten" entwickelt hat (in: Immanuel Kant: Werke in zehn Bänden, hg. von Wilhelm Weischedel, Bd. 4: Kritik der reinen Vernunft, Teil 2, Sonderausg., Darmstadt 1983). Aus der neueren Literatur vgl. Otfried Höffe: Politische Gerechtigkeit. Grundlegung einer kritischen Philosophie von Recht und Staat, Frankfurt a. M. 1987.

für die christlichen Kirchen, deren Mitglieder sowie die staatliche Obrigkeit war und teilweise noch ist; gleichwohl ist sie heute fester Bestandteil einer politisch liberalen Kultur.

Wichtig dabei ist, dass schon die Debatte über Religionsfreiheit deutlich gemacht hat, dass Toleranz keineswegs bloße Indifferenz (geschweige denn Zustimmung) heißt. Toleranz kennzeichnet sich vielmehr durch Ablehnung aus Gründen, durch überzeugungsgestützte Ablehnung. Wir sind tolerant in Bezug auf eine von uns abgelehnte Überzeugung; diese kognitive Ablehnung (der Überzeugung) des Anderen, beeinträchtigt jedoch nicht die praktische Tätigkeit, genauer: die soziale Interaktion von Bürgern eines politischen Gemeinwesens, obwohl die kognitiven Differenzen aus Sicht der Teilnehmer unüberwindbar sind und bleiben.[14] Ganz besonders gilt dies für die Ebene kollidierender „Grundüberzeugungen", „Weltbilder", „Lebenseinstellungen" etc., sagen wir: „Weltanschauungen",[15] wie im paradigmatischen Fall der Religionsfreiheit. Der Glaubenskrieg ist sodann die Gegenfolie der skizzierten Toleranz: Unüberwindliche fundamentale kognitive Differenzen gewinnen unmittelbare Handlungsrelevanz – mit desaströsen Folgen.

Um das latente lebensweltliche Konfliktpotential zu beherrschen, das Weltanschauungen eigen ist, gilt es sie in ihren sozialen Auswirkungen einzuschränken. Diese Einschränkung aber ist keine an die jeweiligen konkurrierenden Weltanschauungen rückgebundene, sondern übersteigt alle gleichermaßen. Sie ergibt sich aus der Bedingung, überhaupt Weltanschauungen haben zu können, nämlich Person zu sein – die Handlungsdispositionen werden durch die Achtung der Person des Andersdenkenden als einer Person und damit als gleichberechtigten Bürgers eines freiheitlichen Gemeinwesens begrenzt: Auf die Würde des Menschen als Grund, Maß und Ziel sind alle gleichermaßen verpflichtet. Jeder hat das Recht, nach seiner Fasson glücklich zu werden, also seinen Überzeugungen gemäß zu leben – sofern er nur den Anderen das gleiche Recht einräumt.

Steht diese Forderung kognitiv nicht im Einklang mit Gehalten jeweiliger Weltanschauungen, so bleibt diesen schlechterdings nichts anderes übrig, als sich kognitive Anpassungen abzuringen. Eine Weltanschauung, man denke wieder an das Paradigma der Religion, muss folglich ihren Anspruch auf umfassende Lebensgestaltung aufgeben. In jedem Fall hat sie sich dem politischen Gemeinwesen einzugliedern, im günstigsten Fall eignet sie sich jedoch die normativen, d.h. vernünftigen, Grundlagen des freiheitlichen Rechtsstaates unter eigenen Prämissen an. Als vernünftige Grundlagen haben diese ihre Geltung unabhängig von der Religion (mag diese auch Motive zu deren Anerkennung enthalten, die Anerkennung sozusagen genetisch begünstigen). Mit Kant gesprochen hat Religion ihre Berechtigung nur innerhalb der Grenzen der Vernunft.[16] Die für einen freiheitlichen Rechtsstaat maßgebliche Rollendifferenzierung „Bürger einer Gesellschaft – Mitglied einer Weltanschauungs-

---

14 Vgl. dazu beispielsweise die Analyse von Jürgen Habermas, Wann müssen wir tolerant sein?

15 Weltanschauungen sind umfassende „Weltansichten" aus einer beschränkten und kontingenten Lebenssituation. Sie bestehen aus Auffassungen, die Menschen von den „Prinzipien", „Werten", „Zwecken" oder „Zielen" ihres Lebens haben. Bei einer Weltanschauung handelt es sich also um einen Zusammenhang grundsätzlicher Orientierungsdeterminanten menschlicher Tätigkeit.

16 Vgl. Immanuel Kant: Die Religion innerhalb der Grenzen der bloßen Vernunft, in: ders., Werke, Bd. 4.

gemeinschaft", säkulare und religiöse Vergemeinschaftung, muss also von Seiten der Weltanschauung unter Überordnung der praktischen Vernunft versöhnt werden.

Dabei geht es nicht um eine bloße Duldung der säkularen Gesellschaft und deren Regeln, sondern um kognitive Einbindung dieser Gesellschaft in die Weltanschauungsgemeinschaft, in jedes ihrer Mitglieder, bliebe sonst doch die Gefahr, die Würde des Menschen mit Füßen zu treten. Tolerantes Verhalten ist also nicht bloß eine Rechtspflicht; vielmehr erfordert ein Zusammenleben von Freien aufgrund wechselseitiger Achtung der Person von jedem Einzelnen, dass Toleranz zu einem Bestandteil seiner Persönlichkeit wird. Toleranz ist auch eine tugendhafte Selbstverpflichtung der Bürger.

Eine solche kognitive Reorganisation ist offenbar für die westlichen Religionsgemeinschaften alles andere als abgeschlossen. Wie schwer taten und tun sich teilweise noch Katholizismus und Protestantismus mit Demokratie und Rechtsstaat, vom Islam freilich, der sich jenseits okzidentaler Rationalisierungsprozesse entwickelt hat, ganz zu schweigen: Kopftuchaffäre und Kruzifix-Urteil sprechen Bände. Die Berufung auf religiöse Überzeugungen hat eindeutige Grenzen. Verwirklichen lassen sich Weltanschauungen jedenfalls nur innerhalb der Grenzen staatsbürgerlicher Normen und damit innerhalb der Grenzen von Freiheit und Gleichheit. Vor dem Gesetz sind alle gleich, denn die Würde des Menschen und die zu ihr gehörenden Menschenrechte kommen allen Menschen als Menschen zu. Weltanschauungen sind eine je spezifische Weise, diese Würde des Menschen zu realisieren, zu „leben".

Obwohl ein solcher Pluralismus gleichberechtigter Lebensweisen bei bestehender kognitiver Differenzen die Authentizität der Überzeugungen des Anderen intakt lässt, ist sie nicht, wie man meinen könnte, bloß formal; sie ist geradezu auf den Inhalt bezogen.[17] Immerhin werden die kognitiven Gehalte am Maßstab praktischer Vernünftigkeit gemessen; sie werden also gar nicht als solche anerkannt. Freiheit ist nicht bloße Willkür, sondern Bedingung vernünftiger Selbst- und Weltgestaltung des Menschen. Dieser Bedingung sind alle als Menschen unterworfen. Daher kommen nur solche kognitiven Überzeugungen als Kandidaten für Toleranz in Betracht, die mit der Würde des Menschen kompatibel sind. Jenseits der Anerkennung von Freiheit und Gleichheit des Menschen gibt es in einem politisch liberalen Gemeinwesen nichts zu tolerieren. Die Anerkennung des Anderen als eines ebenbürtigen Mitglieds ist eine conditio sine qua non, Nicht-Diskriminierung Grundlage eines toleranten Umgangs miteinander. Folglich befindet sich die Grenze der Toleranz genau dort, wo ebendiese Würde (Freiheit, Gleichheit) verletzt wird, wo also die jeweiligen Freiheitseinschränkungszumutungen nicht mehr alle zumutbar sind. Toleranz ist daher alles andere als subjektive Willkür von Individuen oder Kollektiven wie Kirche und Staat: sie ist keineswegs in deren Belieben gestellt, sondern Ausdruck der Würde des Menschen. Vom Gesichtspunkt der Vernunft gesehen, schlägt sie sich sowohl auf die Haltung der Bürger als auch auf die öffentliche Rechtsordnung und deren politische Organisation nieder bzw. sie sollte es. So ist Toleranz die Voraussetzung (und damit der Ursprung), das Ziel (und damit der Maßstab) wie auch der Weg zu einem wahrhaft menschlichen Zusammenleben.

---

17 Der Religionswissenschaftler Gustav Mensching hat versucht eine Typologie von Toleranz zu erstellen, in der formale und inhaltliche (In-)Toleranz Gliederungsbegriffe sind (vgl. Mensching, Toleranz).

Die Autoren und Herausgeber

Die Literaturwissenschaftlerin **Nicole Colin** ist Privatdozentin an der Universität Bielefeld, wo sie 2010 mit einer Studie über *Theater-Text-Transfer. Die Positionierung deutschsprachiger Dramatik im französischen Theaterfeld nach 1945* habilitiert wurde. Sie arbeitet am Duitsland Instituut (DIA) der Universiteit van Amsterdam (UvA).

Die Literatur- und Theaterwissenschaftlerin **Anat Feinberg** lehrt als Professorin an der Hochschule für Jüdische Studien in Heidelberg das Fach Hebräische und Jüdische Literatur. Sie ist u.a. Autorin einer umfassenden Biographie George Taboris (2003).

Der Publizist und Historiker **Chris van der Heijden** beschäftigt sich u.a. mit der Geschichte der Niederlande im Zweiten Weltkrieg. Sein Buch *Grijs verleden: Nederland en de Tweede Wereldoorlog* (2001) sorgte im niederländischen Literaturbetrieb für heftige Diskussionen.

Gerhard Hirschfeld ist Leiter der Bibliothek für Zeitgeschichte in der Württembergischen Landesbibliothek und Professor am Historischen Institut der Universität Stuttgart. Derzeitige Forschungsfelder sind die Sozial- und Kulturgeschichte der beiden Weltkriege sowie die Geschichte der Niederlande im 20. Jahrhundert.

Evelien Gans forscht als wissenschaftliche Mitarbeiterin am Nederlands Instituut voor Oorlogsdocumentatie (NIOD) und lehrt als Professorin für Neuere jüdische Geschichte an der Universiteit van Amsterdam. Einer ihrer Arbeitsschwerpunkte ist die Untersuchung moderner antisemitischer Stereotype.

Lothar Kettenacker war bis 2004 stellvertretender Direktor des Deutschen Historischen Instituts London und Professor für Neueste Geschichte an der Universität Frankfurt am Main. Seine Forschungsfelder sind die Geschichte des Nationalsozialismus, die deutsch-britischen Beziehungen im 20. Jahrhundert sowie die Deutsche Frage nach 1945.

Christian Krijnen lehrt seit 2005 als Professor für Philosophie an der Vrije Universiteit Amsterdam (VU). Sein besonderes Interesse gilt der Wissenschaftstheorie sowie der Kultur-, Wirtschafts- und Organisationsphilosophie.

Matthias N. Lorenz unterrichtet germanistische Literaturwissenschaft an der Universität Bielefeld. Er ist Autor einer Studie über *Judendarstellung und Auschwitzdiskurs bei Martin Walser* (2005). 2009 erschien seine Untersuchung zur Freiheit der Kunst in der Bundesrepublik: *Literatur und Zensur in der Demokratie*.

Oliver Lubrich lehrt als Juniorprofessor für Rhetorik am Peter Szondi-Institut für Allgemeine und Vergleichende Literaturwissenschaft. Schwerpunkte seiner Forschungen sind u. a. der Postkolonialismus sowie Reiseliteratur, darunter auch die Berichte ausländischer Autoren über Nazi-Deutschland (2004) und den alliierten Bombenkrieg (2007).

Joost Rosendaal lehrt politische Kulturgeschichte an der Radboud Universiteit in Nimwegen. 2009 erschien seine stark beachtete Untersuchung der Bombardierung von Nimwegen durch die Alliierten im Jahr 1944 und den Umgang der niederländischen Öffentlichkeit mit dieser Katastrophe.

Der Historiker **Krijn Thijs** ist wissenschaftlicher Mitarbeiter des Duitsland Instituut Amsterdam (DIA). Er forscht über die Geschichte der Stadt Berlin im 20. Jahrhundert, über deutsche und niederländische Erinnerungskulturen sowie über die Erfahrungen der Wehrmachtsoldaten in den Niederlanden.

Der Romanist **Joachim Umlauf** lehrte u. a. an der Universität in Venedig sowie der Sorbonne Nouvelle in Paris. Nach langjähriger Tätigkeit beim DAAD war er von 2005–2010 Direktor des Goethe-Instituts Niederlande. Heute leitet er das Goethe-Institut in Paris und ist Lehrbeauftragter an der Ludwig-Maximilians-Universität München.

Nationalsozialismus
und Erster Weltkrieg

Herausgegeben von Gerd Krumeich

KLARTEXT

GERD KRUMEICH

Nationalsozialismus und Erster Weltkrieg

Schriften der Bibliothek für Zeitgeschichte –
Neue Folge, Band 24

416 Seiten, mit zahlreichen Abbildungen
ISBN 978-3-8375-0195-7

Der Erste Weltkrieg hat Hitler überhaupt erst möglich gemacht – daran besteht heute kein vernünftiger Zweifel mehr. Umstritten und in vieler Hinsicht ungeklärt ist hingegen, welche eigentliche Bedeutung der Krieg von 1914–1918 sowie die militärische Niederlage und ihre politischen Folgen (Novemberrevolution, Versailler Vertrag) für den Aufstieg und die Durchsetzung des Nationalsozialismus nach 1933 hatten. Dieses Buch erörtert die vielfältigen und oftmals überraschenden Verknüpfungen zwischen dem verlorenen Weltkrieg und der NS-Diktatur. Die Palette der Themen reicht von der Instrumentalisierung und Medialisierung des Großen Krieges durch Indoktrination und Propaganda, aber etwa auch in Literatur, Film und Malerei, bis hin zu den politischen, ökonomischen, militärischen sowie anderen „Lehren", die der Nationalsozialismus aus dem Ersten Weltkrieg für einen neuen, weitaus totaleren Krieg zog.

„Wie extrem auch immer die innere Motivation war, die Hitler aus dem Krieg und der Revolution zog, und wie radikal die Botschaft, die er in den Münchner Bierkellern und später dann auf der nationalen Bühne verkündete: er hätte nicht allzu viele Zuhörer gefunden, wenn es nicht Millionen gegeben hätte, die bereit waren, wenigstens partiell seiner Diagnose des deutschen Missgeschicks und der seiner Ansicht nach notwendigen Abhilfe zuzustimmen. Der Band macht deutlich, wie sehr diese Bereitschaft auf die zahllosen Methoden und Praktiken zurückzuführen ist, mit denen die Nationalsozialisten das Trauma des Ersten Weltkriegs ausbeuteten."

(aus dem Vorwort von Ian Kershaw)